열두 달
계기교육

일러두기

- 외래어 표기는 국립국어원의 원칙을 기본으로 삼되 작가명 등은 해당 단행본 표기를 따랐습니다.
- 책 제목은 『 』, 전래동화와 노래 제목, 보고서는 「 」, 영화와 웹툰, 방송 프로그램은 〈 〉로 표기했습니다.
- 활동명 옆에 🙂 아이콘이 있는 경우, 학교도서관저널 홈페이지(slj.co.kr) 자료실에서 해당 활동지를 다운로드할 수 있습니다.
- 본문에 등장하는 책의 서지정보는 '계기교육에 활용한 책(393쪽)'에 있습니다. 책이 개정 발행된 경우, 현재 유통 중인 도서의 발행일을 표기했습니다.

날이면 날마다 꺼내 쓰는 주제·학년별 독서활동

열두 달 계기교육

김소현·유지수·이해준·지상욱 지음

학교
도서관
저널

여는 글

열두 달 계기교육으로 즐거운 수업 열기

"오늘은 무슨 날일까요?"

선생님들마다 수업의 시작을 알리는 인사는 모두 다릅니다. 오늘의 날씨, 어제 본 동영상, 건강, 노래부터 음식까지 다양한 소재가 인사말로 사용되죠. 하지만 모든 선생님들이 한 번쯤은 '오늘이 무슨 날일까?'라는 질문으로 수업을 열어 본 적이 있을 것입니다. 매년 돌아오는 절기, 국경일, 기념일 들에 관한 이야기는 수업을 시작할 때마다 좋은 인사말이 되어 주곤 합니다. 그러나 짧은 인사에서 그치지 않고 그날의 특별함에 대해 설명하는 계기교육을 진행하려다 눈앞이 캄캄해지는 경험 또한 적지 않습니다.

계기교육의 경우 대부분 교과서를 활용하지 않기에 주제에 대한 개념, 역사적 사실, 학생들과 함께 할 활동 등 수업에 참고할 자료가 늘 부족합니다. 계기교육의 이유와 기원을 어떻게 설명해야 할지도 어렵고, 수업활동으로 무엇을 해야 할지도 고민입니다. 이런 아쉬움을 달래기 위해 뜻이 같은 사서교사 네 명이 모여 계기교육과 책, 독후활동을 체계적으로 연결하여 수업을 준비했습니다. 읽는 재미는 물론 주제와의 연계가 탄탄한 책을 고르기 위해 수많은 어린이 도서를 검토하고 독후활동을 고민하면서 여러 해를 보냈습니다. 그리고 실제 수업을 하면서 다시금 수정과 보완 과정을 거쳤습니다.

함께 준비한 자료로 수업을 진행할 때 학생들은 "올해 읽은 책 중에 오늘 읽은 책이 제일 재미있었어요."라며 힘이 나는 이야기를 해 주었습니다. 태연한 척 내일은 더 재미있는 책이 기다리고 있다고 대답했지만, 마음속에는 나누는 기쁨과 좋은 책이 주는 즐거움에 행복이 가득했습니다. 동물 학대, 독립운동같이 무거운 주제에 관한 책을 읽을 때에는 "선생님, 읽기 힘들어요."라며 자기 아픔을 대하듯 글을 읽는 학생들이 있었습니다. 마주하기 힘든 일도 함께 읽으면 대면할 수 있는 용기가 생긴다는 것을 배워 간 것 같아 기특하고 고마웠습니다.

수업을 나누고자 시작한 일이었지만 활동을 고민하고 교육을 할수록 매일의 특별함을 발견해 나갈 수 있었습니다. 계기교육으로 뿌려 낸 독서의 씨앗을 학생들이 잘 가꾸는 모습을 볼 때면 괜스레 가슴이 먹먹해지기도 했습니다. 책을 집필하며 느낀 이 특별함이 학교 현장 곳곳으로도 전해져 유의미하게 이어지길 기대합니다.

학생들에게 새로운 방향의 창문을 열어 주기 위해 고군분투하는 선생님들, 학부모님들에게 이 책이 실마리를 쥐여 주기를, 모든 수업 시간이 안녕하고 즐겁기를 바랍니다.

차 례

여는 글 | 열두 달 계기교육으로 즐거운 수업 열기 · 4

- 계기교육이란? · 11
- 책을 활용한 계기교육의 필요성 · 14
- 추천 도서 선정 기준 · 16
- 열두 달 계기교육 길라잡이 · 18

봄

3.1절 | 독립을 꿈꾼 이들의 목소리를 기억해요
『태극기 다는 날』· 23   『3.1만세운동길』· 27
『3·1운동의 불씨, 독립선언서를 지켜라!』· 30

여성의 날 | '여자답게'가 아니라 '나답게' 살래요
『메리는 입고 싶은 옷을 입어요』· 38   『안녕? 나의 핑크 블루』· 44
『우리 할머니는 페미니스트』· 50

사이버 범죄 예방의 날 | 보이지 않는 범죄로부터 스스로를 지켜요
『13일의 단톡방』· 58   『디지털 성범죄와의 전쟁』· 65

식목일 | 자연 속에서 마음을 꽃피워요
『나무는 숲을 기억해요』· 72   『우리는 아침으로 햇빛을 먹어요!』· 77

국민 안전의 날 | 모두가 안전한 세상을 만들어요
『안전을 책임지는 책』· 84   『걱정이다 걱정』· 88   『안전, 나를 지키는 법』· 92

장애인의 날 | 틀린 게 아니라 다를 뿐이에요

『목기린 씨, 타세요!』· 98　　『이상하지도 아프지도 않은 아이』· 104
『수화로 시끌벅적 유쾌하게』· 109

세계 책과 저작권의 날 | 책으로 세상을 읽고 배워요

『책이란』· 116　　『안읽어 씨 가족과 책 요리점』· 122　　『책, 어디까지 아니?』· 128

식품안전의 날 | 건강하고 안전한 식습관을 형성해요

『나는 매일 밥을 먹습니다』· 136　　『모두의 착한 밥상 연구소』· 140

세계 가정의 날 | 다양한 가족 형태를 존중해요

『우리 가족 만나볼래?』· 147　　『우리는 가족: 누가 나의 가족일까?』· 152
『어쩌다 우린 가족일까?』· 155

여름

환경의 날 | 모두가 공존할 수 있는 환경을 약속해요

『지구온난화가 가져온 이상한 휴가』· 164　　『재활용, 쓰레기를 다시 쓰는 법』· 168
『라면을 먹으면 숲이 사라져』· 172

6.25전쟁일 | 역사를 바로 알고 평화로 나아가요

『큰 기와집의 오래된 소원』· 178　　『그해 유월은』· 183

제헌절 | 국민의 행복과 질서를 위해 힘써요

『국수를 금지하는 법이 생긴다고?』· 190   『너구리 판사 퐁퐁이』· 194

『국회의원 서민주, 바쁘다 바빠!』· 199

'일본군 위안부' 피해자 기림의 날 | 가슴 아픈 과거를 잊지 않기로 다짐해요

『박꽃이 피었습니다』· 206   『나비가 된 소녀들』· 210

광복절 | 한 나라의 주권이 얼마나 소중한지 되새겨요

『개똥이의 1945』· 218   『되찾은 우리나라 대한 독립 만세』· 222

인성교육 | 타인을 향한 존중과 배려를 실천해요

『모두를 위한 케이크』· 228   『친절: 세상을 바꾸는 힘』· 232

『존중, 누구에게나 당연한 걸까?』· 236

가을

지식재산의 날 | 윤리적인 소비자와 생산자로 거듭나요

『구스토, 발명하다』· 246   『표절 교실』· 251   『어린이 저작권 교실』· 256

노인의 날 | 노인에게도 눈부신 미래가 있어요

『할머니가 태어날 때부터 할머니였던 건 아니에요』· 266

『사투리 회화의 달인』· 271   『옥춘당』· 277

세계 동물의 날 | 동물들의 자유와 권리를 생각해요

『내일의 동물원』· 284   『운동화 신은 우탄이』· 288   『동물권』· 292

한글날 | 아름다운 우리말로 삶을 꾸려요

『고마워 한글』· 298　　『세종 대왕의 한글 연구소』· 302

독도의 날 | 누가 뭐래도 독도는 우리 땅이에요!

『우리 독도에서 온 편지』· 308　　『독도를 지키는 우리들』· 313

금융의 날 | 올바른 경제관념을 정립해요

『또 마트에 간 게 실수야!』· 320　　『우리 반 채무 관계』· 326　　『세금 내는 아이들』· 331

학교폭력 예방 교육 | 친구를 아끼는 마음을 가꿔 나가요

『나는 하고 싶지 않아!』· 338　　『일주일 왕따』· 342　　『노잣돈 갚기 프로젝트』· 346

겨울

아동학대 예방의 날 | 마음껏 웃을 수 있는 내일을 희망해요

『그렇게 나무가 자란다』· 354　　『편의점』· 358

세계 인권의 날 | 인간답게 살아갈 권리를 외쳐요

『우산을 쓰지 않는 시란 씨』· 366　　『도서관에서 찾은 인권 이야기』· 371

인간관계(우정) | 갈등을 마주하며 함께 성장해요

『친구의 전설』· 378　　『칠판에 딱 붙은 아이들』· 383　　『맞아 언니 상담소』· 387

● 계기교육에 활용한 책 · 393

● 계기교육이란?

계기교육은 공식적인 교육과정에서 자세히 다루고 있지 않으나 교사의 필요와 학교 현장의 요구에 따라 학생들이 꼭 알아야 하는 주제에 관해 실시하는 교육을 말합니다. 절기, 계절, 공휴일, 사회적인 사건 등 다양한 주제로 이루어지는 계기교육은 교육과정의 틀 안팎에서 학생들에게 공동체 의식, 역사적 인식 같은 사회적 가치를 전달하고, 학생들이 전인격체로 성장하는 데 커다란 도움을 주기도 합니다. 나아가 계기교육은 학생들이 삶 전반에 필요한 태도와 인성을 함양케 하는 평생교육의 기반이 됩니다.

계기교육이 필요한 이유는 크게 두 가지로 정리할 수 있습니다.
첫째, 우리나라 국경일과 기념일의 의의와 유래를 알아 사회의 가치관을 내면화할 수 있습니다. 국경일은 국가적인 경사를 축하하기 위해 법으로 정한 날이고 기념일은 사회적 관심이 필요하다고 판단해 지정한 날입니다. 국경일과 기념일에는 정부의 주관하에 전국 또는 지역 규모의 의식과 행사가 개최되고 있습니다. 계기교육을 통해 사회구성원의 협의를 거쳐 정해진 국경일과 기념일을 파악해 본다면 해당 주제에 대한 인식을 제고할 수 있습니다.

둘째, 사회적 사건과 현상을 알고 관심을 가질 수 있습니다. 교과서는 교육과정의 전문가들이 모여 오랜 시간 연구해 만든 양질의 교육자료입니다. 발달 과정에 맞는 학습을 하기에 최적화된 교재이지만 최근 일어난 사회적 사건과 쟁점을 다룰 수 없다는 맹점이 있습니다. 급변하는 사회에서 학생들이 사회적 이슈를 알고 스스로 판별할 수 있는 역량을 길러 주기 위해서는 교과서 이외의 자료를 활용한 학습 경험이 필요합니다. 교사가 먼저 시의성 있는 사회적 사건에 관심을 갖고 적절한 도서자료를 기반으로 교육한다면 학생들은 다양성을 학습하고 가치를 판단하는 안목을 기를 수 있습니다.

따라서 본 도서는 법으로 제정된 4개의 국경일과 18개의 기념일을 선정하여 소개하고 독서 기반의 교육활동을 제안합니다. 우리나라의 국경일인 3.1절, 제헌절, 광복절, 개천절, 한글날 중 개천절을 제외한 4개의 국경일을 다루었습니다. '각종 기념일 등에 관한 규정'에 따라 정부가 지정한 53개의 기념일 중 교육적, 사회적으로 중요한 18개의 기념일을 선정했습니다. 또한 국경일과 기념일로 지정되지 않았어도 실제 학교 현장에서 필요로 하는 인성, 학교폭력, 인간관계를 추가 주제로 다루었습니다.

계기교육 시에는 다음과 같은 점을 유의해야 합니다.

첫째, 학생이 주제에 대해 균형 잡힌 시각을 갖도록 해야 합니다. 계기교육을 시발점으로 다양한 사실과 의견을 접하고 인식을 넓히되 편향된 사고를 갖지 않도록 지도해야 합니다.

둘째, 학년 수준을 고려해야 합니다. 꼭 필요한 주제라도 학생이 받아들일 준비가 되지 않았다면 해당 주제로 교육을 진행하기는 어려울 수 있습니다. 학생들의 사전 지식과 발달 수준을 고려하여 설명 및 교수 방법의 난이도를 다양화해야 합니다.

셋째, 신뢰성 있는 정보 및 자료를 활용해야 합니다. 인터넷에는 출처가 불명확한 자료나 자극적인 내용만을 담은 자료 들이 많기에 해당 주제를 다룬 권위 있는 기관의 정보를 활용하여 사실 기반 교육을 진행해야 합니다.

25개에 달하는 다양한 주제를 기점으로 학습의 영역을 확장해 나간다면 지속 가능한 교육 수단으로서 계기교육을 활용할 수 있을 것입니다.

● 책을 활용한 계기교육의 필요성

계기교육의 필요성은 명확하나, 현장의 교사들은 교육자료 부재와 준비 시간 부족으로 형식적이고 일방적인 교육을 하는 한계에 부딪히고 있습니다. 그러나 학교도서관에는 이미 수많은 계기교육 자료가 마련되어 있습니다. 2022년 기준 전국 학교도서관의 평균 장서 보유량은 16,686권에 이르며, 000 총류부터 900 역사까지 다양한 주제를 다룬 책들이 준비되어 있습니다. 학교도서관에 구비된 도서를 활용해 계기교육을 실시한다면 내실 있는 수업과 학생들의 독서 경험 증진이라는 두 마리 토끼를 동시에 잡을 수 있을 것입니다.

책을 활용한 계기교육의 장점은 다음과 같습니다.

첫째, 학생들이 양질의 정보를 습득할 수 있습니다. 정보기술의 발달로 정보의 전달이 빨라지고 어린이도 인터넷에 손쉽게 접근할 수 있게 되었습니다. 개인 SNS에 올라온 확인되지 않은 정보는 신뢰성을 보장할 수 없고 검증도 쉽지 않습니다. 하지만 책은 인터넷만큼 정보가 빠르지는 않지만 객관성과 신뢰성 면에서 보다 안심하고 활용할 수 있는 매체입니다. 학생들은 책 속 정보를 토대로 계기교육에서 전하고자 하는 의미를 학습할 수 있습니다.

둘째, 다양성을 인정할 수 있습니다. 학생들은 등장인물에게 자신의 감정을 이입해 책을 읽어 나갑니다. 감수성과 공감 능력에 따라 같은 책을 읽어도 각각 받아들이는 바가 다릅니다. 책을 함께 읽고 감상을 나누고 활동을 하며 서로의 다름을 학습할 수 있다는 것은 독서교육의 큰 장점입니다.

셋째, 인문학적 소양을 기를 수 있습니다. 성장 중심의 사회 풍토 안에서 소외됐던 인문학의 중요성이 다시금 조명받고 있습니다. 역사, 인권, 사회문제 등 접해 보지 못했던 주제를 책을 통해 학습함으로써 학생들은 스스로의 삶을 성찰하고, 나와 내 주변의 관계를 깊게 들여다봄으로써 우리가 속한 사회를 이해할 수 있습니다.

본 도서에서는 각 주제를 다룬 도서를 추천하고 학교 현장에서 바로 적용할 수 있도록 독후활동을 상세히 기술했습니다. 계기교육에서 전달하고자 하는 내용은 모두 책 안에 있습니다. 교사가 할 일은 충분한 시간을 주고 방향을 잡아 주는 것뿐입니다. 독후활동 과정에서 아이들은 스스로 자신만의 답을 찾아낼 테니까요.

● 추천 도서 선정 기준

주제를 충실하게 다루고 있는 책은 많았지만 그중 계기교육에 가장 알맞은 도서를 추천하기 위해 신중을 기했습니다. 이 책에서는 주제 적합성, 최신성, 학년 군에 맞는 도서의 수준이라는 세 가지 기준으로 책을 선정하였습니다.

첫 번째는 주제 적합성입니다. 동시, 동화, 비문학 등 다양한 성격의 도서 중 주제를 가장 잘 담아낸 도서를 선정했습니다. 계기교육의 주제와 선정 도서의 주제가 적합하여야 학생들이 도서를 통해 주제를 알 수 있고, 교사가 독후활동을 진행할 수 있기 때문입니다.

두 번째는 최신성입니다. 출간된 지 오래된 도서 중에도 좋은 책이 많지만, 꾸준히 개정되지 않았다면 사회 변화를 반영하지 못하는 경우가 많다고 판단했습니다. 계기교육을 위한 책이니만큼 최근 5년 이내에 출간된 도서를 우선으로 선정하였습니다. 또한 아무리 좋은 책이어도 쉽게 찾아볼 수 없다면 활용도가 떨어질 수밖에 없기에 절판되거나 시중에서 구입하기 어려운 도서는 제외했습니다.

　세 번째는 학년 군에 맞는 도서 수준입니다. 1, 2학년을 대상으로 한 수업의 경우 주로 그림책을 선정하였습니다. 3, 4학년 수업의 경우 100쪽 내외 분량의 도서를 선정하였습니다. 5, 6학년 수업의 경우 문체와 표현 수준이 고학년에 적합한 도서를 선정하였습니다.

　세 가지 기준 외에도 다양한 요소들을 고려했습니다. 삽화와 글이 저학년 학생들에게 적절한지, 어려운 낱말이 사용되지는 않았는지 꼼꼼히 살피고 과격한 표현이나 폭력적인 요소가 포함된 도서는 제외했습니다. 무엇보다 특정 학생들이 상처받거나 소외되지 않도록 독자의 다양성을 고려한 도서와 또래가 등장인물로 나오는 도서를 우선하여 선정하였습니다.

● 열두 달 계기교육 길라잡이

1 먼저 목차를 보고 계기교육을 할 주제를 선정합니다. 한 해의 기념일들을 시간순으로, 계절별로 분류해 두었기 때문에 수업 상황이나 필요에 따라 주제를 선별하기 용이합니다. 각 주제의 도입에는 기념일이 선정된 유래, 유의해야 하는 점과 나아가야 할 방향을 제시해 해당 계기교육의 큰 틀과 방향성을 설명하고 있습니다.

2 주제의 개념을 잡은 후에는 두세 권의 활동 도서를 살펴봅니다. 학년군으로 나누어 두긴 했으나 책 소개를 참고하여 유연하게 사용할 수 있습니다. 각 책에서 발췌한, 주제의식을 담은 책 속 한 문장을 통해 줄거리를 간략히 살펴보는 것도 좋습니다.

3 활동은 크게 '들어가기' '활동하기' '마무리하기'로 나누었습니다. 책을 읽기 전 책의 주제의식을 일깨우고 학생들의 흥미를 이끌 수 있는 도입 활동으로 시작해 활동하기에 제시된 활동을 마친 후 다시 한번 되짚어 볼 수 있는 마무리 활동으로 수업을 끝마치는 방향을 고려하였습니다. 활동하기에 제시된 세 가지 독후활동을 선택적으로 수업에 활용할 수 있습니다. 또한 실제 수업 현장에서 바로 적용할 수 있도록 학교도서관저널 홈페이지(slj.co.kr) 자료실에 활동지를 게재해 두었습니다. 계기교육에 꼭 맞는 기념일이 아니더라도 관련 주제로 수업을 진행하거나 독서교육 시 참고 자료로 유용하게 활용 가능합니다.

4 활동이 끝난 후 추가적인 교육을 진행하고 싶거나 해당 주제에 관심을 가진 학생들이 있다면 각 주제 마지막 페이지를 장식하고 있는 '함께 읽으면 좋은 책' 목록을 참고하세요.

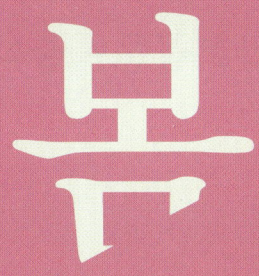

3월 1일 3.1절

3월 8일 여성의 날

4월 2일 사이버 범죄 예방의 날

4월 5일 식목일

4월 16일 국민 안전의 날

4월 20일 장애인의 날

4월 23일 세계 책과 저작권의 날

5월 14일 식품안전의 날

5월 15일 세계 가정의 날

3.1절 [3월 1일]

독립을 꿈꾼 이들의 목소리를 기억해요

    3.1절은 양력 3월 1일로, 한민족이 일본의 식민 통치에 항거하고 독립선언서를 발표하여 한국의 독립 의사를 세계만방에 알린 것을 기념하는 날입니다. 1920년 대한민국 임시정부는 3.1절을 국경일로 지정하여 국경일 명칭을 '독립선언일'이라 칭하였으며, 3월 1일을 '대한인이 부활한 성스러운 날(聖日)'로 공포하였습니다. 대한민국 헌법 전문을 보면 '아주 오랜 역사와 전통으로 빛나는 우리 대한민국의 국민은 3.1운동으로 세운 대한민국 임시정부의 정통성과 옳지 않은 일에 맞버틴 4.19 민주정신을 이어받는다.'라는 내용으로 시작하고 있습니다.

    하지만 3.1절을 기념하여 국기를 게양하는 가정은 점점 줄어들고 있으며, 그 의미에 비해 교육과정 내에서의 비중이나 관심도가 떨어지는 것이 현실입니다. 3.1운동은 이후에 발생한 독립운동의 기폭제였을 뿐만 아니라 우리 민족의 굳건한 독립 의지를 세계에 알린 기념일입니다. 대한민국 국민으로서 자부심을 가지고 우리나라의 자유를 위해 힘쓰신 분들을 기억하고 기념할 때, 우리의 역사를 제대로 알고 올바른 태도와 가치관을 형성하여 훌륭한 민주시민으로 성장할 수 있을 것입니다.

『태극기 다는 날』
김용란 글, 강지영 그림, 한솔수북, 2013
추천 학년: 1~2학년

"태극기에는 빛깔마다 무늬마다 뜻이 있단다."

태극기의 유래와 뜻부터 태극기를 달아야 하는 날은 언제인지까지 등 태극기에 관한 모든 것을 알려 주는 책입니다. 우리나라의 국기 이름이 태극기인 것은 깃발 가운데 태극 문양이 있기 때문입니다. 태극기 각 요소의 의미도 알기 쉽게 설명하고 있어 저학년 학생들도 쉽게 이해할 수 있습니다. '태극'이라는 작은 소재에서 출발하여 태극기에 관한 호기심을 불러일으키고, 태극기와 관련된 사실들을 흥미롭게 접할 수 있습니다.

들어가기

학생들에게 오늘 함께 읽을 책의 주인공을 알아보는 퀴즈를 내며 수업을 엽니다. 퀴즈의 힌트는 다음과 같습니다.

1. 나는 우리 주변에서 쉽게 찾아볼 수 있어요. 우리 교실에도 있어요.
2. 나는 흰색, 검정색, 빨간색, 파란색으로 이루어져 있어요.
3. 나는 우리나라에 기쁜 일이나 슬픈 일이 있을 때 만날 수 있어요.

첫 번째 힌트를 들었을 때 학생들은 교실 곳곳을 살펴보며 책상, 지우개, 선생님 등과 같은 다양한 답변을 합니다. 두 번째 힌트까지 들었을 때는 오늘 함께 읽을 책의 주인공이 '태극기'임을 눈치챕니다. 마지막 힌트까지 모두 듣고 학생들이 퀴즈의 답을 맞혔다면, 함께 교실에 있는 태극기의 색깔과 모양 등을 간단하게 살펴봅니다. 이후 학생들에게 오늘 읽을 책은 태극기에 관한 정보를 가득 담고 있어서 많은 정보를 습득할 수 있다고 소개합니다. 그러고 나서 면지에 실린 파란색과 빨간색 동그라미가 또르르 굴러간 다음 어떤 모양을 이루는지 설명하며 함께 책을 읽습니다. 이때 태극기의 빛깔과 무늬가 각각 어떤 의미를 담고 있는지 마음속으로 생각해 보라고 안내합니다.

활동하기

① 태극기의 사괘 알아보기

태극기에 관한 정보를 간략하게 요약 정리하는 활동을 진행합니다. 첫 번째 활동으로 태극기 사괘의 이름과 뜻을 알아보고 직접 그려 봅니다. 학생들은 직접 글을 쓰고 그림을 그리며 "선생님! 건괘와 곤괘, 그리고 감괘와 리괘가 서로 반대예요! 뜻도 반대이고, 모양도 반대로 생겼어요!"라고 이야기하는 등 그동안 세심하게 살피지 않았던 태극기 사괘의 모양까지 자세히 관찰하게 됩니다. 빈칸을 모두 채운 후에는 태극기 사괘 무늬를 보고 이름을 맞혀 보는 퀴즈를 진행합니다.

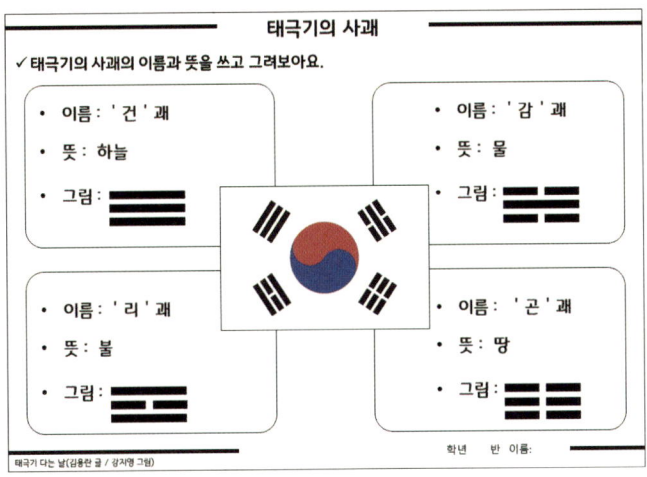

활동지 양식

② 태극기 다는 법 알아보기

태극기 다는 날을 알아봤으니 직접 태극기를 만들어 달아 보는 활동을 합니다. 먼저 교사는 학생들에게 준비한 태극기 도안을 나눠 주고 색칠하도록 합니다. 태극기가 완성된 후 '태극기는 언제 달아야 할까요?'라는 질문을 던지면 학생들은 보통 "잘 모르겠어요. 태극기를 다는 날이 따로 정해져 있나요?"라고 답변하곤 합니다. 이때 교사는 태극기는 언제나 게양할 수 있지만, 특히 나라에 기쁜 일이 있거나 슬픈 일이 있을 때 게양하는 것임을 알려 줍니다.

우리나라의 기쁜 날은 3.1절을 포함한 국경일과 여러 기념일을 포함합니다. 슬픈 날은 현충일, 국군의 날, 그리고 국가장 기간입니다. 기쁜 날과 슬픈 날 모두 태극기를 게양하지만 그 방법에서 차이가 있습니다. 기쁜 날에는 태극기를 깃봉에 붙여서 높게 달고, 슬픈 날에는 조의를 표한다는 의미에서 태극기의 한 폭만큼 내려서 낮게, 조기 게양합니다. 만약 집에 태극기가 없다면 우체국이나 지자체 주민센터 등에서 판매하는 태극기를 구입하거나, 직접 색칠한 태극기를 활용할 수 있습니다. 여건이 된다면 학급이나 가정에서 태극기를 게양하여 국경일의 의미를 되새겨 봅니다.

마무리하기

- 태극기는 옛날부터 지금까지 계속 똑같은 모습이었을까요? / 정답: X
- 태극기가 더러워졌을 경우 빨래해도 될까요? / 정답: O
- 조기를 게양할 때는 태극기를 얼마만큼 낮게 달아야 할까요?
  정답: 태극기의 한 폭만큼
- 태극기의 사괘 중 '곤' 괘가 상징하는 뜻은 무엇일까요? / 정답: 땅

위와 같은 퀴즈를 풀며 수업을 마무리합니다. 3.1운동의 정신과 태극기의 의미를 되새기고 일상 곳곳에 존재하는 태극기를 살펴봄으로써 학생들은 태극기에 관한 정보를 얻는 것에서 나아가 역사의식을 고취하며 우리나라를 사랑하는 마음을 키워 나갈 수 있을 것입니다.

『3.1만세운동길』
김영숙 글, 송진욱 그림, 파란자전거, 2019
추천 학년: 3~4학년

"3.1운동의 뜻과 정신은 앞으로도 수백, 수천 년 동안 기억하고 이어 가야 할 우리의 큰 힘이야."

3.1운동은 유래를 찾아보기 힘든 대규모 독립운동입니다. 많은 사람들의 의지가 담겨 있고 오랫동안 전국적으로 전개되었기 때문에, 그 과정뿐만 아니라 관련 인물과 지역에 관한 정보 또한 방대합니다. 이 책은 3.1운동의 발생 과정과 관련 인물을 상세히 다루고, 무엇보다 전국 각 시도별로 주요 장소와 사건에 관해 설명하고 있습니다. 다소 어렵게 느껴지는 역사적 사실을 실제 사진과 삽화를 적절히 활용하여 몰입감 있게 전달합니다. 살고 있는 고장에 관해 배우고 이해하는 3학년부터 고학년 학생들까지 모두 활용 가능합니다.

들어가기

수업 시작 전 이 책이 3.1운동이 발발한 3월 1일에 맞추어 발행되었다는 사실을 소개하면 학생들은 책에 더욱 흥미를 느낍니다. 이후 교사는 책이 역사적 사실에 충실하게 작성되었음을 밝히고 3.1운동을 생각했을 때 떠오르는 인물과 장소를 이야기해 보자고 합니다. 사전 지식에 따라 다르겠지만 유관순 열사, 아우내 장터, 탑골공원 정도가 나올 것입니다. 다수의 독립운동이 유명한 투사들의 이름과 활약상으로 기억되기 마련이지만, 그 안에 많은 민중의 의지와 희망이 담겨 있음을 생각하며 책을 읽어 나갑니다.

> 활동하기

① 3.1운동 지도 그리기

　　모둠별로 3.1운동이 일어났던 지역을 나누어 조사하고 하나의 3.1운동 지도를 만들어 봅니다. 책에 나온 대로 서울, 경기, 충청, 제주 등 지역별로 나누어도 좋고 자신의 고장이나 많은 사건이 일어났던 서울 등 더 알아보고 싶은 지역을 조사하는 것도 좋습니다. 이때 언제 일어났는지, 주요 인물은 누구인지, 관련된 장소는 어디인지가 드러나게끔 조사하는 것이 중요합니다. 조별로 자료를 완성하여 전국 각지의 3.1운동에 대해 알아보고, 지도 위에 내가 조사한 지역에서 일어난 3.1운동의 특징이나 핵심 인물을 나타내는 그림을 그립니다. 그림 옆에는 작성한 보고서를 붙여 한눈에 전국의 운동 양상을 파악할 수 있도록 합니다.

② 독립운동가, 나!

　　만약 일제강점기 때 우리나라로 가게 된다면 나는 독립운동가로서 어떤 역할을 할 수 있을지 생각해 보는 활동입니다. 3.1운동은 수많은 사람들이 마음을 하나로 모았기에 성공적으로 이루어질 수 있었습니다. 태화관에서 민족 대표로서 선언문을 낭독한 사람도 있었고, 유관순 열사처럼 적극적으로 만세 시위를 권유한 사람도 있었습니다. 일본군의 눈을 피해 태극기를 만들어 배포한 사람도 있었고, 전날까지 고민하다 당일에 거리에 나온 용감한 이도 있었습니다. 이렇듯 모두 함께하지 않았더라면 3.1운동은 성공하기 어려웠을 것입니다. 교사는 만약 내가 이 시대에 살고 있었다면 3.1운동에서 어떤 활동을 했을지 생각해 보자고 이야기합니다. 그런 뒤 독립운동가가 된 나의 모습을 그림으로 그려 보고 내가 선택한 독립운동의 의의는 무엇인지 작성합니다. 이번 활동을 통해 학생들은 그 시대에 활동했던 독립운동가를 향한 감사와 애국심을 느낄 수 있을 것입니다.

마무리하기

3.1운동은 나이를 막론하고 전 국민이 참여한 운동입니다. 교사는 동네 곳곳에 모여든 사람들이 3.1운동을 하는 장면을 상상해 보자고 이야기합니다. 이를 통해 학생들은 수업 시간에 글과 그림으로 만났던 장면이 사실은 굉장한 역사적인 사건이었다는 것을 조금이나마 실감해 볼 수 있습니다.

책 말미에는 전국 각지에 있는 대표적인 3.1운동 관련 유적지와 박물관, 기념관 들에 대한 정보가 담겨 있습니다. 또한 관련된 기관과 단체의 온라인 홈페이지도 함께 소개하고 있어 3.1운동의 내용을 자세히 알아보는 데에 도움을 줍니다. 우리 지역 3.1운동 관련 유적지에 직접 방문해 보거나 홈페이지에 접속해 추가 조사 활동을 할 수 있도록 독려하며 수업을 마무리합니다.

『3·1운동의 불씨, 독립선언서를 지켜라!』
이기범, 김동환 글, 윤정미 그림, 사계절, 2019
추천 학년: 5~6학년

"강대국의 힘이 아니라 우리의 힘으로 독립을 되찾고자 하는 한민족의 열망이 터져 나온 것입니다."

3.1운동의 역사적 배경과 전개 과정, 잊지 말아야 할 순국열사들에 관한 이야기를 담고 있는 책입니다. 평화와 통일을 희망하는 오늘날, 우리가 다시 교훈 삼아야 할 자랑스러운 만세시위 운동의 역사를 쉽고 친절하게 소개해 주고 있습니다. 교과서에 비교적 간략하게 실린 3.1운동을 보다 폭넓게 다루고 있어 고학년 학생들이 3.1운동의 의의를 학습하기에 적합합니다.

들어가기

책을 읽기 전 출판사에서 제공하는 북트레일러 '어린 만세꾼들의 3.1 독립선언서'를 함께 시청합니다. 어린이들이 3.1 독립선언서를 읽는 영상을 보며 이번 시간에 함께 읽을 책이 3.1운동 100주년을 기념하여 출판된 의미 있는 책임을 언급합니다. 교과학습이나 뉴스 등을 접해 온 5, 6학년 학생들은 대부분 3.1운동을 알고 있을 것이므로 정보를 나누는 시간을 통해 각자의 배경지식을 확인합니다. 3.1운동의 역사적인 의의와 함께 조상들이 이루어 낸 연대의 힘을 생각하며 책을 읽습니다.

북트레일러 영상

활동하기

① 기미독립선언서 필사하기

　책을 읽고 반 친구들과 힘을 합쳐 기미독립선언서를 필사해 보는 활동을 진행합니다. 기미독립선언서는 3.1운동 때 나라의 독립을 세계만방에 알리기 위해 작성된 장문의 선언서로, 원문은 한자와 한글이 섞여 있어 필사하기 어렵기 때문에 한글로 번역된 것을 활용합니다. 꼭 학생당 한 글자씩만 적을 필요는 없고, 학생 수에 따라 분량을 조절합니다. 붓펜이나 붓을 사용한다면 시대적 배경에 더 몰입할 수 있습니다. 끝으로 모두가 함께 완성한 기미독립선언서를 교실 빈 공간에 게시하여 3.1운동의 의의를 다시 한번 생각해 보도록 합니다. 다음은 학생들이 필사한 문장입니다.

> " 기미독립선언서 필사하기 "
>
> [ ]학년 [ ]반 이름:[   ]
>
> 우리는 오늘 조선이 독립한 나라이며, 조선인이 이 나라의 주인임을 선언한다. 우리는 이를 세계 모든 나라에 알려 인류가 모두 평등하다는 큰 뜻을 분명히 하고, 우리 후손이 민족 스스로 살아갈 정당한 권리를 영원히 누리게 할 것이다.
>
> 우리는 오늘 조선이 독립한 나라이며, 조선인이 이 나라의 주인임을 선언한다. 우리는 이를 세계 모든 나라에 알려 인류가 모두 평등하다는 큰 뜻을 분명히 하고, 우리 후손이 민족 스스로 살아갈 정당한 권리를 영원히 누리게 할 것이다.

3.1절 - 「3·1운동의 불씨, 독립선언서를 가져라」

② 다시 쓰는 독립신문

독립신문은 일제의 탄압으로 단기간 발행되었으나 세계정세와 우리나라의 독립 의지를 알리는 역할을 수행했습니다. 만약 독립신문이 계속 발행되었다면 우리의 자랑스러운 3.1운동을 어떻게 보도했을지 생각하며 신문을 완성해 봅니다.

먼저 현재 발간되고 있는 신문을 보고 신문이 어떻게 구성되어 있는지 살핍니다. 신문을 구성하는 큰 요소는 기사입니다. 기사는 객관적인 사실을 전달하는 매체이므로 시간, 장소, 인물, 사건의 구성과 과정을 자세하게 설명해 주어야 합니다. 예를 들어 1면에 실리는 메인 기사는 사건의 가장 중요한 사실을 요약하여 알려 주는 제목, 관련 소식을 설명하는 부제, 제목에 관한 내용을 서술하는 첫 문장과 내용을 충실하게 설명하는 본문으로 구성됩니다. 기사를 더 구체적으로 전달하기 위해 사진이나 도표 등이 추가되기도 합니다. 또한, 사회 현상을 논평하는 시사만화나 신문사 수입의 중요한 부분을 담당하는 광고 등이 있습니다.

　신문의 세부 요소를 살피고 우리 반 독립신문을 어떻게 구성할지 논의합니다. 구성 요소를 결정했다면 조를 나누어 각각 메인 기사와 서브 기사, 만화와 광고 중 어느 것을 작성해 볼지 결정합니다. 조끼리 작성하고 싶은 파트가 겹칠 경우, 가위바위보와 같이 공정한 방식을 활용해 학생들 간 다툼이 일어나지 않도록 합니다.

　기사를 작성할 때 중요한 것은 발간 날짜와 주요하게 다루고 싶은 내용입니다. 가장 인상 깊었던 부분을 뽑아 작성하되, 실제 역사 흐름과 일치하도록 내용을 구성해야 합니다. 단순히 사실 보도에만 그치지 않고 인터뷰, 광고, 앞으로의 양상에 대한 예측 등을 드러내면 더욱 좋습니다. 예를 들어 인터뷰 기사를 작성할 경우 독립운동에 참여한 인물은 일반 시민일지, 독립투사일지, 어떤 이유로 참여했을지를 고민해야 합니다. 또한, 시간적 배경이 3.1운동이 일어난 직후라면 다른 지역으로 번져 갈 운동의 양상을 요약하여 단신으로 싣거나 광복을 바랐던 사람들이 어떤 광고를 내고 싶었을지 상상해 보는 것도 좋습니다. 신문 기사는 물론, 광고에도 참여한 학생들의 이름을 반드시 넣도록 합니다. 자신의 이름이 신문에 실린다면 학생들도 더욱 책임감을 갖고 활동에 임할 것입니다.

마무리하기

　3.1운동은 거점 지역 외에도 한반도 전역과 해외에서까지 이루어진 비폭력 독립운동입니다. 당시 세계정세를 살펴보면 강대국들은 식민 통치를 통해 다른 나라를 지배하고자 했으며, 약소국들은 이에 저항하는 활동을 펼치고 있었습니다. 이러한 시대에 전 국민적인 참여를 바탕으로 이루어진 3.1운동의 함의는 결코 작지 않습니다. 우리 민족의 자주성과 독립 의지를 재확인하여 임시정부와 유수의 독립운동 단체가 설립되는 데 일조했고, 이후 일제의 통치 방식이나 국제 관계에도 영향을 미쳤습니다. 중국에서도 일본의 지배에 반대하여 5.4운동이 일어나기도 했습니다.

　반제국주의 운동이 우리나라에만 국한된 운동이 아니라는 것을 알고 세계적인 관점으로 시야를 넓힐 수 있다면 학생들 역시 3.1운동을 깊이 들여다보고 이해할 수 있을 것입니다. 단합과 연대를 기반으로 한, 시대를 초월하는 3.1운동의 정신과 의미를 다시 한번 생각하며 수업을 마무리합니다.

🌼 함께 읽으면 좋은 책

■ 1-2학년

『대한이의 대한 독립 만세!』 조현경 글, 허현경 그림, 하일식 감수, 천개의바람, 2022

『모두의 태극기』 박수현 글, 진수경 그림, 김정인 감수, 책읽는곰, 2019

■ 3-4학년

『어린 만세꾼』 정명섭 글, 김준영 그림, 사계절, 2019

『태극기 목판』 신혜경 글, 유영주 그림, 가문비어린이, 2020

■ 5-6학년

『1919』 김은빈 글, 윤정미 그림, 아르볼, 2018

『선생님 3·1운동이 뭐예요?』 배성호, 최인담 글, 김규정 그림, 철수와영희, 2019

『태극기를 든 소녀』 황동진 글, 박미화 그림, 그레이트북스, 2019

여성의 날 [3월 8일]
'여자답게'가 아니라 '나답게' 살래요

여성의 날은 1908년 3월 8일 미국의 여성 노동자들이 열악한 작업장에서 발생한 화재로 숨진 여성들을 기리며 궐기한 것을 기념하는 날로, 당시 노동자들은 근로 여건 개선과 참정권 보장 등을 요구하였습니다. 이후 유엔은 1975년을 '세계 여성의 해'로 지정했고 1977년, 3월 8일이 '세계 여성의 날'로 공식화되었습니다. 이때 시위에서 노동자들이 외친 슬로건은 '우리에게 빵과 장미를 달라.'였습니다. 빵은 남성에 비해 저임금에 시달리던 여성들의 생존권을, 장미는 참정권을 뜻합니다. 당시 미국의 여성 노동자들은 먼지가 가득한 최악의 현장에서 하루 12~14시간씩 일해야 했으나, 선거권과 노동조합 결성 자유 등 기본적인 권리조차도 부여받지 못했기 때문입니다.

우리나라에서는 1920년부터 나혜석, 박인덕 등이 세계 여성의 날을 기념해왔으나, 일제의 탄압으로 맥이 끊겼다가 1985년부터 공식적으로 기념하기 시작했습니다. 그리고 2018년 2월 20일 여성의 날을 법정 기념일로 지정하는 내용의 '양성 평등기본법' 일부 개정안이 국회에서 통과되면서, 2018년부터 3월 8일이 법정 기념일인 '여성의 날'로 공식 지정되었습니다.

어린이들을 대상으로 양성 평등에 관해 수업을 진행할 때는 성차별과 성 편견에 대해 논의하고 시사점에 관해 이야기하는 다소 정형화된 패턴을 따르기 쉽습니다. 성 평등에 대해 말하면 이미 '다 알고 있어요.'라고 답하는 어린이들에게

보다 의미 있는 시간을 전하기 위해 고민해야 하는 이유입니다. 35.9%라는 성별 간 임금 격차와 OECD 국가 중 성 평등 지수 최하위라는 숫자보다, 당장 실생활에서 성 평등에 소극적이거나 회의적인 태도를 취하는 어린이들의 반응에서 유의미한 수업 구성의 필요가 절실하게 다가옵니다.

　학생들에게 '올바른 성인지 감수성'을 심어 주는 것은 학교에서 필수적으로 이루어져야 할 교육입니다. 올바른 성인지 감수성이라 함은 성별 간의 불균형에 관한 이해와 지식을 갖춰 일상생활 속에서의 성차별적 요소를 감지해 내는 민감성을 말합니다. 하지만 우리에겐 어렸을 때부터, 혹은 사회적으로 주입된 성 고정관념이 알게 모르게 남아 있습니다. 따라서 우리가 마주하는 첫 번째 사회인 학교에서부터 올바른 교육이 이루어진다면 학생들은 성인지 감수성을 높여 '남자답게' '여자답게'가 아닌 '나답게' 성장할 수 있을 것입니다. 수업을 진행할 때는 성 평등이 가해자와 피해자라는 이분법적인 구도로 남녀 성별을 나누기 위함이 아니라 차별과 혐오의 반대편에서 보다 넓은 세상을 살아가기 위한 필수적인 요소임을 유의하도록 합니다.

『메리는 입고 싶은 옷을 입어요』
키스 네글리 글·그림, 노지양 옮김, 원더박스, 2019
추천 학년: 1~2학년

"남자애 옷이 아니에요!
나는 내 옷을 입었을 뿐이라고요."

여성은 치마만 입어야 했던 시대에 바지를 입은 최초의 여성 메리 에드워즈 워커를 모티브로 한 그림책입니다. 메리는 바지를 입었다는 이유로 경찰서에 잡혀갔음에도 끝까지 입고 싶은 옷을 입고, 하고 싶은 일을 하며 살았습니다. 바지와 치마처럼 일상생활과 밀착된 의복 문제는 저학년 학생들의 눈높이에 맞춰 일상 속 성 편견을 보다 직관적으로 이해하게 합니다.

들어가기

책을 읽기 전 세계 여성의 날이 어떻게 지정되었는지 그 유래를 설명합니다. 여성이라는 이유로 차별받았던 시대가 오늘 읽을 책의 배경임을 이야기하며 학생들과 표지를 함께 살펴봅니다. 책의 제목과 삽화를 보고 '주인공의 이름은 무엇일지' '주인공 메리는 삽화 속 인물들 중 누구일지' '메리가 입고 싶은 옷은 무엇일지' 추측해 보는 시간을 보냅니다. 학생들이 쉽게 유추하지 못한다면 삽화 속 인물들이 입고 있는 바지와 치마에 집중할 수 있도록 안내하고, 학생들이 인물과 이야기의 내용을 모두 추측했다면 이 책의 주인공인 메리 에드워즈 워커의 사진을 보여 줍니다. 메리는 1800년대에 활약한 훌륭한 교사이자 의사였지만, 바지를 입었다는 이유로 경찰서에 몇 번이나 잡혀갔다는 사실을 알려 준다면 학생들은 깜짝 놀라며 책에 집중할 것입니다. 책을 읽기 전 책의 마지막 쪽에 있는 메리 에드워즈 워커의 이야기를 먼저 읽거나 치마를 입은 남자, 바지를 입은 여자 사진을 보여 주는 것도 좋은 도입 활동입니다.

활동하기

① 꾸며 주는 말로 나를 표현해요

저학년 학생들에게도 성 고정관념이 있습니다. 그렇기에 꾸며 주는 말을 활용해 자신을 표현해 보라고 하면 여학생들은 주로 '예쁜' '사랑스러운' '상냥한' 등의 단어를, 남학생들은 '힘센' '웃긴' '잘생긴' 등의 단어를 사용합니다. 교사는 칠판에 학급의 여학생 한 명, 남학생 한 명의 이름을 쓰고 '멋진'이라는 말은 둘 중 어떤 학생을 꾸며 주는 말일지 질문합니다. 대부분의 학생들은 남학생을 꾸며 주는 말일 것이라고 대답할 것입니다. 이때 교사는 모든 수식어들이 성별과 상관없이 적용될 수 있음을 이야기합니다.

교사는 꾸며 주는 말을 여러 개 준비해 학생들에게 무작위로 나누어 주고, 그 단어를 활용해 나를 표현하도록 합니다. 자신에게 해당하지 않는 말인 것 같아도 작은 부분이나마 찾아봅니다. 예를 들어 남학생이 '상냥한'이라는 단어를 받았다면, 평소 본인이 상냥하지 않다고 생각하더라도 가족 혹은 친한 친구에게 상냥했던 적이 있는지 생각해 보도록 합니다. 이 활동을 통해 학생들은 자기도 모르게 갖고 있던 성 고정관념을 고쳐 나갈 수 있을 것입니다.

② 다양한 캐릭터에게 옷 입혀 주기 ☻

어린아이부터 노인까지, 다양한 나이와 외양을 가진 캐릭터를 준비하고 캐릭터에게 잘 어울리는 옷을 입혀 주는 활동을 합니다. 캐릭터 옆에는 가상으로 설정한 나이, 직업, 취미 등이 작성되어 있습니다. 이때 주의할 점은 첫째, 캐릭터의 성별을 절대 미리 알려 주지 않습니다. 그럼에도 학생들은 캐릭터의 생김새를 보고, 혹은 경찰, 소방관 등의 직업을 보고 스스로 여자 캐릭터 혹은 남자 캐릭터라고 판단할 것입니다. 둘째, 캐릭터의 머리카락은 그 캐릭터가 좋아하는 헤어스타일이기 때문에 절대 만지지 않도록 합니다. 셋째, 무작위로 받은 학습지를 다른 친구와 바꾸지 않도록 합니다. 그렇지 않으면 여학생은 머리가 긴 캐릭터를, 남학생은 머리가 짧은 캐릭터를 받고 싶어 하기 때문입니다.

옷을 다 그린 학생은 그 캐릭터가 어느 장소에 있을지, 주변에 어떤 물건이 있을지 상상해 배경도 꾸미도록 합니다. 옷을 상상하는 것을 어려워하는 학생이 있다면 내가 받은 캐릭터와 같은 연령대인 주위 사람이 무슨 옷을 입는지 떠올려 봅니다.

꾸미기를 완료한 후엔 교사가 '나는 남성/여성 캐릭터에게 옷을 입혀 주었다.'라는 문장을 각각 말하고 그에 해당하는 학생들이 손을 들도록 합니다. 그다음 나눠 준 캐릭터가 모두 여성이었음을 알려 주며 왜 자신이 받은 캐릭터가 남자 혹은 여자라고 판단했는지 생각해 봅니다. 이때 학생들이 받는 충격은 어마어마합니다. "말도 안 돼요!" "이게 여자라고요?" "얘는 남자같이 생겼는데요?" "여자면 옷을 다시 그려 줘야 할 것 같아요!"라고 이야기하기도 합니다. 교사는 "여러분이 지금 느낀 감정들이 마을 사람들이 메리를 볼 때 느낀 감정 아닐까

학생들이 꾸민 다양한 캐릭터들

요? 여자는 다 치마를 입는 줄 알았는데 처음으로 메리가 바지를 입고 왔을 때 여자가 바지를? 하면서 놀랐을 거예요. 하지만 메리는 틀린 게 아니었죠. 여러분이 받은 여자 캐릭터들도 하고 싶은 머리 스타일로 꾸미고, 하고 싶은 일을 했을 뿐이에요."라고 말하며 학생들이 자신도 모르는 사이 성 고정관념을 가지고 있었음을 깨닫고 다시 한번 생각해 볼 수 있는 계기를 마련해 줍니다.

마무리하기

　당연한 것은 없습니다. 여자라서, 남자라서 이래야 한다는 생각은 여자는 모두 치마를 입어야 한다고 생각했던 메리네 마을 사람들처럼 성 편견에 기인한 생각입니다. 물론 머리가 짧은 여자나 화장을 한 남자를 본 적이 없어 익숙지 않을 수는 있습니다. 하지만 전통적인 성 역할에 어긋난다고 비난하거나 이상한 눈으로 쳐다보는 것은 개개인의 특징과 개성을 존중하지 않는, 타인에게 큰 상처를 주는 행동입니다. 교사는 내가 하고 싶은 것을 하고 입고 싶은 것을 입는 데에 성별이 그 어떤 억압도 주어서는 안 됨을 다시 한번 이야기하며 활동을 마칩니다.

『안녕? 나의 핑크 블루』
윤정미 사진, 소이언 글, 우리학교, 2021
추천 학년: 3~4학년

"누구도 우리에게 색을 정해 줄 수는 없지요."

윤정미 사진작가가 진행한 동명의 프로젝트를 기반으로 한 사진그림책입니다. 어린이들의 생활공간 안에 있는 물건들을 전시해 찍은 것뿐인데, 사진을 본 사람들은 "남자는 블루, 여자는 핑크"처럼 유년시절부터 이어져 온 성 편견이 얼마나 고착화된 문제인지를 깨닫고 충격을 느낍니다. 책을 편하게 여기고 내용을 충분히 이해할 수 있는 중학년을 대상으로 수업을 계획했으나, 무의식적으로 젠더 코드를 인식하고 특정 색을 기피하는 모습을 보이기 시작하는 2학년부터 더 많은 층위의 내용을 읽어 낼 수 있는 고학년 학생들에게까지 적용할 수 있습니다.

들어가기

지은, 지후라는 가상의 인물을 소개한 다음 지금 보여 주는 물건들이 누구의 물건인지 맞혀 봅니다. 시계, 학용품, 가방, 모자 등 같은 물건이어도 학생들은 핑크색은 지은이, 파란색은 지후의 물건이라고 대답합니다. 학생들에게 고정관념이 생기게 된 것은 어른들이 핑크색은 여자아이, 파란색은 남자아이 것이라고 지정해 두었기 때문입니다. 교사는 왜 그렇게 생각했는지를 묻고 언제부터 물건의 색에 따라 성별을 판단하게 되었는지 생각해 보자고 합니다.

『안녕? 나의 핑크 블루』는 '색'에 집중하고 있습니다. 윤정미 사진

작가의 '핑크 블루 프로젝트'를 기반으로 하여, 어린이들의 성장에 따라 여러 번 사진을 찍기 위해 장장 15년에 걸쳐 책이 만들어졌음을 설명하면 흥미를 높일 수 있습니다. 교사는 학생들이 책에 실린 사진과 자신의 생활공간을 면밀히 관찰하며 비교하고, 색의 변화에 집중하면서 책을 읽도록 지도합니다.

활동하기

① 나만의 컬러 노트 만들기

'원래 그런 색은 없다.'라는 책 속 메시지를 떠올리며 나만의 색 감상 노트를 만듭니다. 각기 다른 차를 마실 때마다 감상을 기록하고 취향을 정리할 수 있는 홍차 테이스팅 노트처럼, 자유롭게 색을 사용하고 감상할 수 있도록 자신의 언어로 색이 주는 인상을 정리해 보는 것입니다.

먼저 교사는 빨강부터 보라까지, 일곱 가지 무지개색을 기본으로 더 좋아하는 색 한두 가지와 그 색에 대한 느낌을 쓸 수 있는 학습지를 학생 수만큼 인쇄해 나눠 줍니다. 그런 뒤 색을 볼 때 느끼는 감정, 인상, 기분을 바탕으로 나만의 감상을 적어 보자고 이야기합니다. 이를 바탕으로 생활 속 물건들(수건, 벽지, 잠옷, 활동복, 커튼, 학용품, 각종 가구, 가방 등)의 목록을 제시한 뒤 어떤 색을 어떤 물건에 적용하면 좋을지 생각할 수 있습니다. 예를 들어 내가 느끼는 빨간색이 열정적이고 따

완성된 컬러 노트 예시

듯한 색이라면, '어디에 쓰면 좋을까?'라는 질문에 학용품이나 잠옷에 쓸 수 있다고 대답 가능합니다. 발표나 게시를 통해 서로의 학습지를 공유해 본다면 같은 색이어도 학생들마다 다른 감상을 느낀다는 것을 확인할 수 있을 것입니다.

② 성 고정관념에 관해 이야기를 나누어요!

자신이 겪었던 색깔과 관련한 성 고정관념으로는 무엇이 있었는지 함께 이야기를 나눠 보는 시간입니다. 민감한 감수성을 필요로 하는 만큼 학생들이 대답하기 어려워한다면 교사가 구체적인 질문을 던져 다양한 대답을 이끌어 내도록 합니다. '학교에 입학할 때 처음 산 가방의 색이 무엇인지' '내가 어떤 색의 물건을 가장 많이 갖고 있는지' 질문한다면 자연스럽게 내 주변 색깔들에 관해 생각할 수 있을 것입니다.

그런 뒤엔 책 속 사람들의 사진을 살펴보며 '성장에 따라 자신이 좋아하는 색이나 주변 물건들의 색깔이 어떻게 변화했는지' '성별에 따라 정해진 색이 있는지' '성별에 맞는 색을 임의로 결정한 것은 누구일지' 질문합니다. 사진을 자세히 들여다보면 처음에는 어른들이 정해 준 색으로 둘러싸여 있던 아기들이 점차 다양한 색을 찾아가거나 어른이 되어서도 같은 색을 좋아하는 모습을 발견할 수 있습니다. 학생들은 자신이 좋아하는 색이 어떻게 변화해 왔는지 생각하는 과정에서 책이 담아내고 있는 문제의식을 저마다의 현실에 적용해 볼 것입니다.

이후 '특정 색깔을 비하하거나 놀리는 것을 목격한 경험이 있는지' 이야기하며 성 고정관념에 관한 주제를 심화할 수도 있습니다. 학생들은 "분홍색 필통을 사고 싶었지만 친구들이 놀릴까 봐 살 수 없었어요." "로봇이 그려진 파란색 가방을 사고 싶었지만 부모님이 좀 더

예쁜 가방을 사라고 하셨어요." "예전에는 남자 색, 여자 색이 따로 정해져 있는 줄 알았어요." 등의 경험을 이야기합니다. 학생들의 경험을 토대로 성 고정관념이 색깔에서만 드러나는 것인지 이야기해 봅니다. 여성이나 어린아이가 좋아하는 색이라고 여겨지는 색을 남자아이가 좋아한다고 했을 때, 이를 유치하고 부끄러운 일이라고 인식하는 것은 비단 색깔에만 국한되는 문제일까요? 색깔 고정관념이 결국 사회 전반의 성 고정관념과 연결되어 있음을 알려 준다면 학생들은 당연하게 여겨 왔지만 사실 당연하지 않았던 상황들을 떠올리며 책의 주제를 온전히 받아들일 수 있을 것입니다.

독서를 마친 뒤에는 학생들에게 이 책이 이야기하고자 하는 바가 무엇일지 질문합니다. '성장 과정에 따라 선호하는 색깔이 어떻게 변화했는지' '성별에 따라 정해진 색이 있는지' '성별에 맞는 색을 임의로 결정한 것은 누구일지' '특정 색깔을 비하하거나 놀리는 것을 목격한 경험이 있는지' '왜 남성이 핑크색이나 노란색을 좋아하는 것을 유치하거나 창피한 것으로 여기는 경우가 많은 것 같은지' 이야기하며 성 고정관념에 관한 주제를 심화할 수 있습니다.

마무리하기

책을 읽고 새롭게 깨닫게 된 내용을 이야기하며 수업을 끝마칩니다. 사람에 따라 입맛이 다르듯 같은 색을 보고 동일한 감정과 감상을 느낄 수는 없다는 책의 주제를 설명하는 것도 좋습니다. 우리가 특정 색깔을 보고 연상하는 이미지란 결국 기성세대가 만든 허상에 불과합니다. 남성스럽거나 여성스러운 색이란 애초에 존재하지 않으며, 성장 과정에서 좋아하는 색이 변하는 것도 자연스러운 일입니다. 남의 시선을 의식해 좋아하는 색을 숨길 필요는 없다는 사실을 짚어 준다면 학생들도 올바른 성인지 감수성을 키워 나갈 수 있을 것입니다.

『우리 할머니는 페미니스트』
이향 글, 김윤정 그림, 아르볼, 2019
추천 학년: 5~6학년

"늘 다 해 주던 엄마와 달리 할머니는 각자의 역할을 정해 주었다."

고학년 중에는 '페미니스트'라는 말만 들어도 질색하는 학생이 있습니다. "너 페미야?"라는 질문에 화들짝 놀라며 부정하는 상황이 생기기도 합니다. 페미니즘과 페미니스트를 향한 잘못된 생각을 갖고 있기 때문입니다. 이 책은 그런 그릇된 인식을 개선할 수 있도록 돕습니다. 할머니와 페미니스트의 조합은 생소해 보이지만, 사실 페미니스트란 특별한 것이 아닙니다. 책 속 김순례 여사님은 '집안일은 모두 같이 하자.' '여자아이라고 몸가짐을 특별히 더 조심해야 하는 것은 아니다.' 등 너무나 당연한 것들을 주장합니다. 김순례 여사님의 말이 틀렸다고 생각하는 사람이 있을까요? 성별에 따른 제약이 많이 사라진 현대사회에서 모두가 행복할 수 있는 사회를 꿈꾸는 우리는 모두 페미니스트입니다.

들어가기

책을 읽기 전, 교사는 '페미니스트' 단어를 가린 책 표지를 학생들에게 보여 줍니다. 그런 뒤 꽃으로 둘러싸인 할머니의 모습과 '동네스타 나가신다'라는 문구를 보고 가린 부분에 어떤 단어가 들어갈지 맞혀 보자고 합니다. 학생들이 맞히기 어려워할 경우 글자 수를 알려 주거나 책에 나오는 김순례 여사님의 말들을 함께 제시하면서 가려진 제목을 유추합니다.

> "나쁜 짓을 하는 사람이 잘못이지, 치마를 짧게 입고 다니는 게 잘못이우? 짧은 치마 입지 말라고 야단칠 게 아니라, 나쁜 짓을 안 하도록 가르쳐야죠. 그게 어른들이 할 일이죠." - 52쪽
>
> "아니, 이걸 같이 들면 덜 무겁고 금방 할 텐데, 도와주면 빠르지. 남자가 하는 일이 따로 있나." - 54쪽
>
> "그래서 할머니가 집안일을 가족이 다 함께 하자고 하는 거야. 모두가 자기 역할을 조금씩 맡아 한다면 한 사람만 힘들지 않아도 되니까 말이다." - 72쪽

충분히 생각할 시간을 준 후 가린 단어를 보여 주었다면 '페미니즘'과 '페미니스트', 두 단어의 사전적 정의를 알아봅니다.

활동하기

① 여자니까? 남자니까?

책에서 어른들은 아이들에게 "무거운 건 남자가 들어야지.", "여자애가 늦게 다니면 안 되지." 등 성 편견에 기인한 말들을 합니다. 이런 말들은 어른들만 하는 것이 아닙니다. 어른이 어른에게 하기도 하고, 아이가 아이에게 하기도 하고, 아이가 어른에게 하기도 합니다. 나도 모르게 성 편견에 기인한 말을 하거나 들은 경험이 있다면 나누어 봅니다. 학생들이 떠올리기 어려워한다면 "너는 여자(남자)니까 ~해야

해." "너는 여자(남자)니까 ~해선 안 돼." 두 문장을 제시하고 빈칸을 채우도록 합니다. 자신이 들었던 성 고정관념에 기인한 말들을 이야기하며 그것을 올바른 문장으로 대체해 봐도 좋습니다. 일상 속에서 무의식적으로 사용하던 성차별적인 언어 습관을 성찰하고 친구들과 함께 개선을 위해 노력하는 시간을 가져 봅니다.

② 우리 집 평등 지수는?

우리 집 평등 지수를 계산해 봅니다. 먼저 가족 구성원의 이름을 적고 '엄마-1, 아빠-2, 나-3'과 같이 각각 숫자를 붙입니다. 그런 뒤 우리 집 집안일 목록을 만들고 각 집안일을 수행하는 가족의 숫자를 해당 집안일 옆에 적습니다. 평일 아침 식사 준비를 엄마 혼자 한다면 1, 엄마와 아빠가 같이 한다면 1, 2를 적는 것입니다. 이처럼 가족의 이름이나 호칭이 아닌 숫자를 써넣는다면 가족 구성원을 노출하고 싶지 않은 학생도 가벼운 마음으로 활동에 참여할 수 있고, 우리 집안의 성 평등 현황을 조금 더 객관적인 시선으로 살필 수 있습니다. 결과를 도출할 때에도 마찬가지입니다. "우리 집은 엄마가 10개의 집안일 중 8개를 담당합니다."와 "우리 집은 1번 가족이 10개의 집안일 중 8개를 담당합니다." 이 두 문장의 차이가 보이시나요? 전자는 엄마가 가사 노동을 하는 게 당연하다는 고정관념을 지닌 학생들이 문제를 제대로 의식하지 못하도록 하지만, 후자는 집안일이 한 사람에게 과도하게 치중되어 있다는 사실을 적나라하게 드러내 줍니다.

둘째는 집안일을 세분화하는 것입니다. 보통 평일에는 식사를 두 번 하고, 주말에는 식사를 하루 세 번씩 합니다. 일주일에 무려 16번의 식사 준비를 하고 식탁을 치우는데 이것을 단순히 '식사 담당'이라는 말로 정리해서는 안 됩니다. 평일 아침 준비, 정리하기, 평일 저녁 준비, 정리하기, 주말 아침 준비 등으로 세분화해야 합니다.

집안일과 담당 가족을 정리해 봤다면, 가족 구성원별로 몇 개의 집안일을 맡고 있는지 통계를 냅니다. 그 수를 모두 더한 값을 가족의 명수로 나눠 우리 집의 집안일 평균값을 내고, 각각 가족이 담당한 집안일의 개수와 평균값의 차이를 계산합니다. 차이를 모두 더한 다음 100에서 그 값을 뺀 것이 우리 집 평등 지수입니다.

우리 집 평등 지수 계산 예시

$$\frac{24(1번\ 가족\ 집안일)+13(2번\ 가족\ 집안일)+8(3번\ 가족\ 집안일)}{3(우리\ 가족\ 명수)} = 15(우리\ 가족\ 집안일\ 평균값)$$

9(1번 가족이 맡은 집안일과 평균값의 차이)
+
2(2번 가족이 맡은 집안일과 평균값의 차이) = 18
+
7(3번 가족이 맡은 집안일과 평균값의 차이)

100-18 = 82(우리 집 평등 지수)

평등 지수가 높을수록 그 집은 평등하다고 볼 수 있습니다. 우리 집 평등 지수가 많이 낮다면 어떻게 개선해 나갈지 방법을 적어 봅니다. 한 사람이 전담하고 있는 집안일을 함께 하거나 집안일을 거의 안 하고 있는 사람이 넘겨받는 등의 대안이 있을 것입니다.

활동이 끝난 후에는 우리 집 평등 지수와 개선 방안을 발표합니다. 우리 집 평등 지수에 관한 문제점을 느끼지 못하던 학생도 다른 친구의 이야기를 들으며 본인의 가정을 객관적으로 살펴볼 수 있을 것입니다.

마무리하기

책에 나온 질문들에 답해 보며 활동을 마무리합니다.

- 여자아이와 남자아이가 초등학교에서 똑같이 공부하는 것에 찬성하나요?
- 여성과 남성이 투표할 때 똑같이 한 표를 내는 것에 찬성하나요?
- 여성과 남성이 모두 얼굴을 드러내고 길을 걷는 것에 찬성하나요?
- 여성은 울 수 있지만 남성은 울면 안 된다는 말에 반대하나요?
- 여성은 다소곳해야만 하고 남성은 씩씩해야만 한다는 말에 반대하나요?

이 질문들에 모두 '네!'라고 답했다면 우리는 모두 페미니스트라고 할 수 있습니다. 페미니스트의 올바른 개념을 알게 된 학생들은 더 이상 페미니스트를 부정적으로 인식하지 않을 것입니다. 교사는 우리 모두 페미니스트로서 성차별없이 건강하고 올바른 학급을 만들 것을 다짐하자고 이야기하며 수업을 마칩니다.

🌸 함께 읽으면 좋은 책

■ 1-2학년

『아빠는 페미니스트』 론다 리트 글, 메건 워커 그림, 손영인 옮김, 봄나무, 2018
『평등한 나라』 요안나 올레흐 글, 에드가르 봉크 그림, 이지원 옮김, 풀빛, 2018

■ 3-4학년

『서연이의 페미니즘 다이어리』 김고연주 글, 김다정 그림, 청어람아이, 2020
『어린이 젠더』 오누키 시오리 글, 무라타 에리 그림, 마쓰오카 소시 감수, 송지현 옮김, 예림당, 2022

■ 5-6학년

『어린이 페미니즘 학교』 초등성 평등연구회 글, 이해정 그림, 우리학교, 2018
『열두 달 성 평등 교실』 아웃박스 글, 정재윤 그림, 파란자전거, 2021
『할머니와 나의 이어달리기』 이선주 글, 김소희 그림, 우리학교, 2021

사이버 범죄 예방의 날 [4월 2일]
보이지 않는 범죄로부터 스스로를 지켜요

　전자 인증서, 결제, 오락, 통신까지, 현재 우리는 전자 기기 없이 살 수 없는 사회에 살고 있습니다. 그러나 24시간 타인과 연결되어 있다는 것, 내 정보를 실시간으로 주고받고 지구 반대편에 사는 사람과 대화할 수 있는 것은 과연 장점이기만 할까요?

　2022년 서울여성가족재단이 11세부터 18세 사이 아동·청소년 4,000명을 대상으로 한 조사에서 5명 중 1명은 디지털 성범죄에 직접 노출된 적이 있다고 응답했습니다. 경찰청에 따르면 최근 5년간 전체 범죄는 14.7% 감소했으나, 사이버 범죄는 2015년 14만 4,000여 건에서 2020년 23만 4,000여 건으로 약 62% 증가했습니다. 오프라인 범죄는 감소했지만, 온라인 범죄는 증가하고 있는 것입니다.

　사이버 범죄는 즉각적으로 신체에 위협을 주지는 않지만, 오프라인 범죄보다 해결이 어려운 경우가 많습니다. 온라인에서 일어나는 사건이기 때문에 피해자가 직접 신고하지 않는 이상 주변 사람이 알아채기 어려우며, 순식간에 퍼지는 인터넷 특성상 가해자를 잡기 전에 피해자의 사생활과 신변에 큰 피해를 입는 경우가 많기 때문입니다. 그 예로 메신저 앱을 사용해 미성년자를 착취하여 사회적으로 공분을 산 N번방 사건이 있습니다.

    전자 기기가 대중화되면서 어린 학생들도 자유롭게 온라인 세상을 드나드는 오늘날, 학생들에게 사이버 범죄 예방 교육은 필수적입니다. 특히 사이버 범죄의 경우 의식하지 못하는 사이 쉽게 가담할 수 있다는 사실도 경계 대상입니다. 친구의 우스운 사진을 몰래 찍어 불특정 다수가 볼 수 있는 곳에 게시했다면 나도 사이버 범죄의 가해자가 될 수 있습니다. 실제로 학생들 사이에서도 채팅, 게임, SNS 등을 통해 사이버 범죄가 빈번하게 일어나고 있는 실정입니다.

    이번 사이버 범죄 예방 계기교육은 인터넷을 폭넓게 사용하는 고학년을 대상으로 했습니다. 또래 학생의 입장에서 사이버 범죄를 다룬 도서를 읽으며 나와 같은 나이의 주인공이 휘말리는 사건을 따라가다 보면 자연스럽게 인터넷의 명암을 들여다보며 사이버 범죄 예방법과 대처 방안을 알 수 있을 것입니다.

    사이버 범죄 예방을 위해 학생의 스마트폰을 확인하고, 사용 시간을 제한하는 것은 문제의 근본적인 해결책이 아닙니다. 꾸준한 학교폭력 예방 교육으로 초등학생들도 "학교폭력 신고는 117!"을 외치게 된 것처럼, 실생활에서 사이버 범죄를 예방할 수 있도록 꾸준한 교육이 이루어져야 합니다.

『13일의 단톡방』

방미진 글, 국민지 그림, 신나민 감수, 상상의집, 2020
추천 학년: 3~4학년

"심판이니 어쩌니 온갖 정의로운 척들을 해 댔으면서, 정작 자신들의 말과 행동에는 어떤 책임도 질 생각이 없었다."

이 책은 실제 학교에서 빈번하게 일어나는 사이버 폭력을 현실적으로 다루고 있습니다. 아이들의 단체 채팅방을 훔쳐보는 듯한 생생한 대화들, 온라인 공간에서 친구 험담을 하다 '학폭위' 소리에 찝찝함을 느끼는 아이들, '사이다'가 아닌 건강한 가능성을 제시하는 결말은 3~4학년 학생들에게 사이버 폭력의 개념과 심각성을 전달합니다. 아직 명확한 미디어 이용 윤리를 체화하지 않은 중학년 학생들이 온라인 공간에서도 윤리 의식을 갖추어 올바른 태도를 함양하는 것이 사이버 범죄 예방 교육의 핵심입니다.

들어가기

수업에 들어가기 전 "같은 반 친구인데 딱 한 명만 빼고 다 같이 놀아요, 이건 학교폭력인가요?"라고 질문을 던지면 대부분의 학생들은 맞다고 대답합니다. 그렇다면 "학급 단톡방에서 딱 한 명에게만 대답을 해 주지 않아요, 이건 학교폭력인가요?" 하고 물어 봅니다. 이번에는 시원하게 그렇다고 대답하는 학생이 많지 않을 것입니다. 이렇게 같은 행동인데도 학생들은 온라인상이라는 이유로 문제의 심각성을 인지하지 못하기도 합니다.

사이버 불링, 해킹, 사생활 침해 등 단톡방이나 게임에서 일어나는 사이버 범죄 중 다수가 실제 범죄로 이어지곤 합니다. 사이버 범죄가 전보다 만연해진 오늘날, 학생들이 사실상 가장 가깝게 느끼는 것은 사이버 폭력입니다. 교사는 오늘 함께 읽을 책이 온라인상에서 일어나는 학교폭력을 다루고 있음을 설명한 뒤, 사이버 범죄가 현실의 범죄와 다름없음을 안내합니다.

활동하기

① 사이버 범죄 해결사 액팅

책에서 가장 중요한 해결사의 역할을 한 등장인물 '루킹(Looking)'은 단톡방에 잠입해 무슨 대화를 나누고 있는지 민서에게 알려 주는 관찰자였습니다. 하지만 모든 상황을 알고 있었음에도 문제를 해결하기 위한 적극적인 행동(acting)을 하지 않는 소극적인 모습을 보이기도 했습니다. 만약 민서를 위해 나서 주는 친구가 있었거나 루킹이 실천의 중요성을 더 빨리 깨우쳤더라면 민서네 학교에서 일어났던 사이버 폭력 사건들은 다른 국면을 맞이했을지도 모릅니다. 사이버 폭력을 마주했을 때 몸소 행동하는 사람이 되기 위하여 루킹 대신 '액팅'으로서 단톡방에 참여해 봅니다.

먼저 민서에게 사이버 폭력이 가해지는 단톡방 속 상황(139쪽 등)에서 나라면 어떤 대답을 했을지 생각해 적어 봅니다. "너희가 이렇게 민서를 별명으로 부르고 욕하는 건 단톡방에서 하는 학교폭력과 다름없어."와 같이 단톡방에서의 따돌림도 학교폭력과 사이버 범죄의 일종임을 알리는 이야기를 할 수 있습니다. 혹은 "단톡방에서 언어폭력을 하는 건 처벌받을 수도 있는 범죄야. 사이버 폭력을 그만 둬!"와 같이 사이버 폭력을 적극적으로 저지하는 말을 할 수도 있습니다.

학생들은 단톡방에 직접 들어가서 글을 써 보며 학교폭력을 제지하려고 노력함으로써 사이버 폭력을 심각하게 받아들이고, 사이버 폭력을 마주했을 때 적극적으로 개입하여 문제를 해결하고자 하는 태도를 가질 수 있을 것입니다.

② 뉴스 신뢰도 평가하기

오픈 채팅방에서 반 아이들은 익명성 뒤에 숨어 민서에 관한 가짜 소문을 퍼뜨렸습니다. 민서는 공주병이고 인성 파탄자라는 등, 평소에는 아는 척도 하지 않았던 친구에게 접근한다는 등, 작년에 반장이 자신을 좋아한다는 소문을 냈다는 등 사실 여부가 확인되지 않은 것들이었습니다. 이런 가짜 소문들은 이름을 밝히고 대화하는 반 단톡방에서도 대놓고 민서를 비방할 수 있는 이유가 되었습니다.

부정확한 정보나 뉴스를 바탕으로 사회적 혼란이나 논란이 야기되는 현상은 비단 학급에서만 일어나지 않습니다. 정보가 빠르고 넓게 퍼져 나가는 온라인 공간에서는 아니면 말고 식의 정보들이 넘쳐납니다. 그래서 거짓을 퍼뜨리거나 교묘하게 홍보를 하는, 언론이 반드시 갖춰야 할 정확도와 신뢰성이 떨어지는 기사를 자주 볼 수 있습니다. 이렇게 많은 지식이 범람하는 온라인 공간에서 신뢰성이 낮은 정보에 휩쓸리지 않으려면 '미디어 리터러시' 능력을 키워야 합니다. 미디어 리터러시란 미디어를 활용하거나 생산할 수 있는, 한마디로 미디어 정보 활용 능력입니다. 미디어 리터러시를 기르는 좋은 방법 중 하나는 정보에서 사실과 의견을 구분하는 훈련을 하는 것입니다. 이를 위해 교사는 뉴스 신뢰도 평가하기 활동을 진행합니다.

먼저 교사는 학생들 스스로 자신이 관심 있는 분야의 기사를 찾아보도록 합니다. 그런 뒤 다음 평가 기준을 보고 각각의 기준에서 몇 점을 부여할지 결정합니다. 평가 기준은 교사가 수정하거나 덧붙일 수 있습니다.

1. 기사를 작성한 기자의 이메일이 명시되어 있는지
2. 기자가 작성한 뉴스 목록 중 광고성 기사나 부정확한 사실을 나타낸 기사가 있는지
3. 기사에 나온 정보의 출처가 명확하고 신뢰성이 있는지
4. 신뢰할 만한 언론사(방송국, 신문사)의 보도인지
5. 사진과 기사 내용에 직접적인 연관성이 있는지

예를 들어 기자의 이메일이 명시되어 있다면 30점, 명시되지 않았다면 15점을 줄 수 있습니다. 기자가 작성한 뉴스 목록을 보고 믿을 만

하다면 30점, 광고성 기사가 있다면 15점을 줄 수 있습니다. 기사에 나온 정보의 출처가 국가기관이나 세계적인 통계 등 신뢰성이 높다면 40점, 출처가 불분명하다면 20점을 주고 모든 점수를 합한 것이 기사의 신뢰도가 될 것입니다. 물론 해당 기준은 간이 평가에 불과하지만, 기사를 있는 그대로 받아들이지 않고 스스로 점검하는 과정을 거치며 학생들은 가짜 정보를 향한 비판적인 시각을 기를 수 있습니다.

한편 심화 활동으로 신뢰도 점수를 가장 낮게 받은 기사와 가장 높게 받은 기사를 비교해 본다면 기사가 꼭 지녀야 하는 요소를 체감할 수 있을 것입니다.

③ 리액션 게임

단톡방에서 시작된 따돌림 상황이 끝난 뒤에도, 민서는 자신이 한 말에 아무도 반응해 주지 않을까 봐 걱정했습니다. 리액션 게임을 통해 온라인 공간에서 긍정적인 상호작용의 힘을 깨닫고 올바른 태도를 함양해 봅니다.

교사는 사전에 단톡방 모양의 활동지를 준비한 뒤, 학생들이 5~6명씩 모둠을 이루어 활동을 진행하도록 안내합니다. 먼저 활동지에 친구들에게 하고 싶은 말이나 나누고 싶은 좋은 소식을 적습니다. 그 후 자신이 글을 적은 학습지를 옆에 앉은 친구에게 넘겨줍니다. 활동지를 받은 학생은 하단의 말풍선에 친구가 남긴 말에 관한 댓글을 작성

활동지 양식

합니다. 이때 규칙이 있습니다. 첫째, 장난치거나 비꼬지 않고 상대방의 말에 긍정적으로 반응해야 합니다. 둘째, 감탄사를 제외하고 자신의 생각이나 감정이 포함되도록 작성해야 합니다. 셋째, 실제 단톡방에서 대답한다는 생각으로 임해야 합니다.

학생들은 자신의 말을 향한 긍정적인 피드백을 경험하면서 온라인상의 대화와 반응 또한 결국 사람의 감정과 삶에 큰 영향을 미친다는 것을 깨닫습니다. 활동 후 생각을 확장하여 앞으로 누군가 사이버 불링을 당하거나 무분별한 정보에 고통받는 등의 사이버 폭력이 일어났을 때 내가 할 수 있는 행동이 무엇이 있을지 생각해 볼 수도 있습니다.

마무리하기

많은 학생들이 학교폭력을 향한 경각심을 갖고 있는 반면, 사이버 범죄는 생소하고 멀게 느끼곤 합니다. 이는 사이버 공간에서 일어날 수 있는 문제 예방과 자기보호역량 강화 교육이 반드시 필요한 이유입니다. 학생들이 스스로의 모습을 돌아보고 앞으로의 생활에서 미디어 리터러시를 기반으로 사이버 폭력에 가담하지 않는 성숙한 이용자로 거듭날 수 있도록 당부하며 수업을 마무리합니다.

『디지털 성범죄와의 전쟁』
최수현 글, 이은주 그림, 엠앤키즈, 2021
추천 학년: 5~6학년

"불법 촬영한 놈들이 나쁜 거지, 그 사람들을 믿은 시영이가 잘못한 게 아니잖아."

전자 기기를 사용하는 시기가 점점 빨라지면서 디지털 성범죄 피해자의 연령대도 갈수록 낮아지고 있습니다. 하지만 어린 학생들일수록 디지털 성범죄를 알아차리지 못하고, 후환이 두려워 도움을 요청하지 않고 스스로 해결하려는 경우가 많습니다. 학생들은 6학년 도아가 겪는 사건을 따라가며 디지털 성범죄가 어떤 경로로 어떻게 이루어지는지 알고, 디지털 범죄의 심각성을 느낄 수 있습니다. 피해자는 스스로를 탓하지 말고 하루빨리 주변 어른들에게 알려 도움을 청해야 한다는 책의 메시지 또한 본 계기교육에 적합합니다.

들어가기

최근 메타버스 공간 안에서 이루어지는 성범죄에 관한 문제가 언론에 보도되었습니다. 성인 이용자가 미성년자에게 접근해 불쾌감을 일으키는 메시지를 보내는 등 가상공간 안에서의 성범죄가 새로운 화두로 떠오른 것입니다. 날로 모습과 정도를 탈바꿈하며 퍼지고 있는 디지털 성범죄에 올바르게 대처하기 위해서는 어떻게 해야 할까요? 디지털 성범죄의 다양한 양상과 대처 방안을 익히고 경각심을 되새기는 과정이 필요함을 안내하며 수업을 시작합니다.

> **활동하기**

① 김타미 박타미 이타미 되어 보기

　타미는 세상에 100년 만에 나온 요정이라 사이버 범죄가 무엇인지 잘 알지 못했기 때문에, 직접 문제를 해결해 주는 대신 시간을 돌리는 방식으로 도아를 도와주었습니다. 사이버 범죄는 피해자 본인이 스스로 피해를 알아차리는 것이 가장 빠른 해결 방법이지만, 현실에서는 이를 단순히 관계 문제로 여기거나 자신의 실수로 생각하여 피해 사실을 인식하기 어렵습니다. 따라서 주변에서 이를 발견하여 도움을 건넨다면 사이버 범죄 예방에 유의미한 영향을 줄 수 있습니다.

　학생들이 타미가 되어 도아에게 세 번의 도움을 줄 수 있다면 어떤 도움을 건넬 것인지 생각해 봅니다. 가장 기본적으로 도아의 엄마나 학교 선생님에게 대신 상황을 알리고 도움을 청할 수 있고, 경찰에 신고하는 방법도 있습니다. 나쁜 생각을 하는 도아에게 너는 피해자이고, 범죄를 저지른 가해자가 처벌받아야 한다고 진심으로 위로해 줄 수도 있습니다. 디지털 성범죄 피해자 지원 센터나 청소년 사이버 상담 센터를 알려줄 수도 있고, 통령과 같은 존재가 사진을 요구할 때 절대 보내지 않도록 주의를 줄 수도 있습니다. 이러한 과정을 통해 학생들은 상황을 객관적으로 바라보고, 비슷한 사례를 목격하게 되었을 때 적극적인 조력자로서 나설 수 있을 것입니다.

② 팝업창의 경고

책 속에서 통령은 도아의 사진을 공개하겠다며 협박합니다. 그런데 만약 디지털 성범죄가 심각한 범죄 행위라는 것을 알았다면 통령은 행동을 멈췄을지도 모릅니다. 도아가 협박당할 때 대처 방안이나 도움을 청할 수 있는 기관을 알았다면 시간을 돌리지 않고도 사건은 해결되었을 것입니다. 그들의 머릿속에 이를 알려 주는 팝업창이 떠올랐어도 상황은 바뀌었겠지요.

이번 활동에서는 SNS에 접속할 때 뜨는 팝업창을 직접 만들어 사이버 범죄의 위험성을 알려 봅니다. 먼저 조를 나눠 팝업창에 어떤 내용이 들어가면 좋을지 상의합니다. 사이버 범죄란 무엇인가, 나의 개인 정보를 다른 사람에게 전달할 때는 반드시 주의해야 한다는 경고문, 사이버 범죄가 일어났을 때 대처 방안이나 도움을 받을 수 있는 기관의 이름과 전화번호 등의 내용이 들어갈 수 있습니다. 팝업창이 꼭 하나일 필요는 없습니다. 접속할 때마다 팝업창이 랜덤으로 뜬다고 가정하고 한눈에 들어올 수 있도록 만드는 것이 중요하다는 것을 강조합니다. 활동에 참고하기 위해서 다양한 사이트나 유관 기관을 소개하는 것도 좋습니다.

팝업창을 띄우는 것은 피해자가 스스로 주의하도록 하려는 것이 아닙니다. 범죄 피해를 예방하고 여러 사람에게 홍보하기 위함이며, 실제로 범죄 사실에 관한 공익적인 목적의 보도가 많이 이루어질수록 사람들도 경각심을 가지게 됩니다. 또한, 범죄의 심각성을 인지해 범죄에 가담할 위험도 줄일 수 있습니다. 다음과 같은 사이트를 활용한다면 디지털 범죄를 사전에 예방하는 것은 물론 피해자의 상황에 놓였을 때 다양한 대처 방안을 마련할 수 있을 것입니다.

＊**디지털성범죄 피해자지원센터(d4u.stop.or.kr)**는 디지털 성범죄 피해에 대한 접수 등 상담, 삭제 지원 및 유포 현황 모니터링, 수사·법률·의료 연계 지원을 제공하는 곳입니다. 홈페이지를 방문하면 디지털 성범죄에 관한 Q&A, 치유·회복 프로그램, 지원 내용 등을 상세하게 살펴볼 수 있습니다.

＊**서울디지털성범죄 안심지원센터(onseoulsafe.kr)**는 다양한 디지털 성범죄를 예방하고 피해자를 지원하기 위해 온·오프라인 종합 지원을 연계하는 온라인 플랫폼입니다. 디지털 성범죄 피해 유형별 대처 방법, 아동·청소년 디지털 성범죄 신고 상담, #IDOO 캠페인 등 다양한 활동을 진행하고 있습니다.

마무리하기

디지털 성범죄의 경우 피해자의 행실이나 부주의함을 탓하거나 피해자의 행동을 검열하는 일이 자주 일어납니다. 심지어 피해자 스스로 자신의 행동을 돌이켜 보며 자책하는 경우도 많습니다. 책 속 주인공 역시 게임에서 만난 오빠들과 노래방에 간 행동을 후회하고, 함께 있었던 친구는 피해자를 탓하는 모습을 보이기도 했습니다. 하지만 모든 범죄가 그렇듯 디지털 성범죄에도 피해자의 잘못이란 존재하지 않습니다. 범죄를 저지른 사람은 온라인 오프라인을 막론하여 처벌받는다는 것, 나쁜 일이 생겼을 때 자기 자신을 탓하기보다 주변 사람들에게 꼭 이야기해야 한다는 사실을 되새기며 수업을 마무리합니다.

🌷 함께 읽으면 좋은 책

■ 3-4학년

『노아의 스마트폰』 디나 알렉산더 글·그림, 신수진 옮김, 김광희 감수, 나무야, 2020
『단톡방을 나갔습니다』 신은영 글, 히쩌미 그림, 소원나무, 2022
『출동! 우리 반 디지털 성범죄 수사대』 박선희 글, 김주리 그림, 팜파스, 2020

■ 5-6학년

『검은 손길 온라인 그루밍』 김리하 글, 전명진 그림, 크레용하우스, 2020
『사라진 소녀들』 리디아 카초 리베이로 글, 파트리시오 베테오 그림, 김정하 옮김, 그레이트BOOKS, 2021
『정의의 악플러』 김혜영 글, 이다연 그림, 스푼북, 2018

식목일 [4월 5일]

자연 속에서 마음을 꽃피워요

식목일은 1949년 나무 심기를 통해 쾌적한 생활환경을 조성하고 산림자원 육성을 촉진하기 위해 제정되었습니다. 전쟁 및 생활고로 인한 무분별한 벌목이 자행되면서 한반도의 많은 녹지가 소실되자 국가에서는 식목 관련 사업을 계획적으로 추진했습니다. 그에 따라 국민들에게도 나무를 심고 가꾸는 것을 권장하기 위해 식목일이 공휴일로 지정되었지만, 2006년부터는 식목일을 공휴일에서 제외하였습니다. 이는 식목일의 의의를 경제적인 효과와 직결시켜 투자 비용 대비 득실로 효용성을 판단한 결과였습니다.

이에 따라 식목일의 위상은 전과 같지 않아졌지만, 되레 그 의미와 중요성은 더욱 강조되고 있습니다. 세계적으로 산불로 인해 유실되는 산림의 면적이 늘어나고, 지구온난화와 환경 파괴가 가속화되고 있어 산림의 중요성이 다시금 주목받고 있기 때문입니다. 또한, 환경과 식물 자원을 향한 관점이 변화함에 따라 식물을 단순히 자원으로 바라보는 것이 아니라 생태 구성 요소이자 생명으로 여기는 풍조가 확대되어 식목일은 전보다 더욱 넓고 풍성한 가치와 의미를 띠게 되었습니다.

따라서 식목일 계기교육을 진행할 때는 식물과 나무라는 자원을 탐구하기보

다는 능동적으로 환경문제를 생각하고 생명 존중을 위한 방법을 탐구하여, 생태 환경을 보존하고 아끼는 태도를 함양하는 데에 집중하는 것이 좋습니다. 자연과 나, 우리가 함께 잘 살아가는 방법이 무엇인지 고민하는 것을 우선으로 하되 다양한 나무에 관해 파악하고 우리 삶 속에서의 나무의 쓰임과 나무를 보호할 수 있는 방법을 일상에서 실천할 수 있도록 교육이 필요합니다. 단순히 나무를 많이 심었을 때의 효과를 전달하는 것을 넘어서, 학생들이 스스로 자연을 향한 긍정적인 인식을 갖고 실천 가능한 행동 양식을 접할 수 있는 책과 독후활동을 선정하여 식목일에 관한 인식과 의미를 되짚어 보는 시간을 가질 수 있기를 바랍니다.

『나무는 숲을 기억해요』
로시오 마르티네스 글·그림, 김정하 옮김, 노란상상, 2013
추천 학년: 1~3학년

"오직 사람만이 숲을 사라지게 하고
또 숲을 살릴 수 있다는 것을."

숲을 만드는 것도, 없애는 것도 모두 사람이라는 것을 알고 있는 나무꾼은 정성껏 키운 나무 한 그루로 탁자를 만듭니다. 이야기 속에는 그 탁자가 여러 사람의 손을 거쳐 결국 숲으로 돌아가는 과정이 담겨 있습니다. 세대를 거듭하여 오랫동안 사용되는 나무를 바라보며, 나무를 비롯해 자연에서 온 자원들을 아끼고 소중하게 여기는 삶의 태도를 배울 수 있습니다. 구조가 단순하고 내용이 짧아서 저학년 학생들과 읽기에 부담이 없는 책입니다.

들어가기

책을 읽기 전, '나무는 숲을 기억해요'라는 제목의 의미를 추측해 봅니다. "나무가 처음 태어났던 곳으로 돌아가려는 게 아닐까." "자신들을 잘라 낸 인간들에게 복수하려는 것 같다." 등 다양한 의견을 나누고 학생들의 의견이 맞을지, 아니라면 왜 나무가 숲을 기억하고 있을지 고민해 봅니다. 문장의 구성이 단조롭고 반복적인 내용이 많이 등장하지만 디테일한 그림에서 시간의 흐름이나 글 외연의 상황을 유추할 수도 있습니다. 그림을 자세히 살펴보고 각자의 감상을 이야기하며 함께 책을 읽어 나갑니다.

활동하기

① 우리 반 식물 도감 만들기

　책의 마지막 장면에서 사람만이 숲을 살릴 수 있다는 것을 알게 된 부부의 딸은 숲의 이야기를 책으로 엮어 많은 사람들이 이 기적을 기억하도록 했습니다. 이처럼 우리 주변의 식물과 나무들을 관찰하여 나무의 소중함을 되새길 수 있는 우리 반 식물 도감을 만들어 봅니다.

　식물 도감 만들기 활동을 진행하기 전, 교사는 도감의 개념과 구성, 꼭 들어가야 하는 요소가 무엇인지 설명합니다. 그림에 자신이 없는 친구들이나 글쓰기를 어려워하는 학생들도 원활하게 참여할 수 있도록, '그림은 잘 그리는 것이 아니라 특징이 살아 있게 그리는 것

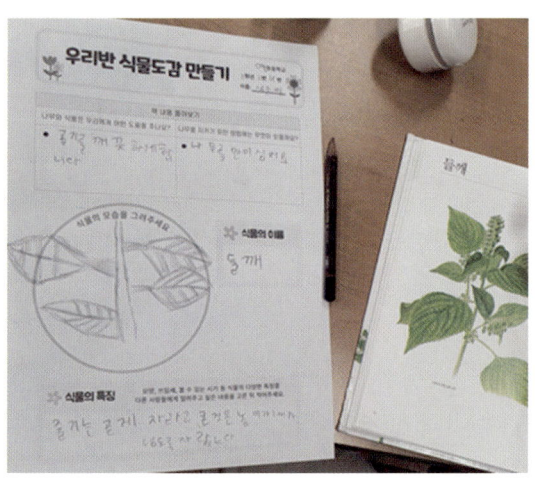

완성된 우리 반 식물 도감

이 중요하다.' '설명을 쓸 때는 내가 다른 사람들에게 알려 주고 싶은 내용을 골라서 쓰자.' 등 다양한 발문을 활용하면 좋습니다.

교실 밖으로 나가 직접 학생들과 식물과 나무 그림을 그린 뒤 식물의 특징과 장점 등을 정리하여 적어 봅니다. 야외 활동이 어려운 경우 교실이나 도서관에서 도감과 관련 도서를 활용해도 좋습니다. 이후 활동지를 갈음하여 도감을 완성하고 학급 이름을 붙여 전시합니다.

② 씨앗부터 연필까지 생활 습관 다짐해 보기

책에서 나무의 의미와 쓰임을 가장 두드러지게 표현한 물건이 '탁자'였다면, 오랫동안 사용하며 식물의 성장 과정을 살펴볼 수 있는 '씨앗 연필'을 통해 자연을 아끼고 사랑하는 책 속 감상을 실제로 느껴 봅니다. 씨앗 연필 끝에는 물에 잘 녹는 단백질 성분으로 된 캡슐이 있고, 그 안에 씨앗이 들어 있습니다. 연필을 다 사용하고 캡슐 부분이 아래쪽으로 향하게 해 흙에 심고 물을 주면 캡슐이 녹으면서 안에 있던 씨앗이 발아합니다.

학생들에게 미리 준비한 씨앗 연필을 나누어 준 뒤 나무를 아낄 수 있는 생활 습관 다짐을 작성합니다. 완성한 다짐은 연필을 사용하는 동안 실천할 것을 약속합니다. 연필을 다 사용하고 꽁지에 씨앗 부분만 남아 새로운 식물을 맞이한 학생들은 자원을 절약하고 사랑하자는 마음가짐을 갖게 될 것입니다.

③ 4월 4일 종이 안 쓰는 날 – 이면지 공책 만들기

식목일 전날인 4월 4일이 '종이 안 쓰는 날'이라는 사실을 알고 있나요? 평소 무심코 버리곤 하는 이면지를 사용하여 식목일의 의미를 되새기고 생활에서 실제로 활용할 수 있는 공책을 만들어 봅니다.

옛 선조들은 조선왕조실록을 편찬하는 과정에 쓰였던 기록지를 물로 모두 씻어 내는 '세초'라는 의식을 가졌습니다. 중요한 내용이 새어 나가지 않도록 하기 위함이기도 하지만, 종이를 아끼고 재활용하고자 하는 의미도 있었습니다. 다시 씻어 내 깨끗해진 종이와 함께 지난 일들을 털어 냈던 옛 선조들의 이야기를 들려주며 이면지 공책을 만들어 봅니다.

준비물로는 이면지 10장, 펀치, 종이 끈이 필요하며, 전통식 책 만들기 방법인 오침안정법을 활용합니다. 먼저 준비한 종이를 사용할 수 있는 부분이 보이도록 반으로 접습니다. 접힌 종이가 펼쳐지는 면에 일정한 간격으로 구멍 5개를 뚫습니다. 저학년 학생의 경우 구멍을 뚫기가 어려울 수 있어 교사가 미리 뚫어 두는 것이 좋습니다. 이때 구멍 하나에 끈이 두세 번 들어가야 하기 때문에 송곳보다는 펀치로 구멍을 뚫고, 두꺼운 실이나 빳빳한 종이 끈을 활용하도록 합니다. 오침안정법을 활용하여 구멍이 뚫린 부분을 종이 끈으로 묶으면 멋진 공책이 됩니다. 사용하지 않는 북 커버, 예쁜 그림이 그려진 이면지 등으로 공책의 표지를 덧대거나 장식한다면 식목일 계기교육의 의미가 더욱 빛날 것입니다.

학생들이 만든 이면지 공책

마무리하기

　수업을 마무리하며 나무의 의미와 쓰임을 다시 한번 짚어 봅니다. 책 속에서 많은 사람들이 나무로 만들어진 탁자에서 가치 있는 일을 했듯, 우리도 오늘 함께 만들어 본 식물 도감, 씨앗 연필, 이면지 공책을 하루만 의미 있게 사용하는 것이 아니라, 다양한 나무와 목재를 주재료로 한 물품들을 모두 아끼고 지속적으로 사용할 것을 당부하며 수업을 마무리합니다.

『우리는 아침으로 햇빛을 먹어요!』
마이클 홀랜드 글, 필립 조르다노 그림, 하미나 옮김,
너머학교, 2020
추천 학년: 4~6학년

"식물을 먹고 식물을 통해 숨을 쉬는 기본적인 활동부터 여가를 즐기기 위한 활동까지, 자세히 들여다보면 식물에 둘러싸여 있다는 걸 알 수 있어요."

식물의 구성, 각 부분의 명칭과 특징, 다양한 종의 분류를 담아내 식물에 관한 궁금증을 해결할 수 있는 책입니다. 분량이 다소 많긴 하나 다채로운 색감의 삽화가 수록되어 책을 더욱 풍성하고 읽기 쉽게 돕습니다. 저학년 학생들과 함께 읽을 때는 필요한 부분만 발췌하여 수업에 활용하기 좋고, 고학년 학생들과는 식물의 모든 것을 알아보겠다는 목표를 갖는다면 더없이 좋은 식물 교과서로 이 책을 활용할 수 있습니다.

들어가기

　활동에 들어가기 전 책의 제목인 '우리는 아침으로 햇빛을 먹어요!'의 '우리'가 누구일지 생각해 봅니다. 학생들은 앞표지를 보고 식물이라고 대답할 것입니다. 그다음 교사는 오늘 학생들이 먹은 아침 식사를 떠올려 보라고 합니다. 밥, 김치, 계란 프라이 등으로 간단하게 아침을 먹고 온 학생도 있고, 시리얼 또는 빵과 과일 주스 등을 먹고 온 학생도 있을 것입니다. 이때 학생들이 아침으로 먹은 음식 중에 식물에서 온 것은 무엇이 있을지 이야기해 봅니다. 예를 들어서 쌀로 만든 밥, 배추로 만든 김치, 계란 프라이를 만들 때 이용한 식용유, 밀로 만든 빵 등을 떠올릴 수 있습니다. 이러한 과정을 통해 학생들은 길가에서 자라는 풀, 꽃, 나무 말고도 일상생활 가까이에 늘 식물이 함께한다는 사실을 깨닫게 됩니다. 즉, 책 제목에서 아침으로 햇빛을 먹는 '우리'는 식물뿐만 아니라 우리 모두를 지칭합니다. 우리의 일상에서 늘 함께하는 식물을 향한 궁금증을 안고 함께 책을 읽어 나가도록 합니다.

활동하기

① 꽃을 선물할게

조별로 서로에게 꽃과 꽃말을 선물하는 활동입니다. 꽃말은 19세기 유럽, 식물의 용도나 당시 문화적 상징에 맞는 꽃말을 붙이는 것이 유행하여 시작되었다고 합니다. 교사는 식물을 향한 관심을 보다 확장하여 식물의 문화적인 특징과 상징성을 알아보자고 이야기하며 활동을 시작합니다. 꽃말은 그 의미가 명확히 정해져 있지 않습니다. 한 꽃이 상반되는 꽃말을 가지고 있기도 하고, 사람마다 꽃의 꽃말을 다르게 말하기도 합니다. 기준을 잡기 어렵다면 농촌진흥청 국립원예특작과학원 홈페이지에 있는 꽃말 사전을 활용합니다.

꽃말 사전 링크

각 학생은 조원들에게 어울리는 꽃말과 꽃을 찾고, 꽃을 선택해 그림으로 그린 뒤 옆에 꽃말을 작게 적어 선물합니다. 꽃의 종류만 해도 수백 가지가 넘고, 각 꽃에는 저마다 꽃말이 붙여져 있습니다. 선물 받은 꽃을 모두 모아 친구에게 어울리는 꽃말로 이루어진 나만의 꽃다발을 완성해 봅니다. 학생들은 사람들의 개성이 다르듯 식물 또한 다양한 특징과 의미, 생김새를 가지고 있다는 사실을 알고 식물을 보다 친근하게 느낄 수 있습니다.

② 반려식물을 찾아요

최근 집에 있는 시간이 늘어나면서 홈가드닝 관련 사업이 급격하게 성장했습니다. 집에서 식물을 키우며 마음의 안정을 얻고자 하는 사람들이 많아졌고, 반려동물처럼 함께 살아간다는 의미로 반려식물이라는 신조어도 등장했습니다. 우리 집에 들이고 싶은 반려식물을 찾은 뒤 소개서를 작성해 발표합니다. 이때 실질적으로 키울 수 있는지 여부를 생각하기보단 외적 특징이나 고유한 특성 등 자신에게 매력적으로 다가오는 식물을 선택합니다.

먼저 함께 살고 싶은 식물의 특징을 담아 그림으로 표현하고, 어떤 환경에서 자라는 식물인지, 어떤 특징을 갖고 있는지 작성합니다. 그런 뒤 그 식물을 우리 집에 들이기 위해 필요한 준비물을 생각해 봅니다. 식물을 키우기 위해서는 씨앗, 배양토, 화분, 모종, 물 조리개, 가위 등 많은 것들이 필요하고, 식물을 놓을 위치도 고려해야 합니다. 또물을 주는 간격은 어느 정도가 알맞은지, 분갈이가 필요한 식물인지, 벌레가 잘 꼬이는 식물이라면 벌레가 생겼을 때 어떻게 해야 하는지 등 충분한 고민이 필요합니다.

활동을 하며 반려식물의 이름도 지어 준다면 학생들은 식물을 좀 더 가까운 존재로 느낄 수 있습니다. 동물과 달리 식물은 상호소통이 되지 않아 그런지 일방적으로 인간에게 자원을 제공하는 존재로만 여겨지는 경우가 많습니다. 식물을 생명으로 느끼고 존중하다 보면 학생들도 생태 환경을 보존하고자 하는 마음가짐을 키워 나갈 수 있을 것입니다.

③ 식물과 함께 자연미술

자연미술은 야외로 나가 자연과 접촉하며 새로운 시각으로 자연을 바라보는 미술 장르입니다. 학생들과 함께 우리 주변의 식물을 발견하고 관찰하며 친밀해지는 시간을 보내는 것입니다.

우선 학생들과 교실 밖으로 나가 주변의 식물을 자유롭고 세심하게 관찰합니다. 식물을 관찰하며 그 속에서 우리 주변의 사람이나 물건 등과 닮은 것들을 발견하여 사진으로 기록합니다. 식물의 형태만으로 무엇인가 포착하는 것이 어렵다면 손, 발자

자연물로 표현한 작품들

국, 그림자, 주변의 돌멩이 등을 자유롭게 이용합니다. 나아가 식물과 자연을 결합하여 또 다른 것을 포착하여 사진으로 기록합니다. 만약 자유도가 높은 활동을 어려워하는 학생들이 많다면 '우리 반 친구들과 닮은 식물 찾아보기' '우리 반 선생님과 성격이 비슷해 보이는 식물 찾아보기' 등 보다 구체적인 주제를 제시해 주는 것도 좋습니다.

자연미술에서 가장 중요한 것은 자연을 보며 꼭 기발한 생각을 해내야 한다는 압박감에서 벗어나는 것입니다. 새로운 것을 찾아내는 과정보다는 식물을 보고, 만지고, 느끼는 것이 우선입니다. 학생들은 자연미술을 통해 식물을 새로운 시각에서 관찰하며 식물에 더욱 관심을 갖는 계기를 가질 수 있을 것입니다.

마무리하기

이 책에서 가장 흥미로운 부분은 주제별로 2~4개씩 담긴 '식물 놀이터'입니다. '식물 미로 만들기' '옥수수 가루로 슬라임 만들기' 등과 같은 식물을 활용해서 쉽고 재미있게 해 볼 수 있는 실험과 게임 방법이 설명되어 있습니다. 필요한 준비물도 상세하게 나와 있기 때문에 가장 관심 있는 실험을 선정하여 독후활동으로 진행하는 것도 좋습니다. 식물과 함께 노는 것은 식물을 사랑하고 식물을 가깝게 느낄 수 있는 좋은 방법 중 하나이기 때문입니다.

🌼 함께 읽으면 좋은 책

■ 1-2학년

『마지막 나무』에밀리 하워스부스 글·그림, 장미란 옮김, 책읽는곰, 2021

『사계절 나무 안내서』한나 앨리스 글·그림, 최현경 옮김, 유영한 감수, 사파리, 2021

■ 3-4학년

『굳세고 울창하고 우뚝 솟은 나무 이야기』아이리스 볼란트 글, 신시아 알론소 그림, 김선희 옮김, 강판권 감수, 웅진주니어, 2019

『반려식물 키우기』강지혜 글, 강은옥 그림, 상상의집, 2018

■ 5-6학년

『도시 식물 탐험대』손연주, 박민지, 안현지 글, 김완순 감수, 주니어RHK, 2022

『우리 집은 식물원』정재경 글, 장경혜 그림, 위즈덤하우스, 2021

국민 안전의 날 [4월 16일]
모두가 안전한 세상을 만들어요

　국민 안전의 날은 2015년에 지정된 국정 기념일입니다. 2014년 4월 16일 많은 사람들의 마음을 아프게 했던 세월호 참사를 기억하고, 이와 같은 상황을 되풀이하지 않기 위하여 지정되었습니다. 이 참사로 인해 드러난 재난 안전 관리 시스템 문제를 근본적으로 개선하기 위해 2014년 5월 29일 '정부조직법'과 '재난 및 안전 관리 기본법 개정안'의 입법이 예고되었습니다. 이에 따라, 2015년 이후 매년 4월 16일은 '국민 안전의 날'로 지정되었으며 국민 안전의식을 높이고 참사를 기리고자 하고 있습니다.

　학교는 학생들이 모여 생활하는 곳인 만큼 과학실 실험 사고, 빗물로 인한 미끄러움, 체육활동 중 부상 등 수시로 크고 작은 안전사고가 일어납니다. 하루 약 58건의 안전사고가 학교 일과 중 발생하는데, 이는 대부분 인적 요인에 기인하고 있습니다. 물론 상황, 재난, 시스템 등 다양한 요인이 혼재해 있는 만큼 사고의 원인이 전적으로 학생인 것처럼 이야기할 수는 없습니다. 하지만 효과적인 안전 교육을 진행함으로써 사고를 예방하고 사고 시 적절한 대응을 할 수 있다면 예측하기 어려운 위급 상황과 사고에도 피해를 줄이는 중대한 효과를 자아낼 수 있을 것입니다.

　교육 대상이 초등학생인 점을 고려하여, 일상생활에서의 작은 실천을 시발점으로 사회적인 대응까지 촉구해 나갈 수 있도록 안전과 개인 단위의 노력에 관한 책을 선정하였습니다. 교사는 안전 교육을 통해 사고를 염려하는 학생들의 불안을 줄이고 실제적인 지식을 습득할 수 있도록 지도해야 합니다.

『안전을 책임지는 책』
채인선 글, 윤진현 그림, 토토북, 2013
추천 학년: 1~2학년

"모두 안전하게 자라서 어른이 되자."

1, 2학년 학생들은 '안전한 생활' 교과로 수업 시간에 안전 교육을 받고 있습니다. 그렇기에 수업 시간에 함께 활용할 수 있도록 안전과 관련하여 다양한 주제를 쉽게 담아낸 책을 선정했습니다. 이 책은 20개의 안전 관련 주제를 선별해 그 상황에서 발생할 수 있는 위험과 그를 피하기 위해 해야 할 행동을 큼지막한 삽화로 담아내고 있습니다. 통독하지 않고 해당되는 주제만 선택하거나 교과서에 나오는 주제를 선택해 발췌독을 해도 좋습니다.

들어가기

책을 함께 읽기 전, 학생들에게 국민 안전의 날을 알고 있는지 질문합니다. 초등학교 저학년의 경우 세월호 참사를 알지 못할 수도 있기 때문에 세월호 참사의 경위와 원인을 설명해 주며 안전 교육의 중요성을 강조합니다. 그다음 목차에서 관심 가는 주제를 골라 함께 책을 읽습니다. 현장 체험 학습을 가기 전이라면 바깥 활동에 관한 파트를, 학교 안전 교육을 한다면 걷기와 날카로운 것 조심하기 등의 파트를 읽는 등, 교육과정 운영과 연계한다면 더 흥미로운 독서를 진행할 수 있습니다. 이미 알고 있는 안전 규칙들과 새롭게 알고 싶은 안전 지식은 무엇이 있는지 이야기하며 수업을 시작합니다.

활동하기

① 나만의 안전 표식 만들기

　책 마지막 쪽에는 다양한 안전 표식에 관한 설명이 나와 있습니다. 이를 참고하여 학교나 가정에서 발생할 법한 위험 상황을 생각해 보고 안전 표식 만들기 활동을 진행합니다. 1, 2학년의 경우 순차적으로 단계를 진행할 수 있도록 지도하는 것이 좋습니다.

　먼저 집, 학교, 도서관 중 안전 표식을 만들 장소를 정합니다. 둘째로 내가 정한 장소에서 발생할 수 있는 위험이 무엇인지, 그 상황에서 어떤 행동을 해야 하는지 생각합니다. 학교를 골랐다면 학교에서 만날 수 있는 위험은 '계단에서 뛰다 넘어질 수 있는 것'이고, 그 장소에서 해야 할 행동은 '계단에서 뛰지 않고 걸어 다니는 것'입니다. 내가 그릴 안전 표식을 구체화한 후에는 그 장소에 있으면 좋을 안전표식을 직접 그려 봅니다. 이때 나뿐만 아니라 모든 사람이 알아볼 수 있도록 그려야 합니다. 그렇지 않으면 안전 표식으로서의 역할을 할 수 없기 때문입니다. 또한, 복잡한 그림은 한눈에 들어오지 않아 주의 기능을 충실히 수행할 수 없으므로 짧은 문구와 단순한 그림을 사용하도록 합니다. 다 그린 안전 표식은 해당 장소에 직접 설치합니다. 학생들은 자신이 직접 그린 안전 표식을 보며 안전 수칙을 다시 한번 마음에 새기게 될 것입니다. 다음은 학생들이 완성한 안전 표식 예시입니다.

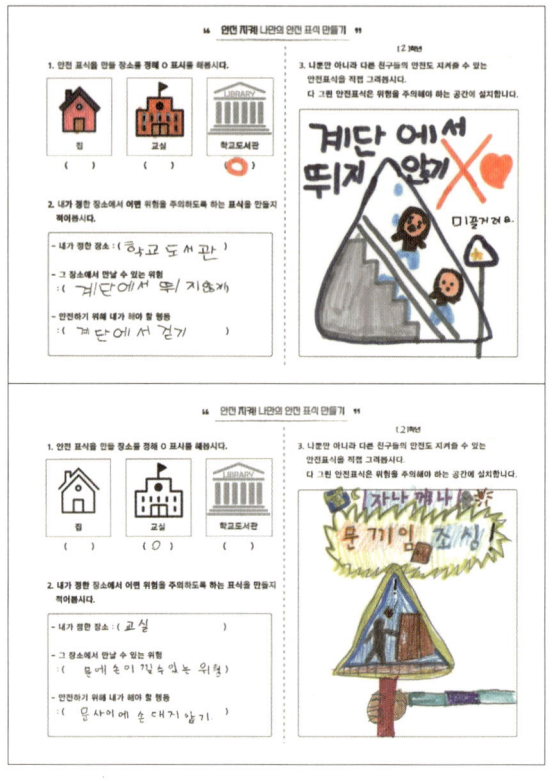

② 안전 지킴이 임명장 수여하기

책의 뒤표지에는 안전 지킴이 임명장이 실려 있습니다. 발급 기관에 우리 학교의 이름과 학생의 이름을 넣어 안전 지킴이 임명장을 수여해 보도록 합니다. 임명장을 작성할 때는 책에서 학습한 내용을 바탕으로, 안전을 지키기 위해 어떤 행동을 취하고 어떤 마음가짐을 가질 것인지 스스로 고민하여 적습니다. 예를 들어 '위 어린이는 부엌에서는 뜨거운 물과 조리 기구를 만지지 않고 뾰족한 물건들을 조심할 것을 다짐하여 위 임명장을 수여합니다.'와 같이 가장 인상 깊게 읽은 내용이나 잘 지킬 수 있는 내용이 반영되도록 합니다. 임명장 하단에 교사의 도장이나 서명, 혹은 실링 왁스 스탬프 등을 활용하여 실제 임명장처럼 수여하면 열렬한 호응을 이끌어 낼 수 있을 것입니다.

마무리하기

사회, 환경, 기후 등 다양한 요인이 개입하는 만큼 안전은 개인의 노력만으로 보장되지 않습니다. 안전사고 발생 시 그 책임이 오로지 한 사람에게만 있는 것도 아닙니다. 하지만 당장 위험에 처했을 때 다치거나 아픈 것은 나의 몸입니다. 활동을 마무리하며 스스로 자신의 신체를 지킬 수 있는 방법을 알고 직접 실천해 볼 것을 다짐합니다. 또한 교사는 새롭게 배운 안전 수칙을 가족이나 친구들에게 알려 준다면 위험한 상황에 처했을 때 유용하게 사용할 수 있음을 안내합니다.

『걱정이다 걱정』
박신식 외 4인 글, 강영지 그림, 뜨인돌어린이, 2020
추천 학년: 3~4학년

"교통 표지판에 있는 약속 잘 지켜야 하는데
우리 식구들 걱정이다 걱정!"

가정, 자연, 학교, 교통의 네 가지 상황에서 일어날 수 있는 안전사고를 동시로 담아낸 책으로, 계단에서는 뛰지 말아라, 의자 위에 올라가지 말아라 등 잔소리처럼 들릴 수 있는 걱정의 말들을 재미있는 동시로 표현하고 있습니다. 이미 안전에 대해 잘 알고 알고 있다는 생각에 심드렁한 반응을 보이는 3, 4학년 학생들도 익숙하고 구체적인 상황과 동시라는 새로운 형식 덕분에 흥미롭게 책을 읽어 나갑니다.

들어가기

책을 읽기 전 교사는 집, 학교, 가정에서 위험했던 순간을 발표해 보자고 합니다. 학생들은 문틈에 발가락이 끼었다거나 책상 모서리에 부딪쳤던 사소한 일들부터 큰 사고가 날 뻔했던 일까지 다양한 경험을 이야기할 것입니다. 평범하고 일상적인 환경과 상황에서 일어났던 안전사고를 돌아보며 그간 대수롭지 않게 여겼던 안전 교육의 중요성을 되새길 수 있습니다.

활동하기

① 안전 수칙 생각하기

　이 책에는 각각 다른 주제를 가진, 총 56편의 동시가 실려 있습니다. 동시 아래에는 동시의 주제와 함께 학생들이 지켜야 하는 안전 수칙이 적혀 있습니다. 교사는 안전 수칙이 적힌 부분을 가리고 동시를 무작위로 나누어 줍니다. 그런 뒤 학생들이 자신이 받은 동시를 필사하고, 그 동시가 나타내는 안전은 무엇인지, 그리고 우리가 지켜야 하는 안전 수칙은 무엇인지 직접 작성해 보도록 합니다. 작성을 마친 뒤엔 책에 적힌 안전 수칙과 비교해 봅니다. 당연히 알고 있다고 생각했던 안전 수칙도 막상 적으려 하면 잘 생각나지 않을 것이기에 교사는 학생들이 기억을 원활하게 할 수 있도록 격려해 줘야 합니다. 이러한 과정은 평소 구체적인 안전 수칙을 생각해 보지 않았던 학생들에게 경각심과 함께 재미있는 추억을 선사할 것입니다.

② 학교 안전 픽토그램 만들기 ☻

　픽토그램은 '그림(picture)'과 '전보(telegram)'의 합성어이며, 의미하는 내용을 상징적으로 단순하고 명료하게 시각화하여 모든 사람이 즉각적으로 이해할 수 있도록 표현한 그림문자입니다. 문자나 언어를 모르더라도 모두가 알아볼 수 있어야 하기에 공적인 장소에서 많이 사용됩니다. 어느 건물에나 있는 초록색 비상구 표시도 픽토그램이라고 할 수 있습니다.

학교에서도 '뛰지 마시오.' '기대지 마시오.' 등 여러 픽토그램을 만날 수 있습니다. 교내 구석구석에서 픽토그램을 직접 살펴보고, 스스로 픽토그램을 그려 봅니다. 이때 건물과 시설을 탐방하며 픽토그램이 있으면 좋을 장소도 함께 탐색합니다. 교사가 장소와 의미를 세 개 정도 정해 주고, 원하는 장소와 의미를 골라 픽토그램을 만들도록 하는 것도 좋습니다. 그 후 투표를 통해 학생들이 고른 픽토그램 중 하나를 선정합니다. 이때 교사가 의도에 맞는 픽토그램에 투표할 수 있도록 유도해 준다면 활동을 올바른 방향으로 이끌 수 있습니다. 마지막으로 투표를 통해 선정된 하나의 픽토그램을 여러 개 그려 학교 곳곳에 부착하며 안전 픽토그램의 중요성을 다시 한번 생각해 봅니다.

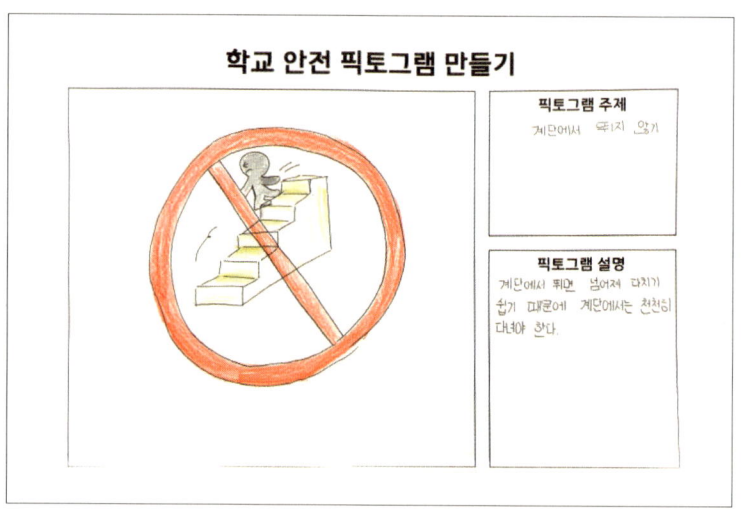

안전 픽토그램 예시

마무리하기

'걱정이다 걱정'이라는 제목에서 알 수 있듯, 안전은 공동체 구성원들의 안녕을 중요시하는 사회일수록 중요한 현안입니다. 안전사고는 개인 스스로 주의해야 할 문제가 아니라 주변인을 포함해 사회 전체가 노력해야 할 모두의 일입니다. 저학년 안전 수업부터 중학년 생존 수영까지, 학생들은 안전에 관한 주의를 귀에 굳은살이 박이도록 들어 왔음에도 생활 속에서 안전 문제를 맞닥뜨렸을 때 크고 작은 어려움을 느낍니다. 안전사고가 자신과 관련 없다고 생각해 막상 위험이 닥쳤을 때 제대로 대처하지 못하는 것입니다. 이론적인 안전 수칙을 내면화하고, 이를 실천적인 행동으로 이어 가는 것이 안전 교육의 가장 중요한 점입니다.

교사는 일상에서도 안전 문제를 주의해야 함을 다시 한번 설명하고, 우리 반 안전 수칙 캠페인을 약속하며 수업을 마무리합니다. 예를 들어, 월요일에는 계단을 한 번에 한 칸만 오르기, 화요일에는 교실 문 쾅! 닫기 금지 등 교내 안전 수칙을 스스로 정해서 지키는 안전 프로젝트를 구성하여 우리 학교 안전 문화의 초석을 마련합니다. 학교에서 시작되는 안전 교육은 학생들의 안전한 학교생활을 보장하며 학생들이 스스로 더 안전한 사회를 만들어 나가도록 장려할 것입니다.

『안전, 나를 지키는 법』
임정은 글, 박우희 그림, (사)한국생활안전연합 감수,
사계절, 2017
추천 학년: 5~6학년

"작은이는 지금 포근한 이불을 덮고 꿀잠을 자고 있어요.
그런데 작은이도 알까요? 이불 밖은 위험하다는 것을?"

이 책은 게임이라는 요소를 사용하여 집, 학교, 길, 공공장소, 언제 어디서나 우리가 주의해야 할 안전 수칙에 대해 재밌게 설명하고 있습니다. 안전에 관한 유의 사항은 익숙해질 때까지 남녀노소 반복적으로 학습해야 하는 주제입니다. 고학년의 경우 이런 내용을 이미 이전 학년에 배웠기 때문에 아는 내용이라며 등한시할 수 있지만, 게임이라는 관심사를 활용해 잊고 지냈던 안전에 대해 상기하는 기회를 가져 보도록 합니다.

들어가기

로블록스, 마인크래프트는 학생들에게 아주 친숙한 게임입니다. 교사는 학생들에게 해당 게임을 해 본 경험이 있는지 물어보고, 오늘 읽을 책이 이와 관련이 있다는 것을 알려 줍니다. 독서에 들어가기 전 책 표지를 살펴보면 앞서 언급한 게임 속 모습과 유사한 그림이 그려져 있습니다. 표지에 나오는 장소는 어디일지 추측한 뒤 제목을 확인하여 그 장소에서 지켜야 할 안전 수칙에는 어떤 것들이 있을지 상상해 봅니다.

활동하기

① 내가 만드는 '안전, 나를 지키는 법'

　책에 소개된 집, 학교, 길, 공공장소 등 특정 장소 및 상황 외에 우리가 지켜야 할 안전 수칙을 추가적으로 만들어 봅니다. 안전한 선택지를 고르고 다음 단계로 진화하는 책의 전개 방식을 참고하여 마치 게임을 플레이하듯 안전 수칙을 설명할 수 있습니다. 여러 내용을 담아내려고 하기보단 하나의 내용이라도 인상 깊게 전달하는 것에 초점을 둡니다. 예를 들어 '맛있고 위험한 부엌'을 '유익하고 무서운 도서관'으로 각색하고, '서가에서 책을 꺼낼 때 책이 우르르 떨어질 수 있는 상황'을 제시하여 이를 방지하려면 어떻게 해야 할지 선택지를 고르는 게임으로 만들어 볼 수 있습니다. 이런 식으로 완성된 작품들을 기준에 따라 분류하고, 학생들이 각 장소나 상황에서 지켜야 할 안전 수칙을 공유하도록 합니다. 학생들은 친구들이 만든 여러 안전 수칙을 게임 형식을 통해 확인함으로써 안전에 관한 상식을 폭넓게 습득할 것입니다. 추가로 출판사에서 제공하는 북트레일러를 참고하여 해당 활동을 더욱 풍부하게 진행해 보는 것도 좋습니다.

② 안전 슬로건 만들기

　안전사고는 순간적인 대처가 중요한 만큼, 안전에 관한 수칙을 인상 깊게 기억하면 좋습니다. 이러한 맥락에서 안전과 관련된 메시지를 담은 안전 슬로건 만들기 활동을 진행합니다. 우선, 안전 슬로건 몇 가지를 선정해 캘리그래피로 써 보도록 합니다. 예를 들어 '1단 멈춤, 2쪽 저쪽, 3초 동안, 4고 예방' 같은 슬로건을 선정하여 숫자를 강조하여 꾸미거나 캘리그래피를 활용하여 완성할 수 있습니다. 또는 교사가 주제어를 제시하여 해당 주제와 관련된 안전 슬로건을 학생들이 직접 만들 수도 있습니다. 직접 만들 경우에는 슬로건에 들어갈 키워드나 문장 형식 등을 설정해 주면 학생들이 활동을 할 때 큰 도움이 됩니다. 우수 안전 슬로건은 이달의 슬로건으로 지정하여 전시하면 학생들이 수시로 보면서 안전에 보다 관심을 기울이는 계기가 됩니다.

③ 안전 부루마블 만들기

책의 콘셉트가 게임을 통한 안전 수칙 확인인 만큼, 우리만의 안전 부루마블을 만들어 게임을 해 봅니다. 국가 카드별로 다른 금액이 제시되어 있는 부루마블의 게임 방식을 활용하되, 국가 이름을 '도서관' '여름 물놀이' '공사장 근처를 지날 때' 등 안전과 관련된 장소 및 상황으로 바꾸어 진행합니다. 만약 안전과 관련된 칸을 구매하고 싶다면 돈을 내는 것에 덧붙여 안전 수칙을 두 가지 이상 제시해야 합니다. 게임이 종료된 뒤에는 가장 많은 돈을 가진 사람과 가장 많은 수칙을 제시한 사람을 뽑아 각각 '게임왕' '안전왕'의 이름을 붙여 주며 활동을 마무리합니다.

마무리하기

위기 상황은 항상 예상치 못한 상황에 찾아옵니다. 국민 안전의 날이 4월 16일로 지정된 이유는 세월호 침몰이라는 큰 참사가 있었기 때문입니다. 교사는 수업을 마무리하며 국민 안전의 날이 지정된 이유와 세월호 침몰에 관해 다시 한번 설명하면서 학생들이 국민 안전의 날의 의의를 깨닫고, 안전에 관한 경각심을 가질 수 있도록 합니다.

🌼 함께 읽으면 좋은 책

- **1-2학년**

『학교에 갈 때 꼭꼭 약속해』 박은경 글, 김남균 그림, 한국생활안전연합 감수, 책읽는곰, 2009

- **3-4학년**

『어린이가 안전할 권리』 오진원 글, 오은진 그림, 현북스, 2022
『재난에서 살아남는 10가지 방법』 강로사, 류재향 글, 이창섭 그림, 종이책, 2018

- **5-6학년**

『15소년 안전 표류기』 강승임 글, 허지영 그림, 허억 감수, 책속물고기, 2015
『세계 역사를 바꾼 재난 이야기』 신현배 글, 이소영 그림, 가문비어린이, 2023
『슬기로운 안전 생활』 서지원 글, 김소희 그림, 개암나무, 2019

장애인의 날 [4월 20일]
틀린 게 아니라 다를 뿐이에요

　장애인복지법 제2조에 의하면 '장애인'이란 "신체적, 정신적 장애로 오랫동안 일상생활이나 사회생활에서 상당한 제약을 받는 사람"을 말합니다. 그러나 학생들은 장애인을 접할 기회가 많지 않고 장애에 관한 인식도 부족해 마치 다른 세상에서 온 사람처럼 그들을 대하곤 합니다. 사회가 나이, 성별, 피부색, 장애 여부 등 각기 다른 특성을 가진 사람들이 어울려 사는 곳인 만큼, 장애인식 교육은 장애에 대한 이해를 넘어 모두가 어울려 살아갈 수 있는 사회를 만들어 가는 첫걸음이 될 것입니다.

　2016년 6월 장애인복지법이 개정되면서 장애인식 개선 교육 의무기관이 국가 및 지방자치단체에서 어린이집, 유치원, 초·중·고교 등 각종 학교와 공공기관 등으로 확대되었습니다. 이 법에 따라 학교에서는 매년 학생과 교직원을 대상으로 장애인식 개선 교육이 이루어지고 있습니다. 하지만 학교 현장에서 장애인식 개선 교육을 위한 시간과 전문 인력은 항상 부족하며, 이 때문에 진정한 이해와 인정을 불러일으킬 수 있는 계기교육의 기회가 요원한 것이 오늘날의 현실입니다.

　특수교육이 단기간에 습득할 수 있는 종류의 지식이 아닌 만큼, 학생들뿐만 아니라 성인들도 장애에 관한 이해와 지식이 부족한 경우가 많습니다. 책을 통

한 장애인식 교육이 교사들에게도 좋은 기회가 될 수 있는 이유입니다.

  장애인식 교육을 운영할 때 학생들이 함양해야 할 태도는 세 가지입니다. 첫째, 장애인은 이상하거나 틀린 존재가 아니라 나와 다른 사람일 뿐이라는 것을 마음으로 받아들여야 합니다. 둘째, 장애인을 위하는 것이 결국 우리 모두를 위한 것이라는 것을 유의해야 합니다. 사람은 모두 다르고, 장애는 그 다름이 좀 더 두드러지는 상태이기 때문에 장애인이 자유롭고 행복한 사회는 곧 우리 모두가 행복한 사회입니다. 셋째, 너무나 당연한 말이지만 장난스럽지 않고 진지한 태도로 교육에 임해야 합니다. 학생들뿐만 아니라 교육 현장에서 힘쓰고 계신 선생님들 또한 책과 독서교육을 통해 우리 사회의 구성원들에 관해 보다 진지하게 고민해 보는 계기를 마련하길 바랍니다.

『목기린 씨, 타세요!』
이은정 글, 윤정주 그림, 창비, 2014
추천 학년: 1~2학년

"앞으로도 마을버스는 계속 고쳐 나갈 겁니다.
화목마을 주민이라면 모두가 안전하게 탈 수 있도록!"

모든 주민들을 고려해 만든 마을버스를 운영하는 화목마을. 어느 날 목이 아주 긴 목기린 씨가 이사를 오고, 목기린 씨는 마을버스가 너무 작아 회사까지 걸어 다녀야만 합니다. 버스를 타게 해 달라고 지속적으로 요구해도 받아들여지지 않습니다. 목기린 씨를 제외한 마을 사람들은 불편하지 않았기 때문입니다. 어떤가요? 우리 주변에서도 흔히 볼 수 있는 장면이지 않나요? 우리 사회의 모습을 화목마을이라는 가상의 공간에 자연스럽게 녹여 낸 책으로, 글밥이 적지만 생각할 거리가 많아 저학년 학생들과 읽기 적합합니다

들어가기

학교는 학생을 기준으로 설계되어 있지만 대부분의 공공시설은 성인의 신체를 기준으로 하고 있습니다. 만약 우리 학교가 성인이 이용하기 적합한 큰 책상과 의자, 높은 칠판 등으로 이루어져 있다면 어떨까요? 학생들이 이용하기가 매우 어려울 것입니다. 가정에서, 혹은 집 밖에서 키가 작거나 힘이 약해서 어려웠던 경험을 떠올려 보도록 합니다. 특히 1, 2학년 학생들의 경우 이런 경험이 많을 것입니다. 버스 카드 단말기 높이가 너무 높다든가, 엘리베이터 버튼에 손이 닿지 않아 발 받침대에 올라가 눌러야 했다 등의 경험이 나올 수 있습니다.

경험을 떠올리기 어려워한다면 예시를 보여 주는 것도 좋습니다. 예를 들어 예전의 문 손잡이는 동그란 모양이 많았는데 현재는 막대형이 대부분입니다. 동그란 모양에 비해 막대형 손잡이는 비교적 적은 힘으로도 문을 열 수 있어 어린아이나 손이 불편한 사람도 쉽게 이용할 수 있죠. 일상생활 속에서 불편함을 느꼈던 주변 시설이 무엇이 있는지 가볍게 생각해 보았다면 함께 책을 읽어 나가도록 합니다.

활동하기

① 차이와 차별 알기

차이와 차별이란 무엇일까요? 생김새, 인종, 성별 등 사람마다 달라 서로를 구별할 수 있는 특성을 차이라고 하고, 차별은 합당한 이유 없이 차이를 근거로 불이익을 주는 것을 말합니다. 목기린 씨는 목이 아주 길다는 특성을 가지고 있습니다. 다른 주민들보다 훨씬 긴 목의 길이는 차이이며, 목 때문에 마을버스를 타지 못했던 것은 차별입니다. 사회적 약자에게 가해지는 차별을 놓고 의견이 분분한 이유는 차이와 차별을 구별하지 못하기 때문입니다.

먼저 우리 반에서 볼 수 있는 차이의 예시를 적어 봅니다. 짝꿍과 나만 봐도 생김새, 옷차림, 성격, 재능 등이 모두 천지차이입니다. 선생님과 나를 비교한다면 나이, 키 등 더 많은 차이를 발견할 수 있습니다. 나아가 전 세계로 범위를 확장하면 피부색, 종교, 문화 등 보다

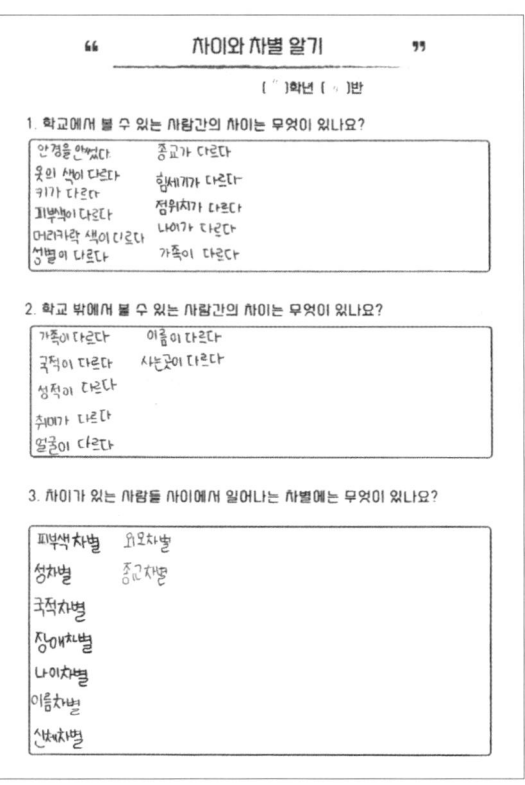

활동지 예시

많은 차이를 찾을 수 있습니다. 그다음으로는 차이가 있는 사람들 사이에서 일어나는 차별을 생각해 봅니다. 학생들이 생각보다 많은 것을 적을 수도, 생각나는 것이 별로 없다고 할 수도 있습니다. 이때 교사는 장애인차별금지 및 권리구제 등에 관한 법률에서 금지하는 네 가지 차별 중 직접 차별과 간접 차별을 1, 2학년 눈높이에 맞게 알려주어 학생들의 사고를 돕도록 합니다.

① **직접 차별**: 정당한 사유 없이 장애가 있다는 이유만으로 부당하게 대하는 것. 키가 2미터 이상인 사람은 버스에 탈 수 없다고 하는 경우가 직접 차별에 해당합니다.

② **간접 차별**: 직접적으로 부당하게 대하지는 않지만 정당한 사유 없이 장애를 고려하지 않는 기준을 적용해 장애인에게 불리한 결과를 초래하는 것. 목기린 씨가 화목마을 버스에 타지 못한 것이 간접 차별에 해당합니다.

② 유니버설 디자인

유니버설 디자인은 장애, 연령, 성별, 언어 등에 관계없이 모든 사용자가 시설물과 제품, 서비스를 편리하게 이용할 수 있도록 이용 환경을 설계하는 것을 의미합니다. 장애인, 고령자, 어린이, 임산부, 외국인 등 사회 구성원 모두를 배려한다는 의미로 모두를 위한 디자인(Design For All), 범용 디자인이라고도 불립니다. 주민들의 특성을 알고 모두가 편리하게 이용할 수 있도록 만든 화목마을 버스가 유니버설 디자인의 훌륭한 예시입니다.

먼저 교사는 유니버설 디자인의 개념을 알려 주고 예시를 보여 줍니다. 턱 없는 출입구와 자동문, 저상 버스, 둥글게 마감된 소파 등 실생활에서도 수많은 사례를 찾아볼 수 있습니다.

이번 활동에서 무엇보다 중요한 것은 유니버설 디자인이 결국 우

학생들이 그림으로 나타낸 유니버설 디자인

리 모두에게 편리함을 안겨 준다는 사실을 인지하는 것입니다. 신체의 불편함이 없는 사람이 일방적으로 희생하는 것이 아님을 반드시 알아야 합니다. 예를 들어 계단을 대신하는 경사로는 휠체어를 탄 장애인뿐만 아니라 높은 계단을 올라가기 힘든 고령자나 다리를 다쳐 목발을 짚은 성인, 자전거를 끌고 가는 어린이에게도 편리한 시설입니다.

유니버설 디자인이 무엇인지 충분히 이해했다면 직접 디자인해 봅니다. 이때 중요한 것은 특별한 아이디어를 떠오르는 것이 아닌 타인을 배려하고 생각하는 마음입니다. 만약 학생들이 어려워할 경우 교사는 화목마을에 새로운 가족이 이사 온 상황을 가정해 보자고 안내합니다. 그리고 원래 살고 있던 목이 긴 목기린 씨뿐만 아니라, 휠체어를 탄 벌새 씨, 아이가 많은 카피바라네 가족, 귀가 들리지 않는 표범 씨까지 모두 편리하게 이용할 수 있는 화목마을 버스를 디자인

합니다. 그림을 그린 후엔 내가 디자인한 버스에 관한 설명도 간단하게 적습니다. 목기린 씨를 위해 새로 만들어진 화목마을 버스를 책 속에서 만나 봤기 때문에 학생들은 각자의 창의력을 발휘하며 활동에 임할 것입니다.

마무리하기

장애인 이동권 시위로 지하철이 지연되었다는 기사를 본 적이 있을 것입니다. 장애인들이 지하철을 타기 어렵다고 많은 사람들을 불편하게 만들다니, 너무 이기적이라고 생각하지는 않았나요? 화목마을 버스를 타지 못하는 것은 목기린 씨 하나뿐이니 목기린 씨가 참고 넘어가야 하는 것이었을까요? 목기린 씨를 위해 만든 버스는 다음에 또 이사 올 수 있는 키 큰 동물뿐만 아니라 다른 마을 주민들에게까지 쾌적한 버스가 될 수 있었습니다. 영화 〈주토피아〉를 보면 크고 작은 다양한 동물들에게 맞춘 이동 열차와 시설들이 등장합니다. 따라서 활동 뒤에 영상을 시청한다면 모든 동물들이 존중받는 모습을 새롭게 발견할 수 있을 것입니다. 교사는 소수를 위한 시설이나 장소는 결국 이해와 수용을 바탕으로 만들어지고, 이는 결국 사회 구성원 모두를 행복하게 만든다는 사실을 명심하자고 이야기하며 활동을 끝마칩니다.

『이상하지도 아프지도 않은 아이』
김예원 글, 정진희 그림, 우리학교, 2020
추천 학년: 3~4학년

"사람들은 나를 아픈 사람이나 이상한 사람으로 바라보지만, 난 그냥 나일 뿐이야."

학생들에게 '장애'가 무엇인지 설명하는 것은 언제나 어렵습니다. 특히 통합학급 학생들은 특정 시간에만 만나는 통합지원반 친구를 낯설고 불편해하거나 이해하지 못하겠다고 볼멘소리를 하기도 합니다. 주인공 아영이의 학교도 마찬가지입니다. 발달장애가 있는 조한이가 친구의 리코더를 멋대로 가져다 부는 작은 사건으로 인해 아이들은 왜 함께 살아가야 하는지, 왜 함께하려는 노력이 중요한지를 고민합니다. 아직 장애 인권에 관한 명확한 개념이 없는 3, 4학년 학생들에게 이해를 독촉하지 않으면서도 실생활과 밀접하여 재미있게 읽을 수 있는 책을 선정했습니다.

들어가기

김치찌개 맛이 평소와 다를 때, 고심해 입은 상의와 하의가 어울리지 않을 때, 평소에 잘 다니던 길에 갑자기 못 보던 돌멩이가 생겨 넘어졌을 때, 우리가 자주 쓰는 단어인 '이상하다'의 정확한 뜻은 무엇일까요? 이상하다의 사전적 정의는 '정상적인 상태와 다르다.'입니다. 왜 우리는 곧잘 사소한 차이와 변화에 '이상하다'는 말을 쓰곤 할까요? 제목에서 왜 굳이 '이상하지도 아프지도 않은'이라는 말을 사용했을지 생각하며 함께 책을 읽어 봅니다.

> 활동하기

① 우리 학교 공간 평가하기

　책 속 단풍카페는 모두를 위한 '무장애 공간'입니다. 휠체어와 유모차도 쉽게 드나들 수 있게 자동문이 설치되어 있고 문턱은 없습니다. 메뉴판에는 글을 몰라도 어떤 메뉴인지 알 수 있도록 그림이 함께 실려 있고, 시각장애인을 위한 점자도 병기되어 있습니다. 이는 역설적으로 무장애 공간 이외에 대부분의 공간이 장애를 조장하고 있음을 보여 줍니다.

　교사는 학급 인원을 고려하여 조를 구성한 뒤, 학교 시설을 이용할 때 겪는 어려움으로 무엇이 있을지 평가해 보자고 이야기합니다. 가능하다면 안대를 쓰고 시각장애인의 입장에서 체험하거나, 휠체어를 타고 이동하며 직접 경험하는 것을 추천합니다. 학교는 모든 학생들을 위한 공간이지만 턱이 많아서 이용하기 불편할 때도 있고, 화장실 세면대나 도서관 대출 반납대가 너무 높이 위치해 있기도 합니다. 때문에 학교도서관, 교실, 체육관 등 다양한 장소 중 한 곳을 정해 이용 시의 어려움이나 불편함을 적어 본다면, 그 과정에서 장애인들이 일상 생활공간에서 느낄 불편함을 간접적으로 경험할 수 있을 것입니다. 나아가 체험한 내용을 바탕으로 불편함을 해소할 수 있는 구체적인 방안을 제시하거나 모두를 위한 공간을 만들기 위한 개선책을 적어 봅니다.

② 쓱쓱싹싹 언어 속 먼지 차별 닦아 내기

'먼지 차별'이라는 단어를 제시한 뒤 이것이 어떤 뜻을 담고 있는 것 같냐고 질문합니다. 학생들은 '미세먼지 때문에 생기는 차별' '먼지같이 나쁜 차별' 등 다양한 답을 내놓습니다. 먼지 차별이란 눈에 잘 띄지 않지만 곳곳에 깔린 아주 소소하고 해로운 차별을 의미합니다. 우리가 흔히 사용하는 언어에는 장애인을 차별하거나 비하하는 말이 많습니다. 결정 장애, 벙어리 장갑 등 대중매체에서 흔히 쓰이는 단어부터 병신, 귀머거리 등 학생들이 흔히 하는 욕설에도 차별을 조장하는 언어가 만연합니다. 이런 차별 언어를 '혐오 표현'이라고 하는데, 2019년 국가인권위원회에서 발간한 「혐오표현 리포트」에 명시된 혐오 표현의 정의는 다음과 같습니다. "성별, 장애, 종교, 나이, 출신 지역, 인종, 성적 지향 등을 이유로 어떤 개인·집단에게 모욕, 비하, 멸시, 위협 또는 차별·폭력의 선전과 선동을 함으로써 차별을 정당화·조장·강화하는 효과를 갖는 표현." 그렇기에 학생들이 아무 생각 없이 하는 말이 사실은 혐오 표현임을 분명하게 짚어 주는 것이 중요합니다.

교사는 우리 주변의 혐오 표현으로 무엇이 있는지 떠올리고, 혐오 표현을 어떤 말로 바꾸어야 좋을지 생각해 보자고 이야기합니다. 예를 들어 벙어리 장갑은 손모아 장갑으로, 앉은뱅이책상은 좌식 책상으로 바꾸어 표현할 수 있습니다. 추가로 교실에서 혐오 표현을 사용하지 않도록 학급 규칙을 정하는 것도 학생들이 의식적으로 언어 속 차별을 닦아 낼 수 있는 좋은 방법입니다.

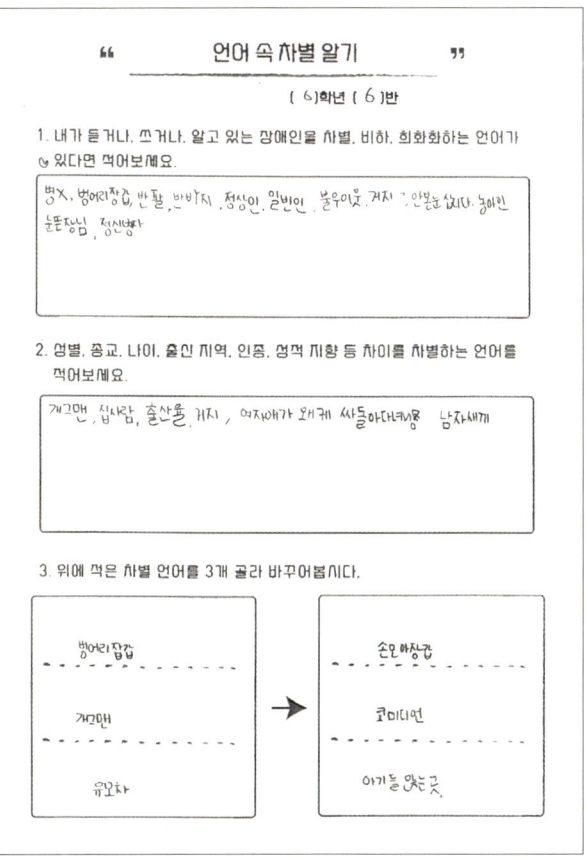

활동지 예시

마무리하기

    선생님 말씀을 곧이곧대로 받아들이는 1, 2학년과 달리 3, 4학년 학생들은 통합지원반 친구들을 향한 다양한 생각을 가집니다. 그 중에는 통합지원반 친구를 우리 반 구성원으로서 받아들이고 활동에 참여하도록 노력하는 학생도 있고, 통합지원반 친구를 기다리느라 지체되는 시간을 아까워하거나 배려해야 하는 이유를 몰라 불만을 가지는 학생도 있습니다. 책 마지막에 나오는 4학년 3반 담임선생님의 "누구든 있는 모습 그대로 인정받고 존중받는 세상이야말로 모두가 행복한 세상이 아닐까?"라는 말을 다 같이 읽으며 활동을 마칩니다.

『수화로 시끌벅적 유쾌하게』
라사 잔쵸스카이테 글·그림, 라미파 옮김,
한울림스페셜, 2019
추천 학년: 5~6학년

"세상에는 선택할 수 있는 게 아주 많아요.
우리는 하나를 선택하기만 하면 돼요."

리투아니아 청각장애인청소년협회에 속한 여섯 명의 아이들 이야기를 그린 책으로, 표정과 몸짓으로 대화하며 축구하는 드미트리저스, 들을 수 있는 사람들이 무뚝뚝하다고 생각했던 아르놀다스 등 각기 다른 청각장애인의 눈에 비친 세상을 보여 줍니다. 우리와 다른 언어를 사용하는 아이들의 이야기를 통해 학생들은 차이를 이해하고 공존할 수 있는 길을 모색하기 위한 이해의 첫걸음을 내딛습니다. 특히 마지막 장에는 청각장애인에 관해 알아 두면 좋은 사실들이 실려 있어 함께 어울려 살아가는 데에 유용한 지침이 되어 줍니다.

들어가기

먼저 장애인의 정의와 유형을 알아봅니다. 장애인이란 '신체적, 정신적으로 장애가 있어 일상생활이나 사회생활에 어려움이 있는 사람'을 말합니다. 장애의 유형은 크게 신체적 장애와 정신적 장애로 나뉘는데, 그중 신체적 장애는 다시 외부기능 장애와 내부기관 장애로 나뉩니다. 내부기관 장애나 정신적 장애의 경우 겉으로 드러나지 않을 때가 많습니다. 교사는 장애의 종류는 매우 다양하며 눈에 보이지 않더라도 장애를 가지고 있을 수 있음을 말해 주도록 합니다.

> 활동하기

① 수어로 말해요

　청각장애인의 언어인 수어란 무엇인지 알아봅니다. 수어는 수화라는 명칭이 더 익숙한, 농인(청각장애인)이 손의 움직임을 포함한 신체적 신호를 이용해 의사를 전달하는 시각언어입니다. 뉴스 화면 한편에서 수어로 내용을 전달해 주는 모습을 본 적이 있어도 수어에 관해 자세히 알고 있는 학생들은 많지 않을 것입니다.

　수어는 2016년 '한국수어언어법'이 제정되며 한국어와 동등한 언어로 인정받았으며, 정식 명칭이 수어가 되었습니다. 교사는 수어가 언어처럼 나라마다 표현 방식이 다르다는 것이나, 단순히 손동작만으로 의사 전달하는 것이 아니라 표정, 제스처, 손동작 세 가지가 결합된 언어라는 사실 등을 이야기해 줍니다. 특히 수어가 청각장애인에게 청인이 하는 말을 전달하는 매체가 아니라 청인들이 사용하는 구어처럼 청각장애인들의 일상 언어임을 이해할 수 있도록 합니다.

　수어에 대해 알아본 후에는 수어로 인사하는 법과 이름 말하는 법을 배웁니다. 대체로 10개 이하의 수어로 이름을 표현할 수 있기 때문에 아직 어린 친구들도 금방 익힐 수 있습니다. 조례나 종례 시간에 배운 수어를 활용해 인사한다면 학생들은 수어의 의미를 더욱 오래 기억할 수 있을 것입니다.

② 배리어프리 영상 제작하기

　배리어프리(barrier-free)는 말 그대로 장벽을 허무는 것으로, 모든 사람이 가정, 직장, 사회에 참여할 수 있도록 참가를 방해하는 물리적, 심리적 장벽을 제거합니다. 배리어프리 영화는 시각장애나 청각장애를 가진 사람도 영화를 즐길 수 있도록 만들어집니다. '화면이 점점 어두워진다.' 'A가 B를 빤히 쳐다본다.'처럼 화면이 드러내는 내용을 음성으로 읽어 주고, '초인종 소리' '한숨 소리' 등의 영화 내 사운드를 자막으로 내보냅니다.

　사실 비장애인이 장애인을 온전히 이해하는 것은 불가능에 가깝습니다. 태어날 때부터 보이고 들렸으니 보이지 않고 들리지 않는다는 것이 무엇인지 실감하기 어렵기 때문입니다. 학생들은 배리어프리 영화를 보면서 내가 당연하게 보고 듣는 것들이 장애인에게는 가닿지 않는다는 것을 체감할 수 있습니다. 'KOBAFF 배리어프리 영화위원회'에서 단체 관람을 신청하거나, 인터넷에 단체명을 검색하여 직접 단편영화를 감상해 보는 것도 좋습니다.

　이제 직접 배리어프리 영상을 만들어 봅니다. 학생들이 좋아하는 음악 방송이나 예능 등 10분 내외의 영상을 선택하고, 영상에 자막을 직접 달아 봅니다. 본격적인 배리어프리 영상을 위해서는 음성으로도 읽어 주어야 하지만, 영상에 음성을 입히는 것은 학생들에게 어려울 수 있기 때문에 자막만 추가하는 것을 추천합니다. 물론 학생들이 원한다면 음성도 입힐 수 있습니다. 대사만 자막으로 다는 다른 영상들과 달리 배리어프리 영상을 위한 자막은 음향으로 나타나는 영상의 분위기와 효과음 등도 모두 담아내야 합니다. 배경음악이 깔린다면 어떤 분위기의 음악인지 적어야 하고, 말소리는 하나인데 영상에 두 명 이상의 인물이 나온다면 누가 이야기하는 것인지 화자를 명시해야 합니다. 사투리를 쓰거나 특이한 억양으로 말하는 경우 어떻게 전달하면 좋을지 상의해 봅니다. 영상을 완성하기 위해서는 몇 번이고 돌려 보며 청각장애인에게 가장 적절한 형태를 고민하여 발전시켜야 할 것입니다.

이 활동을 통해 학생들은 자신에게 당연한 음향이 다른 사람에게는 당연하지 않음을 느끼게 됩니다. 다수를 위한 콘텐츠가 결국 소수를 만족시키지 못하는 방향으로 제공되는 것이 바로 '장벽'이며, 이를 허물기 위해서는 배리어프리 콘텐츠가 꼭 필요합니다. 교사는 우리가 평소 이용하는 콘텐츠가 누군가에겐 접근성이 떨어지거나 불평등을 조장할 수 있음을 알고 더욱 관심을 기울일 것을 당부합니다.

마무리하기

젓가락질이 익숙하지 않은 어린아이들을 위한 보조 젓가락이 있고, 왼손잡이들을 위한 가위가 있듯이 장애인들 또한 우리 사회의 구성원으로서 배려하고 함께 살아가야 하는 사회의 일부입니다. 장애를 극복의 대상으로 생각하지 않고 차이를 불편으로 받아들이지 않는, 모두가 평등하게 어울리는 사회를 만들어 나가자고 이야기하며 수업을 마무리합니다. 활동 전후 실제 청각장애인들의 이야기를 다룬 책, 웹툰, 영화 등을 보고 함께 감상을 나누는 것도 추천합니다. 청각장애를 가진 작가가 자기 삶을 담담히 서술한 웹툰 〈나는 귀머거리다〉를 보면 비장애인이 미처 생각하지 못했던 청각장애인의 삶을 들여다볼 수 있을 것입니다.

🌼 함께 읽으면 좋은 책

■ 1-2학년

『나는 안내견이야』 표영민 글, 조원희 그림, 한울림스페셜, 2022
『서툴고 어설픈 대단한 일꾼들』 타야 미쓰히로 글·그림, 라미파 옮김, 한울림스페셜, 2022
『오늘은 돈가스 카레라이스』 오승민 글·그림, 한울림스페셜, 2021

■ 3-4학년

『똥 싸기 힘든 날』 이송현 글, 조에스더 그림, 마음이음, 2018
『손으로 보는 아이, 카밀』 토마시 마우코프스키 글, 요안나 루시넥 그림, 최성은 옮김, 소원나무, 2018
『유통 기한 친구』 박수진 글, 정문주 그림, 문학과지성사, 2019

■ 5-6학년

『복희탕의 비밀』 김태호 글, 정문주 그림, 마음이음, 2020

세계 책과 저작권의 날 [4월 23일]
책으로 세상을 읽고 배워요

　세계 책과 저작권의 날은 스페인 카탈루냐 지방에서 책을 사는 사람에게 꽃을 선물하던 '세인트 조지의 날'과 1616년 셰익스피어와 세르반테스가 4월 23일에 작고한 역사 등에서 유래하여 전 세계인의 독서 증진을 위해 1995년 유네스코 총회에서 제정하였습니다. 9월 4일 지식재산의 날 계기교육에서 저작권에 관한 내용을 다루기 때문에 이번 파트에서는 저작권 교육은 제외하고 '책'과 관련한 도서와 활동을 소개합니다.

　통계청에 따르면 2013년 이후 우리나라의 독서인구와 1인당 평균독서권수는 지속적으로 떨어지고 있습니다. 전자책, 동영상 플랫폼과 OTT 서비스의 전성기를 맞아 도서 시장 및 출판 업계가 위험하다는 우려는 어느덧 새롭지 않은 이야기입니다. 그러나 여전히 쏟아지는 매체 및 콘텐츠에 대한 문해력의 근간이 되는 것은 활자 문해력이며, 문해력을 높일 수 있는 가장 확실하고 기본적인 방법은 독서입니다. 독서는 간접경험을 통해 감수성을 함양하고 배경지식을 확장하며 독해력과 논리력을 키워 고등사고능력을 기를 수 있는 매우 효과적인 방법입니다. 배우기 쉬운 한글 덕에 우리나라의 문맹률은 1% 정도밖에 되지 않지만, 점점 저하되는 문해력이 나라의 경쟁력에 영향을 준다는 우려가 꾸준히 나오고 있습니다.

　학교도서관뿐 아니라 공공도서관, 서점 등 도서 및 출판 업계에서는 세계 책과 저작권의 날이 가까워지면 독서 문화 확산과 책 읽는 풍토 마련을 위하여 다양한 유관 행사를 개최하고 있습니다. 도서관에서 독서 문화 행사를 진행하는 주간에 학생들과 함께 책과 도서관의 이야기를 담은 책을 읽으며 우리 곁에 늘 당연하게 존재했던 책과 도서관의 의미를 한 번 더 생각해 보는 시간을 가졌으면 합니다.

　'책'과 관련한 책을 읽고 독후활동을 진행할 때는 책 읽기를 싫어하는 학생들을 우선적으로 고려해야 합니다. 책을 싫어하는 학생들에게는 책을 주제로 하는 독서활동이 지루하기만 할 테니까요. 그렇기에 책을 좋아하지 않는 학생들도 쉽게 공감할 수 있는 등장인물이 나오는 책, 책에서 새롭고 신기한 정보를 얻을 수 있는 책 등 학생들의 관심을 끌 수 나오는 도서를 활용하여 수업을 구성하였습니다. 이번 계기교육의 가장 큰 목표는 학생들이 책과 좋은 친구가 될 수 있도록 다리를 놓아 주는 것입니다.

『**책이란**』
안드레스 로페스 글·그림, 성소희 옮김, 봄나무, 2022
추천 학년: 1~2학년

"책이란… 누구에게나 잘 어울리는 옷이야."

그동안 책을 활용한 수업들이 책을 통해 얻을 수 있는 교육적인 효과에 초점을 맞췄다면, 이 책은 우리가 읽어 온 '책' 자체의 의미를 생각해 보도록 합니다. 책 속에서는 책을 옷, 모험, 시계, 쉼터 등에 빗대어 설명하고 있습니다. 책을 활용한 다채로운 삽화들은 우리가 책으로 만날 수 있는 무궁무진한 세상을 상상하도록 돕습니다. 또한 책에 관해 깊이 생각해 보지 않았던 저학년 학생들이 이야기를 읽어 나가며 나에게 책이란 어떤 의미인지 고민해 보도록 합니다.

들어가기

수업 전 교사는 '책은 무엇일까?'라는 질문을 던집니다. 저학년 학생들은 '글씨가 있고 종이가 여러 장 있어요.' '어린이들이 읽는 책은 그림도 같이 있고, 어른들이 읽는 책은 글씨만 가득해요.' '도서관 책꽂이에 엄청 많이 있는 거예요.' 등의 대답을 내놓곤 합니다. 책의 의미보다는 겉모양, 물성 자체와 관련해서 떠올리는 것이지요. 교사는 "나에게 책은 어떤 의미인지 고민해 봅시다." 하고 이야기한 뒤, 콜라주 형식으로 제작된 삽화를 꼼꼼하게 살피며 함께 책을 읽어 나갑니다.

활동하기

① 나에게 책이란?

　책을 읽으며 학생들은 자연스럽게 책이 자신에게 주는 의미를 생각하게 됩니다. 그렇기에 교사는 '나에게 책이란?'이라는 질문을 던지고 학생들이 그 답을 책을 활용한 그림과 함께 표현해 보도록 합니다. 저학년 학생들의 경우 아이디어를 쉽게 떠올리지 못할 수 있어서 우선 주변에서 볼 수 있는 사물들을 가볍게 적어 나가는 것이 좋습니다. 그런 뒤 그 사물 중 책에 비유하여 표현할 수 있는 것을 한 가지 골라 문장으로 나타냅니다. 예를 들어, 학생들은 '나에게 책은 달이다. 왜냐하면 달은 책의 상상력과 빛나는 모습을 가지고 있기 때문이다.' '나에게 책은 커튼이다. 왜냐하면 커튼을 치지 않으면 날씨를 모르는 것과 같이 책 표지를 펼치지 않으면 책 내용을 알 수 없기 때문이다.' '나에게 책은 인형 뽑기이다. 왜냐하면 내가 재미있는 책을 놓칠 때도 있고, 우연히 뽑을 때도 있기 때문이다.' 등과 같은 기발한 답변을 합니다. 또한 글과 그림을 통해 작성한 활동지를 실물화상기로 함께 살펴본다면 학생들은 이 과정을 통해 반 친구들에게 책이 어떤 의미인지 들여다보며 생각을 확장시켜 나갈 수 있습니다.

② 책일까? 책이야!

　'책' 하면 떠오르는 이미지는 무엇인가요? 학생들은 대부분 '지루해요.' '재미있어요.' '읽으면 똑똑해져요.' 등 낡은 고정관념에 의거해 대답하는 경우가 많습니다. 교사는 '이것도 책일까' 궁금해지는 다양한 책을 소개하며, 책 또한 시대에 따라 다양하게 변화하고 진화했다는 사실을 알려 주는 활동을 진행합니다.

외부적 요소(형태, 판형 등)가 독특한 책으로는 일반 그림책보다 두세 배 크게 만든 빅북, 들춰 볼 수 있게 만든 플립북, 책장을 펼치면 장면이 입체적으로 튀어나오는 팝업북, 그림책에 있는 버튼을 누르면 소리가 나는 사운드북 등이 있습니다. 그런가 하면 '아티비티' 시리즈의 동화책들은 QR코드를 통해 AR(Artificial Reality)화면과 함께 책을 감상할 수 있고, 페이지가 서로 붙어 있어 병풍처럼 펼쳐지는 책(『수잔네의 봄』 『어제저녁』), 물에 젖지 않아 욕조나 수영장에서 읽을 수 있는 워터프루프북도 존재합니다. 이 외에도 스스로 이야기를 만들어 낼 수 있는 책(『내가 만드는 1000가지 이야기』), 독자가 책에 직접 참여하는 책(『절대로 누르면 안 돼!』 『너는 오, 나는 아!』), 독자의 선택에 따라 다른 풍경을 볼 수 있는 책 (『속도와 거리는 하나도 중요하지 않아』 『일루미네이쳐』) 등이 있습니다. 이후, '이것도 책이야!'라는 제목을 붙이고 자신만의 창의적인 책을 상상하여 그려 봅니다. 나뭇잎같이 독특한 소재로 만들어졌거나 손톱만큼 작아서 크기와 판형이 독특한 책, 읽은 뒤 먹을 수 있는 책 등 자유롭게 상상할 수 있습니다. 이 활동을 통해 저학년 학생들은 책에 관한 고정관념에서 벗어나 책을 보다 가깝게 느끼고 독서에 관심을 가질 수 있습니다.

③ 나만의 그림책을 만들어요!

먼저 미니 그림책을 만들기 위한 재료를 준비합니다. 시중에 판매하는 종이 재질의 스크랩북이나 오침안정법 전통책 만들기 키트 또는 A4 종이를 접어서 만드는 미니책 만들기, 계단책 만들기 등을 활용할 수 있습니다.

나만의 그림책을 만들기 위해서는 먼저 스토리 보드를 작성해야 합니다. 교사는 활동지를 학급 인권수만큼 인쇄해 나눠 주고, 학생들은 자신의 이야기에 등장할 등장인물의 모습을 그림으로 표현하고 그 인물의 이름까지 지어 줍니다. 그리고 그 등장인물이 언제, 어디에서, 어떤 일을 겪게 되는지 간략하게 적어 봅니다. 이 과정에서 학생들은 그림책에 등장시킬 인물과 사건, 배경을 구체화할 수 있습니다. 그런 뒤 학생들이 상상한 그림책을 순서에 맞게 네 컷의 스토리 보드로 구성합니다.

앞서 작성한 스토리 보드를 참고하여 그림책 만들기를 본격적으로 시작합니다. 책의 앞표지에는 책의 제목과 자신의 이름을 쓸 수 있도록 합니다. 그림책을 만드는 것이기 때문에 그림만 그려진 책도 좋고, 말풍선을 활용하여 그 안에 글을 작성하는 방식도 좋습니다. 학생들이 최대한 자유롭게 나만의 그림책을 만들 수 있도록 합니다. 책 뒤표지에는 짧게 '작가의 글'을 쓸 수 있습니다. 자신의 책을 읽는 사람이 어떤 마음으로 책을 읽어 주었으면 좋겠는지 또는 자신이 그림책을 만들며 느낀 점을 작성합니다. 마음속에 저마다의 이야기를 품고 있는 학생들은 서로가 글과 그림으로 풀어낸 책을 나누어 읽으며 한 뼘 더 성장한 작가와 독자로 거듭날 것입니다. 다음은 학생들이 완성한 활동지 예시입니다.

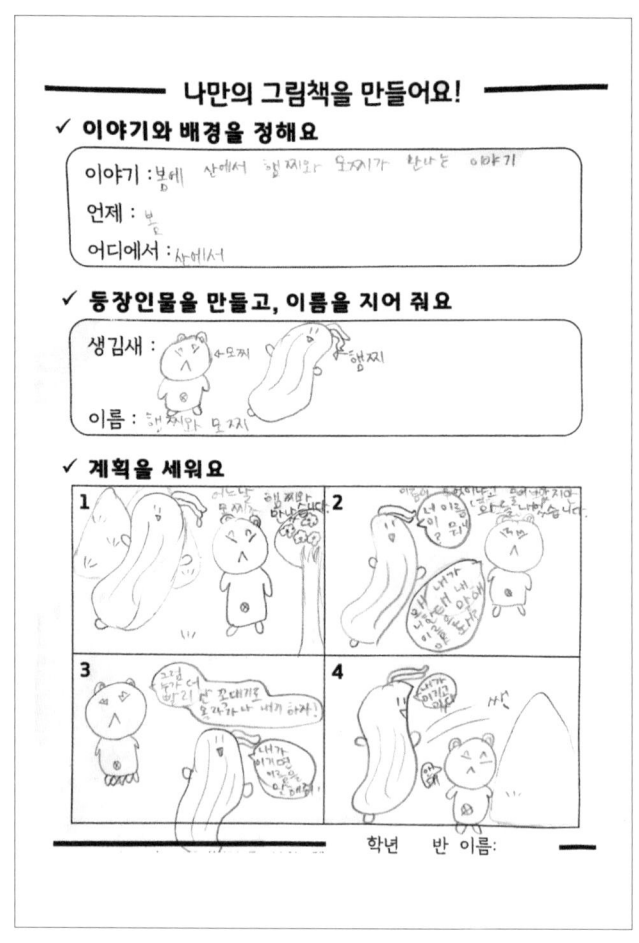

마무리하기

 이번 교육에서 가장 중요한 건 책을 향한 학생들의 관심을 높이는 것입니다. 그렇기에 책의 디자인 구성 요소를 살피고 각 부분의 명칭을 알려 주며 수업을 마무리합니다. 교사는 학생들이 책 표지 이외에 책을 구성하는 요소들의 명칭을 잘 알지 못하는 점을 고려하여 책등, 책날개, 면지, 표제지 등을 직접 보여 주고 각각의 명칭과 기능을 설명합니다. 늘 책을 옆에 두고 있음에도 각 요소들의 이름을 처음 알게 된 학생들은 책 구석구석을 살피는 과정에서 책을 향한 더 깊은 흥미와 재미를 느낄 수 있을 것입니다.

『안읽어 씨 가족과 책 요리점』
김유 글, 유경화 그림, 문학동네, 2017
추천 학년: 3~4학년

"맛있는 책은 맨날 맨날 먹어도 질리지 않을 것 같다."

책을 싫어하는 학생들은 책의 날이라는 이름만 들어도 인상을 찌푸립니다. 책을 위한 날도 있냐는 표정을 짓기도 합니다. 하지만 이 책의 제목을 보는 순간 경계를 풀고 미소를 짓습니다. 안읽어 씨 가족들이 책을 읽지 않는 모습에 공감하고 책 요리점을 찾아가는 여정에 집중하며 책에 빠져들기도 합니다. 책보다 다른 관심거리에 더 신경이 쏠리기 시작하는 중학년 학생들에게 독서의 즐거움과 기쁨을 되찾아 줄 수 있는 책입니다.

들어가기

도입 활동으로 책 제목 맞히기 스무고개 퀴즈를 진행합니다. 제목이 길고 뜻밖의 단어 조합으로 이루어져 있기 때문에 주인공의 이름만 먼저 알려 주거나 장소인 요리점에 관한 힌트를 주면 조금 더 쉽게 정답에 접근할 수 있습니다. '주인공이 누구예요?' '무슨 내용이에요?' '주인공이 사람이에요?' 등 책에 관련된 질문을 하면서 책 제목을 맞혀 나갑니다. 제목이 몇 글자인지, 초성은 무엇인지 등 원활한 수업 진행을 위해 질문을 유도하는 것도 좋습니다. 또한 스무 번 안에 답을 맞히지 못하더라도 교사는 "답을 맞히지 못해도 충분히 재미있는 수업을 할 수 있어요."라고 이야기하며 학생들이 낙담하지 않도록 해야 합니다.

이 책의 등장인물 안읽어 씨네 집에는 책이 아주 많습니다. 하지만 안읽어 씨는 물론이고 안읽어 씨의 가족들, 강아지 왈왈 씨마저도 책을 한 글자도 읽지 않습니다. 가방으로, 밥그릇으로, 운동기구로 사용할 뿐입니다. 안읽어 씨의 가족들이 맛있는 책 요리점을 찾아가는 길을 따라가며 책을 읽어 봅니다.

활동하기

① 책의 다른 용도 발견하기 - 북 트리 만들기

안읽어 씨 가족의 집에는 책이 아주 많지만 가족들은 책을 읽지 않습니다. 다만 각자의 방법으로 책을 활용합니다. 교사는 안읽어 씨 가족들이 책의 쓰임새를 바꿨던 것처럼 책을 다른 용도로 활용할 수 있는 방법을 한 가지씩 구상하여 발표하는 시간을 가져 보자고 이야기합니다. 겉표지가 두꺼운 책은 라면 받침으로 사용하기, 무게감이 있는 책은 아령 대신 사용하여 운동하기, 표지가 마음에 쏙 드는 책은 가방처럼 들고 다니기 등 기발한 학생들의 아이디어를 들어 볼 수 있습니다.

책을 소중히 다루며 처음부터 끝까지 집중해서 읽어야 한다고 생각하면 어쩐지 손이 잘 가지 않습니다. 이때 책을 활용할 방법을 생각해 본다면 책에 관한 부담감을 내려놓고 책과 더 가까워질 수 있습니다.

학급에 망가진 책이 많은 경우에는 그것들을 활용하여 북 트리 만들기를 진행합니다. 아래에서부터 책을 차곡차곡 쌓아 트리 형태로 만들고 꾸미는 것입니다. 책 표지를 활용해 교실이나 도서관을 예쁘게 꾸미는 것도 좋습니다. 이때 책 표지는 학교도서관 사서 선생님에게 요청하면 흔쾌히 내어 주실 것입니다.

완성된 북 트리

② 맛있는 책 요리점의 요리사 되기 ☻

맛있는 책 요리점의 요리사가 되어서 직접 책 요리를 만들어 보는 활동입니다. 첫 번째로 내가 요리할 책을 선정합니다. 복잡한 수학책, 농시집, 소설책, 그림책 등을 사용할 수 있습니다. 두 번째로 책을 어떻게 요리할 것인지 정합니다. 굽거나, 찌거나, 소스에 졸이거나, 튀기거나, 신선하게 먹고 싶다면 다른 책을 곁들여도 좋을 것입니다. 마지막으로 책 요리의 이름을 지어 주고 무슨 맛인지 설명합니다. 맛을 상상하기 어렵다면 책의 목차를 참고합니다. 그리고 내가 만든 책 요리

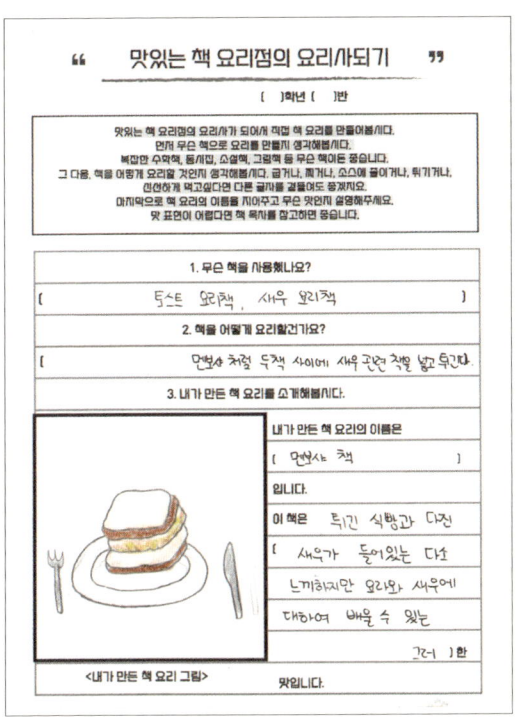

활동지 예시

를 친구들에게 소개합니다. 친구들이 책 요리점에 온 손님이라고 상상하여 내가 만든 책 요리는 재료로 어떤 책을 사용했고 어떤 맛이 나는지 소개해 봅니다. 학생들은 '우리 역사 속에서 오래 기억해야 하는 위인전 설렁탕이요. 오래오래 끓여서 구수하고 맛있어요!' '동시집은 팝핑 캔디처럼 톡톡 튀는 재미가 있어요. 달콤한 아이스크림 맛이 나는 그림책과 함께 곁들여 먹는다면 한여름의 더위를 싹 날릴 수 있어요.' 등 오감을 활용하여 자신의 책 요리를 소개합니다. 맛있는 책 요리점의 요리사로서 재미있고 특별하게 책을 소개해 본다면 어렵게만 생각했던 책과도 한층 더 가까워질 것입니다.

③ 책 고르기 밸런스 게임

안읽어 씨 가족들은 책을 자랑하거나 전시하기 위한 엉뚱한 용도로 사용했기 때문에 자기가 읽고 싶은 책, 재미있는 책보다는 남들이 보기에 멋있어 보이는 책과 무늬가 화려한 책들을 집어 들었습니다. 책 후반부에 안읽어 씨 가족들이 자신에게 딱 맞는 책을 골라 재미있

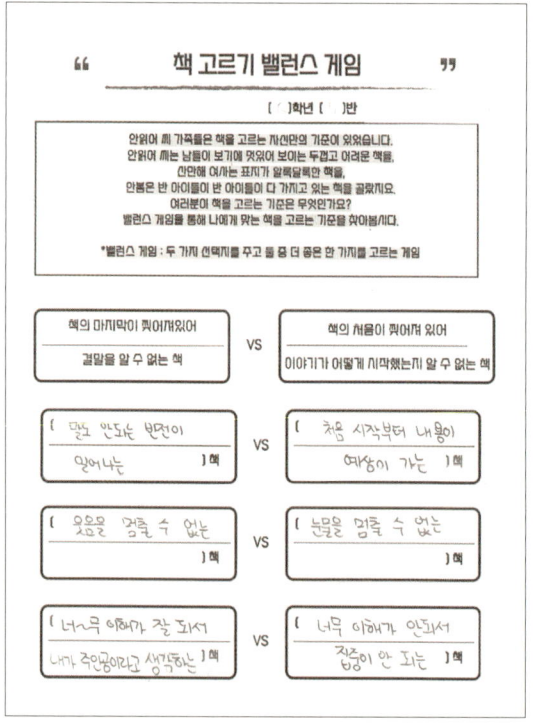

활동지 예시

게 읽은 것처럼 학생들이 밸런스 게임을 활용하여 나에게 맞는 책을 고르는 기준을 찾아보도록 합니다.

밸런스 게임은 두 가지 선택지 중 더 선호도가 높은 한 가지를 고르는 방식으로 진행됩니다. 예를 들어 '주인공이 사람인 책 vs 주인공이 동물인 책'처럼 책의 내용과 관련된 내용을 적을 수도 있고, '책의 결말이 찢어져 있어 결말을 알 수 없는 책 vs 책의 도입이 찢어져 있어 이야기가 어떻게 시작했는지 알 수 없는 책'처럼 재미있게 진행할 수도 있습니다. 예시를 하나 들어 준다면 학생들도 어렵지 않게 저마다의 상상력을 발휘하여 게임을 해 나갈 것입니다.

마무리하기

1, 2학년 학생들은 대체로 책과 도서관에 대해 긍정적인 반응을 보입니다. 그에 비해 3, 4학년 학생들은 아직 책에 대한 호감은 가지고 있지만, 수업 형식의 독후활동에는 상대적으로 낮은 흥미를 느낍니다. 학생들이 독서를 단순히 글을 읽어 내는 것으로 생각하지 않고, 스스로를 성장시키는 취미활동으로 여길 수 있도록 독서의 즐거움을 맛보여 주는 시간이 필요한 이유입니다. 교사는 교실에서 편안한 자세로 책 읽기, 책 높게 쌓기 등 책을 활용한 다양한 형식의 활동을 하는 과정에서 나에게 딱 맞는 책을 찾을 수 있음을 이야기하며 수업을 마무리합니다.

『책, 어디까지 아니?』
김윤정 글, 우지현 그림, 고래가숨쉬는도서관, 2019
추천 학년: 5~6학년

"먼 미래에도 책은 여전히 존재할 거야.
물론 모습은 조금 바뀔지도 몰라."

인류 최초의 책은 무엇이었을까요? 오늘날처럼 종이책, 전자책 들이 세상에 널리 읽히게 된 지는 생각보다 오래되지 않았습니다. 이 책에서는 죽간, 파피루스, 목판인쇄술과 직지심체요절까지 책이 발전되어 온 역사를 이야기 형식으로 잘 풀어내어 흥미롭게 설명하고 있습니다. 책의 구성 요소는 무엇인지, 책과 역사가 어떤 영향을 주고받았는지, 앞으로 책의 미래는 어떻게 될지를 상상하며 책의 과거와 오늘을 되돌아보도록 합니다.

들어가기

5학년 국어 독서 단원에는 KDC(한국십진분류법으로, 대부분의 한국 도서관에서 사용하는 도서 분류법)에 대한 소개 뒤 실습 활동이 마련되어 있습니다. 교사는 책을 효과적으로 분류하고 정리하여 잘 찾을 수 있게 하는 KDC와 10가지 주제를 소개합니다. 한국십진분류표 대분류 주제로는 총류, 철학, 종교, 사회과학, 순수과학, 기술과학, 예술, 언어, 문학, 역사가 있습니다. 충분한 설명을 들려주었다면 종이가 발명되고부터 모든 학교에 도서관이 마련된 오늘날까지, 책의 연대기가 담긴 책을 읽어 볼 것이라고 안내하며 학생들의 흥미를 유발합니다.

> **활동하기**

① 가장 특별한 책 발견하기

　학생들과 함께 도서관에서 가장 특별한 책 찾기 게임을 진행합니다. 이때 책의 내용과 상관없이 겉모습만으로 특별함의 유무를 가려야 합니다. 제목이 재미없어 보인다거나, 표지가 우중충하다거나, 출간된 지 너무 오래되어 사람들이 찾지 않을 것 같은 책이나, 아무도 손댄 흔적이 없어 새것 같아 보이는 책 등을 특별한 책으로 고를 수 있습니다. 가장 특별하다고 생각한 책을 선정한 후에는 다른 친구들에게 그 이유를 발표합니다. 그다음 학생들이 고른 특별한 책들을 한데 모아 살펴봅니다. 모두에게 익숙한 책이 나왔을 때에는 서로 공감하며 떠들썩한 분위기가 조성되고, 흥미롭고 신기한 주제를 다루고 있는 책에는 자연스럽게 이목이 집중됩니다. 이러한 활동은 다른 사람들이 발견하지 못한 보물 같은 책을 찾는 재미를 선사하고, 도서관에 다양한 종류의 책이 구비되어 있음을 알리는 좋은 기회가 될 것입니다.

② 누가 제일 잘 찾을까? 책 찾기 게임

　책에는 많은 정보가 담겨 있습니다. 겉표지가 드러내는 제목, 저자, 출판사 외에도 책의 판권기를 보면 발행 연도와 개정판 출간일 등을 알 수 있습니다. 책과 관련된 정보를 읽어 내는 것은 책과 가까워질 수 있는 좋은 방법이기 때문에 교사는 학교도서관이나 학급문고를 활용하는 책 찾기 게임을 진행합니다. 먼저 반 인원수에 맞게 조를 꾸린 뒤, 조건에 맞는 다섯 권의 책을 찾아 오는 것이 미션이라고 제시합니다. 이때, 조원별로 역할을 한 개씩 나누어 맡도록 하면 소외되는 학생 없이 재미있게 활동을 이어 갈 수 있습니다.

우리 학교도서관의 비밀	제목을 통해 책의 정식 출간명을 알 수 있습니다.
초판 1쇄 ǀ 2019년 11월 21일 **개정판 1쇄** ǀ 2020년 3월 15일 **개정판 5쇄** ǀ 2022년 10월 15일	'쇄'는 같은 책을 몇 번 다시 찍어 냈는지를, '판'은 책의 내용이 변경되었음을 의미합니다. ▶ 이 책의 경우 2019년 처음 발행되어 2020년 내용에 변경이 있었으며 다섯 번 다시 인쇄했습니다.
지은이 ǀ 박해준 **그린이** ǀ 이소현 **펴낸곳** ǀ 유수출판사	이 외에도 지은이, 출판사 등 관련 정보를 찾을 수 있습니다.

교사는 책의 앞, 뒷부분에 배치된 판권기 보는 법과 판, 쇄의 정의와 차이를 미리 말해 준 뒤 미션을 안내합니다. '제목이 가장 긴 책' '지은이가 학교에서 먼 곳에서 태어난 책' '가장 숭쇄를 많이 찍은 책' '출간된 지 가장 오래되었거나 가장 최근에 나온 책' '페이지 수가 가장 많은 책' 등의 조건을 정할 수 있습니다. 학생들이 책을 가져온 후에는 미션에 적합한 책을 찾은 순서대로 점수를 매기며, 가장 많은 점수를 획득한 조가 승리합니다.

게임을 진행하는 과정에서 학생들은 책의 정보를 자세히 파악하는 것은 물론, 평소 읽지 않았던 책에 관심을 가지며 즐거운 시간을 보낼 것입니다.

③ 있으려나 책

　책의 변천사를 알아본 만큼 미래의 책을 상상하는 시간을 갖습니다. 외형적 측면에서 과거에는 점토판, 파피루스를 사용했지만 현재는 종이를 주로 사용하고 있습니다. 내용적 측면을 살펴보면 중세에는 종교와 관한 책들이 주류를 이루었지만 금속활자가 대중화된 이후 문학책이 늘어나는 등 책의 종류가 변화하고 다양해졌습니다. 전자책이 도입되어 책을 소장하거나 휴대하기가 더 간편해진 오늘날, 앞으로는 또 어떤 내용이 담긴 책이 나올지 떠올려 봐도 좋습니다.

　환경 보호의 중요성을 많은 사람이 깨닫게 된 만큼 종이보다 친환경적인 재료로 만든 책이 나올 것 같다거나, 4D 영화처럼 후각, 미각, 촉각으로 느낄 수 있는 책, 종이책을 좋아하는 사람을 위해 종이책에 다운받을 수 있는 전자책 등을 상상해 볼 수 있습니다. 혹은 독자가 이야기에 참여하며 전개를 바꿀 수 있다거나, 이전에는 없었던 전자 기술에 관한 책이 나올 수도 있습니다. 이처럼 구체적으로 미래에 있을 법한 책을 상상하는 과정은 학생들이 책에 흥미를 느끼고 더욱 다양한 책을 탐색하는 계기가 되어 줍니다.

마무리하기

　책은 시대와 환경에 따라 계속해서 변화해 왔습니다. 또한 형태가 변하는 것에서 그치지 않고 사람들의 관심과 흥미, 필요와 요구에 응하며 내용과 디자인 측면에서도 발전을 거듭하고 있습니다. 책에는 수천 년 동안 인류의 역사에서 중요하게 여겨져 온 가치들이 담겨 있고, 사람들에게 삶의 지혜를 전달해 왔습니다. 동영상 플랫폼이 늘어나고 OTT 서비스가 대중화되며 비록 입지가 예전 같지 않을지라도 책이 주는 울림은 여전히 소중합니다. 늘 우리 곁에 있는 책에 꾸준한 관심을 갖도록 당부하며 수업을 마무리합니다.

🌷 함께 읽으면 좋은 책

- **1-2학년**

『어서 와, 도서관은 처음이지?』 이주희 글·그림, 개암나무, 2022
『책으로 전쟁을 멈춘 남작』 질 바움 글, 티에리 드되 그림, 정지숙 옮김, 북뱅크, 2017

- **3-4학년**

『101가지 책 사용법』 박선화 글, 김주경 그림, 잇츠북어린이, 2019
『수상한 책방과 놀자 할아버지』 전경남 글, 홍기한 그림, 창비, 2022
『책, 읽거나 먹거나』 김주현 글, 문종훈 그림, 학고재, 2014

- **5-6학년**

『독서 퀴즈 대회』 전은지 글, 신지수 그림, 책읽는곰, 2017
『비밀 유언장』 이병승 글, 최현묵 그림, 서유재, 2021

식품안전의 날 [5월 14일]
건강하고 안전한 식습관을 형성해요

　식품안전의 날은 식품의약품안전처(식약처)에서 제정하였으며, 식품안전에 관한 국민의 관심도를 높이고 식품 관련 종사자들의 안전의식을 촉구함으로써 식품안전 사고 예방과 국민 보건 향상을 목적으로 하고 있습니다.
　과거 어느 때보다 식생활이 풍족하고 다양해진 현대에도 식품안전에 대한 불안과 건강하고 균형 잡힌 먹거리를 향한 관심은 증대하고 있습니다. 손만 뻗으면 닿을 곳에 온갖 음식이 있고, 클릭 한 번이면 지구 반대편에 있는 음식을 집에서 받아 볼 수 있는 풍요의 시대이지만, 그 이면에는 다양한 문제점이 존재합니다. 한편에는 한 끼를 챙기기 어려운 제3세계 국가들이 존재하는 반면 어느 곳에서는 지나친 칼로리 섭취로 인한 비만과 성인병이 국가적 문제로 대두되고 있습니다.
　사람들의 입맛을 만족시키고 보다 많은 돈을 벌기 위해 기업들은 더 싼 재료로 자극적인 음식을 만들어 내고 있습니다. 동영상 플랫폼에서 자극적인 음식을 많이 먹는 영상이 유행하고 효과가 검증되지 않은 식품이 건강을 명목으로 과대 포장되곤 합니다. 나아가 소비자들은 이를 자각 없이 답습하는 것을 반복하고 있습니다. 식생활에 관한 사회적인 논의가 필요한 이유입니다.
　공장식 농업과 축산은 식재료를 싸게 공급할 수 있게 했습니다. 그러나 그만

　큼 많은 음식이 만들어지고 버려집니다. 아직 노동법이 제대로 제정되지 않은 나라에서는 싼 임금으로 미성년자를 긴 시간 착취합니다. 저개발국에서 주로 생산되는 커피와 초콜릿의 매출 이익은 아주 일부만 농민들에게 돌아갑니다. 그래서 우리가 싼 가격으로 커피와 초콜릿을 소비할 수 있는 것이죠. 이런 방식으로 얻은 식재료를 건강한 식재료라고 할 수 있을까요?

　식생활은 건강한 신체를 위한 가장 중요한 요소입니다. 학생들이 학교 밖에서도 바른 정신과 인성을 함양하고 건강한 생활을 하기 위해서는 식품안전과 영양 교육이 함께 이뤄져야 합니다. 따라서 식품안전의 날 계기교육에서는 실생활과 밀접한 부분을 다루려 노력했습니다. 건강한 식습관과 식재료 선택, 식품이 우리 식탁까지 오는 과정에 대한 인식, 이와 관련한 삶의 태도 함양까지. 식품안전의 날 계기교육을 통해 학생들은 음식의 맛과 가짓수보다 윤리적이고 성숙한 소비 습관의 필요성을 알고 이를 실천하고자 하는 의지를 갖게 될 것입니다. 또한 교실 밖 삶의 현장에서도 지혜로운 소비자로 성장할 수 있는 발판을 마련할 수 있습니다.

『나는 매일 밥을 먹습니다』
허정윤 글, 이승원 그림, 한솔수북, 2020
추천 학년: 1~3학년

"감사히 잘 먹겠습니다!"

학생들은 학교에서 매일 급식을 먹습니다. 그러나 음식이 어떤 재료로 만들어졌는지, 식재료의 원형이 무엇인지는 잘 알지 못합니다. 이 책은 계란, 고등어, 콩 등 급식에서 매일 만나는 식재료들이 어디에서 어떻게 우리 식탁으로 오게 되는지 소개합니다. 매일 먹는 끼니가 많은 사람들의 시간과 노력으로 만들어졌다는 것을 알면 식사를 더 소중히 할 수 있습니다. 짧은 글과 사실적인 삽화는 저학년 학생들이 식품의 생산 과정을 이해하고 식품의 원재료와 식생활에 관심을 갖도록 합니다.

들어가기

오늘 아침에 무엇을 먹었는지 기억하나요? 어제저녁에는요? 어제 점심 급식에는 어떤 음식이 나왔었지요? 지난 일주일간의 식사를 돌이켜 봅니다. 그중 기억에 남는 음식을 하나 골라 그 음식을 만드는 데 시간이 얼마나 걸렸을지 생각해 봅니다. '컵라면은 3분이면 돼요.' '삼각 김밥은 30초면 돼요.'라고 답하는 친구가 있다면 컵라면과 삼각 김밥이 만들어져서 편의점에 오기까지 시간이 얼마나 걸렸는지 생각해 보도록 합니다. 대부분의 학생들은 음식이 어떤 경로로 내 앞에 오게 되었는지 잘 생각해 보지 않았기 때문에 당황하면서도 곰곰이 생각을 이어 나갑니다. 교사는 오늘 함께 읽을 책이 음식의 생산지에 관한 내용을 담고 있다고 안내하며 수업을 시작합니다.

> **활동하기**

① 급식 파헤치기

교사는 쌀, 고추, 생선, 계란, 소금 등 학교 급식 조리에 사용되는 식재료가 적힌 낱말 카드를 사전에 준비합니다. 수업 시작 단계에서는 학급 인원에 맞춰 조를 정하고, 다양한 색칠 도구를 활용해 오늘, 혹은 어제 먹은 급식을 그려 보자고 안내합니다. 이때 학생들은 식재료 카드를 보고 자신들이 그린 각각의 반찬에 어떤 식재료가 들어갔는지 맞혀야 합니다.

논의를 모두 마쳤다면 칠판에 급식판 인쇄물을 붙이고, 그 안에 조

급식판에 부착한 다양한 식재료들

별로 각각의 식재료 카드를 부착하며 활동을 진행합니다. 만약 조별로 의견이 다를 경우 카드를 바꿔 달 수 있습니다. 예를 들어 앞 조가 계란말이에 들어가는 재료로 계란, 소금, 후추를 골랐고, 다음 조가 계란, 소금, 설탕을 골랐다면 후추 카드를 설탕 카드로 교체합니다. 학생들은 급식판에 식재료 카드가 들어갔다 나왔다 하는 과정을 흥미진진하게 지켜보며 한 끼 식사를 위해 많은 준비와 수고가 필요함을 알게 될 것입니다.

우리가 매일 먹는 음식에 들어간 수많은 노력과 정성을 살펴보는 과정을 통해 학생들은 음식을 더 소중하게 생각합니다. 또한 평소에 접해 보지 않았던 반찬의 재료를 알게 된 만큼 새로운 음식을 경험하는 기회를 갖습니다. 특히 매달 있는 채식의 날에는 급식으로 다채로운 식재료와 조리법이 사용되는 만큼 채식의 날 식단을 활용해 활동을 꾸려 보는 것도 좋습니다.

② 지역 특산물 스무고개 퀴즈

이 책은 전국 각지에서 식재료가 어떻게 생산되는지를 지역별 사투리와 삽화를 통해 설명하며, 말미에는 책에 소개된 식재료로 만들어진 맛있는 밥상을 보여 줍니다. 교사는 책 속에 등장하는 다양한 식재료를 활용한 스무고개 퀴즈를 진행합니다.

먼저 한 명의 학생이 앞으로 나와서 책 속에 나왔던 하나의 식재료를 선택하면 학생들은 그 학생에게 식재료에 관한 질문을 던집니다.

특산물 지도에 스티커를 붙이는 모습

예를 들어, '이 식재료는 땅에서 자라나요?' '오늘 급식에 이 식재료가 나왔나요?' '이 식재료로 만든 음식은 주로 간식인가요 식사인가요?' 등이 있습니다. 이때 질문에는 네, 아니오로만 답변할 수 있습니다.

정답을 맞히거나 20개의 질문이 끝났을 때 책의 부록에 실린 특산물 지도에 식재료 스티커를 부착합니다. 식재료와 관련한 스무고개 퀴즈로 책 속 내용을 다시 되짚어 보는 것은 물론, 우리가 잘 알지 못했던 지역 특산물을 재미있게 살펴볼 수 있는 활동입니다.

마무리하기

급식실에서는 매일매일 엄청난 양의 음식물 쓰레기가 나옵니다. 오늘만큼은 이 음식들이 내 앞에 오기까지 얼마나 많은 손길을 거쳤는지 생각하며 급식판을 깨끗이 비우도록 합니다. 평소에 먹어 보지 않았던 반찬이 있다면 이를 기회 삼아 시도해 볼 수 있으며, 먹지 못하는 음식이 있다면 미리 영양 선생님께 말씀드려 받지 않도록 합니다. 교사는 학생들과 함께 건강한 식습관을 실천할 것을 다짐하며 활동을 마칩니다.

『모두의 착한 밥상 연구소』
노민영 글, 홍하나 그림, 파란자전거, 2021
추천 학년: 4~6학년

"우리에게 먹을 고기를 준 동물은 살아 있는 생물이었어요."

우리는 하루 세 번 식사를 하지만 음식에 사용되는 다양한 식재료에 관해 고민할 기회는 많지 않습니다. 이번 활동에서는 인간의 편의를 넘어 자연과 동물들에게도 해가 가지 않는 밥상을 지향하는 계기를 마련하고자 했습니다. 저학년 학생들보다 직접 간식이나 식사를 사 먹는 등 본인이 식재료를 선택할 기회가 더 많아진 고학년 학생들에게 특히 적합합니다. 학생들은 음식이 식탁에 오기까지의 과정, 식재료 생산이 동물에게 미치는 영향을 이해하며 "음식으로 세상을 바꾸는 실질적이고 구체적인 실천 방안"을 떠올릴 수 있을 것입니다.

들어가기

계란이 들어간 음식으로는 무엇이 있을지 생각해 봅니다. 계란 프라이, 삶은 계란부터 볶음밥, 오므라이스, 계란국까지, 계란은 어떻게 우리 식탁에 올라오는 걸까요? 마트에 진열된 계란은 어떻게 마트까지 오게 되었을까요? 계란을 낳는 닭은 어떤 환경에서 지내고 있을까요? 교사는 꼬리에 꼬리를 무는 질문을 던져 학생들이 식재료가 우리 식탁에 오기까지의 과정을 생각해 보도록 합니다.

책 18쪽에 제시되어 있는 '밥상으로 세상 바꿀 준비되었나요?' 체크리스트를 해 봅니다. '밥상 위의 음식들이 어디에서 왔고, 누가 만들었는지 생각해 본 적 있나요?' '밥상 위의 음식이 나를 건강하게 할까요?' 등 11개의 질문에 답합니다. '예'라고 대답한 질문의 개수가 많다면 좋은 출발이고, 그렇지 않더라도 책을 읽고 나면 착한 밥상으로 나아갈 수 있다고 동기를 부여해 준다면 학생들도 더 나은 세상을 만들기 위한 노력을 이어 갈 것입니다.

> 활동하기

① 유통기한과 소비기한 😊

모든 식품에는 유통기한이 있습니다. 2023년 1월부터 유제품을 비롯해 냉장 온도에 민감한 일부 식품을 제외하고 대부분 식품의 유통기한이 폐지되고 '소비기한'이 표시되고 있지요. 유통기한은 기업이 소비자에게 식품 등을 유통, 판매할 수 있는 기한으로 식품 품질 변화 시점의 60~70%의 기간으로 설정합니다. 유통기한이 지나도 상당 기간 동안 식품 품질 변화가 없습니다. 하지만 유통기한과 소비기한의 개념을 알지 못해 유통기한이 지나면 식품에 문제가 있는 것으로 판단하여 폐기하는 경우가 많습니다.

교사는 우리 집 냉장고에 있는 식품의 유통기한과 소비기한을 알아보고 그 식품에 소비기한을 표시해 보자고 안내합니다. 이때 유통기한과 소비기한의 차이도 옆에 적습니다. 예를 들어 계란은 잘 보관한다면 유통기한보다 25일 정도 뒤에 섭취해도 괜찮습니다. 이러한

식품	유통기한	소비기한	차이
우유	10	60	50
계란			
치즈			
요구르트			
식빵			
두부			
통조림			

2. 유통기한이 지나 버렸던 음식이 있다면 적어봅시다.

활동지 양식

활동을 통해 학생들은 버려지는 음식물도 줄이고 유통기한이 지난 제품도 자의적으로 판단해 섭취할 수 있을 것입니다.

② 늘려요 줄여요 착한 밥상 다짐하기

맛과 영양분이 훌륭한 음식이더라도 가끔은 환경 또는 사회문제를 일으키기도 합니다. 예를 들어 아보카도 소비량이 증가하자 경작지를 늘리기 위해 산림을 파괴하거나, 재배를 위한 물 남용으로 칠레 일부 지역에서 물 부족 현상이 일어나기도 했습니다. 이러한 문제는 한때 유행했던 크릴 오일이나 바나나, 파인애플, 카카오, 커피 원두 등 여러 음식에 두루 적용되는 이야기이기도 합니다.

함께 책을 읽은 뒤 소비를 늘리고 싶은 음식과 줄이고 싶은 음식을 골라 작성해 봅니다. 이때 단순히 좋아한다거나 먹고 싶다는 이유를 적는 것이 아니라 타당한 이유를 제시해야 합니다. 공정 무역을 통해 거래된 초콜릿, 탄소 발자국이 적은 로컬 푸드 중 하나인 팽이버섯, 조금 작고 못생겨도 맛있는 흠과 등 최대한 구체적인 식품명을 적을 수 있도록 지도합니다. 또한 소비를 줄이고 싶은 음식을 정할 때에도 자세한 사유를 적어야 합니다. 동물권 침해를 통해 생산된 달걀이나 정육, 유전자 조작과 많은 탄소 배출을 일으키는 작물 등 건강하지 못한 식품 중 실제로 줄일 수 있을 것 같은 품목을 정해 그 이유와 함께 다짐을 작성합니다.

착한 밥상을 위해 학생들이 좋아하는 음식을 포기하기란 쉬운 일이 아닙니다. 하지만 항생제를 사용하지 않고 건강한 운송 과정을 거쳐 식탁에 올라온 식품들은 분명 우리 몸에 더 긍정적인 영양과 에너지를 전달할 수 있을 것입니다. 많은 음식을 아예 끊어 내기보다는 실제로 실천 가능한 범위를 정해 삶에 적용해 보자고 이야기하며 활동을 마무리합니다.

③ 오늘의 급식 정보 만들기

좋아하는 메뉴에 형광펜으로 줄을 치고 반 친구들과 공유하며 매일 보는 식단표지만, 학생들이 그 안에 포함되어 있는 식재료들의 기능, 영양, 맛에 하나하나 관심을 가지기란 어렵습니다. 오늘의 날씨 정보처럼 오늘 급식에 나오는 식재료에 집중해 음식의 정보를 알려 주는 소개물을 만들어 봅니다.

먼저 이번 달 급식 식단표를 준비합니다. 그리고 앞으로 나올 음식 중에서 좋아하는 메뉴에 들어가는 식재료 하나를 선택한 뒤, 그 식재료를 소개하는 자료를 제작합니다. 예를 들어 고구마 돈까스의 고구마를 선택했다면 고구마는 가을이 수확 시기이며, 표면이 매끈하고 단단하며 색이 밝고 선명한 붉은색인 것을 골라야 좋다는 사실, 식이섬유가 풍부해 다이어트에 도움이 된다는 사실을 담을 수 있습니다. 나아가 도서에서 내용을 보충하여 환경에 미치는 영향이나 윤리적인 소비 방법을 소개하는 것도 좋습니다.

완성한 소개물은 미리 영양 선생님께 양해를 구하여 해당 메뉴가 나오는 날 급식실 입구와 내부에 게시하거나 교실 식단표 옆에 전시합니다. 이를 통해 학생들은 평소 무심코 지나쳤던 식재료를 자세히 파악하고, 일상생활 속 식사와 먹거리에 관심을 가지는 계기를 마련할 수 있을 것입니다.

마무리하기

음식물을 섭취한다는 것은 단순히 먹는 행위를 넘어 사회, 환경 등에 영향을 미칩니다. 내가 손바닥만 한 닭장에서 평생을 산 닭이 낳은 계란을 구입하는지, 자유롭게 풀을 뜯으며 행복하게 사는 닭의 계란을 구입하는지는 멀리 보면 동물권과 환경문제까지 연결됩니다. 교사는 우리가 선택해서 먹은 음식이 어떤 결과를 낳는지 생각하고, 그에 책임지는 태도를 가져야 함을 이야기하며 활동을 마칩니다.

🌷 함께 읽으면 좋은 책

■ 1-2학년

『멸치 챔피언』 이경국 글·그림, 고래뱃속, 2018
『어린이 슬로푸드 요리책』 이자벨 프란체스코니 글, 니콜라 구니 그림, 김영미 옮김, 내인생의책, 2019

■ 3-4학년

『달콤짭짤 바삭촉촉』 올라 볼다인스카-프워친스카 글·그림, 정회성 옮김, 우리학교, 2022
『설탕을 조심해』 박은호 글, 윤지회 그림, 미래엔아이세움, 2012
『착한 지방은 억울해』 백은영 글, 이주희 그림, 스콜라, 2013

■ 5-6학년

『먹을까? 말까? 먹거리 X파일』 권동화 글, 오정조 그림, 뭉치, 2021
『우유 한 컵이 우리 집에 오기까지』 율리아 뒤르 글·그림, 윤혜정 옮김, 우리학교, 2021

세계 가정의 날 [5월 15일]
다양한 가족 형태를 존중해요

    세계 가정의 날은 국제연합총회(유엔총회)가 변화하는 현 세계에서 가정의 역할과 책임의 중요성에 대한 정부와 민간의 인식을 제고할 목적으로 매년 5월 15일을 '세계 가정의 날'로 정하면서 시작되었습니다. 과거 정형화되어 있던 가족의 형태는 사회가 변화하는 과정에서 다양하게 진화하고 있습니다. 엄마, 아빠, 자식으로 이루어진 가족만이 '정상 가족'이라 보는 사회의 시선을 변화시키기 위해 대중매체에서는 한부모 가정, 입양 가족, 이혼 가정 등 여러 형태의 가족을 비추고 있습니다. 하지만 아직까지도 학교 현장과 사회에서는 양육자를 부모로만 국한하고, 정상 가족의 형태로 가족 이미지를 재생산하고 있는 실정입니다.

    가정은 인간이 가장 처음 접하는 생활공동체로서 개인에게 사랑과 안정감을 주는 관계를 지향합니다. 즉, 가족의 형태는 가정을 정의하는 데 크게 중요한 것이 아닙니다. 그러나 이미 굳어진 가정을 향한 이미지는 학생들이 정형화되지 않은 가정의 모습에 이질감을 느끼게 합니다. 심지어 어린 학생일수록 내가 그것에 속하지 않을 때 부끄럽다 생각하기 쉽습니다. 교사는 세계 가정의 날 계기교육을 통해 학생들이 실존하는 여러 가정의 모습을 확인하고, 고정관념에서 벗어나 세상의 다양성과 가정의 진정한 의미를 깨닫고 가정을 올바르게 정의할 수 있도록 합니다. 본고에서 법정 기념일인 어버이날이 아닌 가정의 날을 선정한 이유는 현대사회에 접어들면서 가족 구성원이 다양한 형태로 변화하고 있기 때문입니다. 특히 한부모 가정, 조부모 가정에서 자라난 학생들은 어버이날을 기념하는 활동을 실시할 경우 소외감을 느낄 수도 있습니다. 그렇기에 수업을 계획할 때 위와 같은 학생들이 상처받지 않도록 다양한 가족 유형을 고려해야 합니다.

『우리 가족 만나볼래?』
율리아 륄름 글·그림, 후즈갓마이테일, 2017
추천 학년: 1~2학년

"모든 가족은 다 달라요."

이 책은 현대사회의 다양한 가족 형태를 동물 가족에 빗대어 표현함으로써 조심스러운 주제에 부담 없이 접근하도록 합니다. 핵가족, 대가족, 한부모 가족 등 각기 다른 가족들이지만 등장하는 모든 가족이 공통적으로 갖고 있는 특징이 하나 있습니다. 바로 서로를 사랑한다는 것입니다. 이야기 속 서로를 아껴 주는 가족의 모습을 보며 학생들은 정상 가족을 향한 편견을 깨고 인식을 넓힐 수 있습니다.

들어가기

책 표지를 통해 책 내용을 예상해 보는 활동을 진행합니다. 표지에 나온 동물은 누구인지, 혹시 다른 동물이 나온다면 누가 나올지, 그 동물을 떠올렸을 때 느껴지는 분위기는 어떤지 등 그림을 통해 이야기를 나눕니다. 그리고 앞서 나눈 이야기가 정말 책에 등장하는지 살펴보자고 이야기하며 독서 흥미를 유발합니다. 교사는 책을 읽는 중에도 학생들의 집중력이 흩어지지 않도록 중간중간 어떤 동물인지 발표하게끔 하고, 학생들에게 생소할 수 있는 가족 형태가 나왔을 때 이상하거나 잘못되었다고 인식하지 않도록 알맞은 설명을 덧붙입니다.

> **활동하기**

① 우리 가족의 모습을 동물 가족으로 나타낸다면?

　이 책의 마지막 문장은 '사랑하는 우리 가족은 어떤 모습인가요?' 입니다. 이러한 질문에 대한 대답으로 우리 가족의 모습을 동물로 나타내는 활동을 해 봅니다. 시작하기 전에 교사가 먼저 본인의 동물 가족 모습 예시를 들어 주면 직접적으로 가족을 설명하는 데 어려움을 느끼는 학생들이 활동을 시작하기 수월합니다. 이때 가족 구성원을 전부 그려야 하는지, 가족 구성원 각각을 다른 동물로 표현해도 되는지 등 구체적인 가이드 라인을 정해 진행이 원활히 이뤄질 수 있도록 합니다. 이를 통해 학생들은 나와 가족의 특징을 이해할 수 있는 기반을 다질 수 있을 것입니다.

동물로 빗대 표현한 가족의 모습

② 우리 가족의 공통점, 차이점

학생들은 책을 읽으며 자연스레 우리 가족의 모습을 떠올리게 됩니다. 교사는 '가족'이라는 단어를 들었을 때 가장 먼저 생각나는 사람을 한 명 고르도록 합니다. 그다음 그 사람과 자신의 공통점과 차이점을 세 가지씩 적습니다. 예를 들어, 어떤 학생은 엄마와의 공통점으로 동그란 눈을 가지고 있고, 새로운 사람과 이야기를 나누는 것을 좋아하고, 매운 음식을 좋아한다는 것을 뽑았습니다. 차이점으로는 엄마는 책 읽는 것을 좋아하지만 나는 운동하는 것을 좋아하는 것, 엄마는 눈물이 많지만 나는 잘 울지 않는다는 것, 엄마는 감기에 자주 걸리지만 나는 배탈이 자주 나는 편이라는 것 등을 꼽았습니다. 학생들은 가족 구성원과 나의 공통점과 차이점을 살펴봄으로써 이미 잘 알고 있는 줄 알았던 가족의 새로운 모습을 느끼며 가족을 향한 애정을 키워 나갑니다.

③ 우리 가족 프로필 쓰기

우리는 가족을 얼마나 알고 있을까요? 엄마가 어떤 취미를 갖고 있는지, 아빠가 무슨 음식을 좋아하는지 알고 있을까요? 교사는 가족 구성원 중 한 명을 골라 가족의 프로필을 써 보자고 말하며 활동을 시작합니다.

프로필은 한 사람에 관한 중요 사항을 적은 것으로, 이름, 나이, 생일, 혈액형 같은 기본 정보부터 좋아하는 노래나 영화, 옷을 살 때 어떤 색을 선호하는지 등 가족을 나타내는 요소가 담깁니다. 우선 자신이 아는 정보를 정리해 프로필을 채우고, 미처 알지 못했던 부분은 가족에게 직접 물어봐서 써넣도록 합니다. 내가 안다고 생각했던 것이 틀린 정보일 수도 있으니 채운 부분도 다시 확인해 봐야 합니다. 미리 가족의 프로필을 작성하는 것이 어렵다면 내 프로필을 작성하고 가족에게 맞혀 보도록 하는 활동을 할 수도 있습니다. 일상의 많은 부분을 공유하고 있다고 해서 서로를 잘 알고 있는 건 아니기에, 학생들은 가족을 더욱 깊이 알게 되는 기회를 통해 가족관계를 돈독하게 만들어 나갈 것입니다.

마무리하기

활동을 모두 마친 후 책 속에서 가장 인상 깊었던 동물 가족은 어떤 가족이었는지 이야기를 나눠 봅니다. 학생들은 두 아빠로 구성된 사자 가족이 주변에서 본 적 없어 인상 깊었다고 대답하거나, 규칙을 지켜야만 생활할 수 있는 하마 가족이 너무 딱딱하게 느껴져서 인상 깊었다고 말하는 등 자신의 경험에 비추어 그간 알지 못했던 가족들에 대한 감상을 남길 것입니다. 교사는 모든 학생이 돌아가면서 자신의 감상을 발표하고, 친구들과 느낀 점을 공유할 수 있도록 안내합니다.

아직 경험이 적은 어린 학생들은 타인의 입장을 고려하기보다 자기중심적인 세계관을 갖기 쉽습니다. 그렇기에 학생들은 다양한 가족 형태를 마주하고, 세상에 나와 다른 다양한 가족의 모습이 존재한다는 사실을 아는 것만으로도 자신의 세계를 확장해 나갑니다. 또한 가족의 다양성을 받아들이는 과정에서 가족의 개념을 재정립하고, 해당 개념을 올바르게 이해할 수 있습니다.

『우리는 가족: 누가 나의 가족일까?』
마리아나 페레스 글, 누리아 디아스 그림, 문주선 옮김,
키다리, 2021
추천 학년: 3~4학년

"우리를 가족으로 묶어 주는 것은, 눈 색깔이나
키, 미소같이 겉으로 드러난 모습일 수도 있고,
처음 보는 사람이라 할지라도 나의 가족이 될 것이라고
느끼는 마음일 수도 있어요."

가족이란 무엇일까요? 누군가는 식사를 같이 하는 것이, 다른 이는 피를 나눈 것이, 또는 울타리가 되어 주는 것이 가족이라고 생각할 수 있습니다. 가족의 정의는 그 형태만큼이나 다양하며, 스스로를 가족이라고 구체화하는 과정을 통해 비로소 완성됩니다. 저학년 때 배운 다양한 가족의 형태뿐만 아니라 가족 구성 요인과 다채로운 삶의 모습을 익힐 수 있어 3, 4학년에게 특히 적합합니다.

들어가기

교사는 2, 3, 4인 가족의 모습이라는 단어를 각각 제시한 뒤 떠오르는 구성원을 발표해 보자고 합니다. 이때 학생들은 대부분 결혼과 출산을 통해 만들어진 보편적인 가정의 형태를 언급하는 경우가 많습니다. 그러나 '보편'이라는 개념이 과연 우리 사회의 모든 가족 형태를 아우르고 있을까요? 가족을 이루는 요인에는 결혼과 출산뿐만 아니라 입양, 결합, 연대 등 다양한 방식이 존재합니다. 내가 미처 생각해 보지 않았던 가족의 모습과 정의를 떠올리며 함께 책을 읽어 나가도록 합니다.

> **활동하기**

① 우리는 ○○가족

'24세, 여자, 한국인' '3세, 강아지, 믹스' '38세, 남자, 영국인' 등 다양한 국적과 나이, 생물 종과 성별 등을 조합하여 학급 학생 수에 맞게 쪽지를 작성합니다. 그런 뒤 조별로 상의를 통해 가족 구성원 수를 정하고, 뽑기 통에서 쪽지를 뽑아 무작위로 가족을 구성합니다.

그다음 우리 조에서 구성한 가족은 총 몇 명인지, 책에 소개된 가족 유형 중 어떤 것에 해당하는지, 주로 무엇을 먹고 어느 언어를 쓰는지, 여가 시간에 어떤 활동을 함께 하는지를 상상하며 우리 가족의 이름을 지어 봅니다. 똑같이 셋으로 구성된 가족이라도 강아지, 햄스터, 인간으로 이루어진 시끌벅적한 가정일 수 있고 노인 셋으로 구성된 화목한 가정일 수도 있습니다. 마지막으로 우리 조가 구성하고 상상한 가족의 모습을 발표하며 다양한 가족의 모습을 살펴보도록 합니다.

② 역할 바꾸기

우리 가족 구성원들이 맡고 있는 역할이 무엇인지 생각해 보고, 일주일 동안 그 역할을 수행하는 활동입니다. 식사 준비를 해 주는 할머니의 역할을 대신 해 보기, 매일 강아지를 산책시키는 아빠와 함께 걸어 보기, 내 말을 잘 들어주는 동생을 대신해 가족들의 고민을 들어 보기 등 가족들이 알게 모르게 맡고 있던 역할을 수행합니다.

　이때, 수행하고 있는 역할은 눈에 보이는 것과 눈에 보이지 않는 것으로 나눌 수 있습니다. 살림, 정리 정돈, 경제활동같이 눈에 보이는 역할 말고도 정서적 지지와 심리적 안정, 유대감 형성처럼 눈에 보이진 않지만 분명한 도움을 주는 일들이 있습니다. 내가 수행한 활동은 둘 중 어디에 해당하는지, 구체적으로 무엇을 했는지, 얼마나 잘한 것 같은지 등을 생각하며 간단한 소감문을 완성합니다. 소감을 적은 뒤에는 가족의 역할을 수행했던 일주일간 다른 가족 구성원이 느낀 점도 한 문장씩 적도록 합니다. 이러한 과정을 통해 학생들은 좋은 가족이 되기 위해 필요한 마음가짐과 가족의 소중함을 다시 한번 생각해 볼 수 있습니다.

마무리하기

　가족은 사회의 가장 기본적인 단위입니다. 또한 지구라는 큰 울타리 안에는 별자리의 수만큼이나 다채롭고 독특한 모습의 가족의 형태와 역힐이 존재합니다. 즉 우리 사회에 정상 가족, 결손 가족이란 없으며, 모두가 자신이 원하는 형태의 가족을 구성할 권리를 지니고 있습니다. 종교와 인종, 문화 차이를 뛰어넘어 사랑과 친애, 연대로 구성한 다양한 가족의 모습을 돌아보고 가족의 기능과 필요성을 마음에 새기며 수업을 마무리합니다.

『어쩌다 우린 가족일까?』
장지혜 글, 이예숙 그림, 어린이나무생각, 2016
추천 학년: 5~6학년

"그러고 보면 이 세상에 비슷한 모양새의 가정은 하나도 없는 것 같다. 우리만 해도 이렇게 사연이 다 제각각인데."

부모님의 이혼 이후 어머니와 함께 살고 있던 은솔. 어느 날 아빠의 재혼 소식을 듣고 크게 충격받은 은솔이는 아빠의 존재를 지우기로 결심하지만, 주변 친구들이 이루고 있는 수많은 가족의 모습을 보며 진정한 가족이란 무엇인지 깨닫게 됩니다. 내용이 진행됨에 따라 조금씩 드러나는, 각기 다른 모습을 가진 가족들을 은솔이의 시선으로 따라가다 보면 결국 가장 중요한 것은 사랑임을 알 수 있습니다. 우리 모두 책 속 등장인물들처럼 다양한 형태의 가족에 속해 있는 만큼, 학급 내에서 함께 읽기에 적합한 책입니다.

들어가기

　가족은 항상 똑같은 모습일까요? 매년 실시되는 '가족인식 조사'는 가족의 범위와 관계에 대한 사람들의 인식을 구체적인 수치와 통계로 제시하고 있습니다. 2021년 조사 결과에 따르면 중장년층에서는 조부모나 친척까지 본인의 가족이라 생각하는 경우가 많지만, 핵가족이 익숙해진 젊은층에서는 부모, 형제 등 직계가족만 가족이라 답한 사람이 많아졌다고 합니다. 더불어 요즘은 반려동물, 반려식물같이 동식물을 가족으로 생각하는 사람들이 많아져 반려동물이 죽었을 때 휴가를 쓸 수 있게 해 주는 기업들도 등장하는 등 가족의 개념과 범위는 계속해서 변화하고 있습니다. 달라진 가족 형태에 관해 생각하며 수업을 시작합니다.

> **활동하기**

① 내가 정하는 미래 가족의 범위

책에서는 다양한 형태의 가족의 모습을 찾아볼 수 있습니다. 다음과 같은, 현재 우리나라 민법이 정해 둔 가족의 범위와는 사뭇 다르지요.

제779조(가족의 범위)
① 다음의 자는 가족으로 한다.
　1. 배우자, 직계혈족 및 형제자매
　2. 직계혈족의 배우자, 배우자의 직계혈족 및 배우자의 형제자매
② 제1항제2호의 경우에는 생계를 같이 하는 경우에 한한다.

현재 우리나라에서 인정되는 가족의 범위를 확인하고 난 뒤에는 미래의 가족 범위를 정의하고 그 근거를 찾아봅니다. 예를 들어 함께 사는 반려동물, 나중에 같이 살기로 한 친구, 어느새 정이 들어 버린 로봇까지 가족이라고 할 수 있을까요? 직계가족 이외의 존재들을 가족 구성원으로 포함할 수 있을지 학생들과 함께 논의해 봅니다.

이때 관련 사이트나 도서를 제시하면 좋습니다. 'KOSIS(국가통계포털)'에서는 '반려동물'이라는 키워드를 입력했을 때 현재 반려동물을 키우고 있는 가정의 백분율, 장례나 보호 복지 제도 등의 유관 사업과 제도를 알려 주고 있습니다. 또한 다양한 뉴스 기사를 제공하는 '빅카인즈'에서 '반려동물 상속' '반려동물 가족' 등을 검색했을 때 사회적 인식의 변화와 관련 사업을 소개하는 기사를 찾아볼 수 있습니다. 기사를 분석하고 정리하여 다양한 가족의 형태와 의미를 포함한 미래의 가족 범위를 스스로 재정의해 봅니다.

② 가족은 어디까지? - 가치수직선 토론

생활동반자법은 당사자 간 합의가 된 경우 생활동반자 관계를 형성하여 법적 가족에게만 주어졌던 의료결정권, 공공주택 주거권 등의 권리와 복지를 누릴 수 있도록 하는 법입니다. 2014년부터 지속적으로 논의되고 있지만 여러 반대 의견으로 발의와 폐기가 반복되고 있습니다.

교사는 생활동반자법이 무엇인지 학생들에게 설명하고, 해당 법안의 도입에 관한 가치수직선 토론을 진행합니다. 가치수직선 토론은 가치에 대한 의사 표시를 수직선 위에 나타내어 토론하는 기법입니다. 찬성과 반대로 나누어 토론할 때보다 주제에 대한 자신의 생각을 수월하게 말할 수 있고, 토론의 진행 상황과 결과를 가시적으로 볼 수 있다는 장점이 있습니다. 옳고 그름을 가리는 것이 아니라 다양한 생각과 가치판단에 따라 토의가 이루어지기 때문에 상대방의 가치관과 생각을 보다 폭넓게 존중할 수도 있습니다.

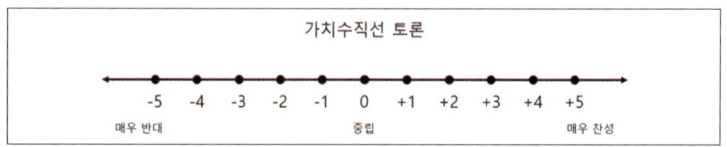

교사는 0을 기준으로 왼쪽은 -1, -2, -3, -4, -5, 오른쪽은 +1, +2, +3, +4, +5로 나타낼 수 있다고 안내합니다. 그다음 학생들이 생활동반자법에 관한 자신의 의사를 결정하고 자유롭게 토론하도록 합니다. 찬성 측은 생활동반자법을 왜 도입해야 하는지, 도입했을 때 장점은 무엇인지를 중심으로 정리하고, 반대 측은 생활동반자법을 도입했을 때 어떤 문제가 생길 수 있는지, 만약 법을 수정해 도입한다면 어느 부분을 바꿀 것인지를 중심으로 정리합니다.

토론이 끝난 후에는 토론 전후 나의 생각에 어떤 변화가 있는지 확인해 봅니다. 칠판에 적힌 가치수직선을 통해 생활동반자법, 나아가 가정에 대한 학생들의 생각을 한눈에 파악할 수 있습니다. 추가적으로 생활동반자법의 발의안과 해외 사례를 조사하며 활동을 마무리합니다.

마무리하기

책에 나왔던 다양한 가족의 모습 중 가장 기억에 남는 것이 무엇인지 떠올려 봅니다. 이러한 과정에서 학생들은 가족의 정의와 범위를 다시 한번 생각해 보는 것은 물론, 함께 살고 있는 사람만을 가족이라 부를 수 있는 것인지, 미래의 가족 형태는 어떻게 변화할지 등 기존의 인식을 확장하는 다양한 질문을 던질 수 있습니다. 나아가 당연하게 여겼던 가족 구성원에게 새삼 감사를 느끼거나 다양화된 가족 형태에 위로받기도 합니다. 가치관이 확립되지 않은 시기일수록 차이를 존중하는 태도를 갖기란 쉽지 않기에 학생들 간에 의견 차이가 생겨 날 수도 있습니다. 교사는 서로의 다름을 있는 그대로 존중하고, 진정한 가족이란 무엇일지 앞으로도 계속 고민해 보자고 이야기하며 수업을 마무리합니다.

함께 읽으면 좋은 책

■ 1-2학년
『네가 오는 날』 돌로레스 브라운 글, 레자 달반드 그림, 정화진 옮김, 창비교육, 2022
『우리는 보통 가족입니다』 김응 글, 이예숙 그림, 개암나무, 2021

■ 3-4학년
『가족: 함께 살 사람을 고를 수 있다면』 서보현 글, 우지현 그림, 우리학교, 2022
『두 배로 카메라』 성현정 글, 이윤희 그림, 비룡소, 2017

■ 5-6학년
『일회용 가족』 이봄메 글, 박연경 그림, 현북스, 2021
『햄릿과 나』 송미경 글, 모예진 그림, 사계절, 2019

여름

6월 5일 환경의 날
6월 25일 6.25전쟁일
7월 17일 제헌절
8월 14일 '일본군 위안부' 피해자 기림의 날
8월 15일 광복절
인성교육

환경의 날 [6월 5일]
모두가 공존할 수 있는 환경을 약속해요

　환경의 날은 유엔인간환경회의에서 지구환경 보전을 위한 공동의 노력을 다짐하며 제정한 날입니다. 환경의 날이 국제적인 기념일로 지정될 수 있었던 이유는 환경오염이 비단 다음 세대만의 문제가 아닌, 당장 우리가 당면한 심각한 과제이기 때문입니다.

　지구의 온도가 2℃ 이상 상승한다면 지구는 더는 인류가 살 수 없는 환경이 됩니다. 인류가 살아가려면 지구 온도 상승을 1.5℃ 이내로 억제해야 하는데, 이대로라면 2050년에는 지구의 온도가 2℃ 높아진다고 합니다. 따라서 우리에게 주어진 시간은 30년 정도에 불과합니다. 많은 기후학자들이 경고한 것처럼 이미 세계 곳곳에서 전조 증상이 나타나고 있습니다. 5개월 이상 지속된 호주의 산불, 녹아내리는 빙하와 영구동토층, 기록적인 폭우와 홍수 등 환경오염의 위험성이 직접적으로 피부에 와닿는 사건이 하루가 멀게 벌어지고 있습니다.

　우리나라는 어떨까요? 겨울인데도 기온이 따뜻하거나, 여름에 한 달 동안 장마가 지속되는 등 이상기후는 이미 일상이 되었습니다. 개화 시기를 종잡을 수 없는 벚꽃, 기후변화로 달라진 지역 특산물 지도, 무분별한 남획과 바다의 온도 상승으로 인해 더는 찾아볼 수 없는 동해안의 명태처럼 말이죠. 그러나 삶의 터전을 보존하기 위해 어떤 일을 해야 하는지 이미 알고 있음에도, 일상에서 환경 위기를 크게 실감하지 못한다는 이유로 이를 실천하는 사람은 많지 않습니다.

　따라서 본고의 환경교육이 지향하고자 한 방향은 다음과 같습니다. 첫째. 미래사회의 예비 시민이자 공동체 구성원으로서 학생들이 환경에 대한 책임 의식을 가지고 성장하도록 돕는 것. 둘째. 환경오염의 종류와 심각성을 알고 구체적인 대처 방안을 익히는 것. 셋째. 환경문제에 무력감을 느끼고 위기의식만을 키우는 것이 아니라 실천을 위한 의지를 일구어 나가는 것입니다.

　환경문제를 해결하기 위해서는 개인의 노력뿐만 아니라 기업과 정부의 적극적인 참여가 필요합니다. 영리적 이익을 추구하는 기업과 국민 정서에 의거하여 정책을 수립하는 정부가 발 벗고 행동하기 위해서는 시민의 인식 변화가 반드시 이루어져야 합니다. 미래사회를 이끌어 갈 학생들이 환경문제의 심각성을 알고 우리가 나아가야 할 방향을 제시한다면, 기업과 정부도 친환경적인 상품과 적극적인 환경 정책을 내놓을 것입니다. 환경교육이 형식적이고 일시적인 수업의 일환이 아닌, 삶의 태도를 바꾸고 더 큰 변화를 마련하는 발판이 될 수 있도록 관심과 노력을 기울여야 합니다.

『지구온난화가 가져온 이상한 휴가』
이윤민 글·그림, 미세기, 2020
추천 학년: 1~2학년

"이번 휴가는 너무 이상해요! 냄새나는 산이랑 바짝 마른 계곡, 새빨간 바다, 상어가 나타나는 섬…."

가족과 함께 떠난 여름휴가가 주인공 어린이의 시선으로 그려집니다. 학생들은 책의 앞부분을 읽을 때는 당연히 여름이니 덥다고 생각하고, 아스팔트에서 계란 프라이가 구워지는 장면을 볼 때는 까르르 웃습니다. 하지만 산에서 이상한 냄새가 나고, 계곡이 바짝 말라 있는 모습을 보며 무언가 잘못되었다는 것을 알게 됩니다. 지구온난화는 먼 나라의 일이 아니라 일상생활에 직접적인 영향을 주는 우리의 일임을 깨닫게 하는 책입니다.

들어가기

학생들에게 6월 15일은 우리나라 법정 기념일인 '환경의 날'이자 국제적인 기념일인 '세계 환경의 날'임을 안내합니다. 환경을 위한 노력은 전 세계가 함께 해야 하며, 환경을 지키기 위해 일상 속에서 어떤 노력을 해 왔는지 간단히 이야기해 보자고 하면 책을 향한 학생들의 관심을 유발할 수 있을 것입니다.

그런 뒤 학생들과 함께 책의 면지를 꼼꼼하게 살펴봅니다. 도로의 자동차에서 뿜어져 나오는 매연, 건물 외벽마다 달려 있는 에어컨 실외기가 모두 켜져 있는 모습을 보며 학생들은 책 제목 '이상한 휴가'가 환경오염과 관련 있음을 추측할 수 있습니다. 또한 "만약 책 속 상황에 우리가 놓여 있다면 어떨까요?" 하고 질문을 던져도 좋습니다.

활동하기

① 환경 지킴이 동서남북 게임

이상한 휴가가 아닌 재미있고 특별한 휴가를 즐기기 위해, 환경을 사랑하는 마음을 가지고 할 수 있는 일에는 무엇이 있을지 함께 생각해 봅니다. 비닐봉지 사용하지 않기, 에어컨을 트는 대신 부채 부치기 등 비슷한 답변들이 나올 것입니다. 학생들이 구체적인 예시를 답변하지 못한다면 교사가 더 좋은 답변을 유도하기 위하여 보다 자세한 상황을 담은 발문을 제시할 수 있습니다. 예를 들어 "급식을 먹을 때 우리는 환경을 위해 어떤 행동을 할 수 있을까요?" "식사 후 양치를 할 때 칫솔과 치약 그리고 또 무엇을 사용할 수 있을까요?" 등과 같은 질문입니다. 학생들이 답변한 내용은 칠판에 간략하게 판서하여 기록해 두고, 이후 동서남북 종이접기 도면에 적습니다.

비어 있는 종이 안쪽 면에 우리가 환경을 위해 이번 주에 지킬 수 있는 여덟 가지 미션을 간단하게 작성한 뒤, 영상이 제시하

종이접기 방법 영상

동서남북 종이접기 도안

는 순서에 따라 동서남북 종이접기를 합니다. 종이접기를 마친 후엔 학생들이 친구들과 함께 게임을 진행하며 환경을 사랑하는 마음을 함께 나눌 수 있도록 합니다.

② 지구와 행복한 겨울 휴가 일기 쓰기 ☻

앞선 활동에서 떠올린 환경 사랑 미션을 모두 수행한 후 떠나게 된 겨울 휴가 이야기를 일기 형식으로 써 봅니다. 이때 교사는 소복이 쌓여 있는 눈, 겨울에만 만날 수 있는 철새, 빙판 위를 가로지르는 겨울놀이 등 우리가 당연하다고 여겼던 겨울의 눈과 추운 날씨가 결코 당연한 것이 아니라는 사실을 이야기합니다. 학생들은 우리가 환경을 위해 노력해야만 익숙한 겨울의 모습을 지킬 수 있음을 깨닫고, 환경을 위한 다짐을 되새길 것입니다. 다음은 학생이 작성한 겨울 휴가 일기 예시입니다.

마무리하기

환경교육을 할 때 가장 중요한 점은 학생들이 환경문제를 스스로 인식하고 더 좋은 방향으로 발걸음을 옮길 수 있도록 이끄는 것입니다. 환경을 지키는 일이 곧 우리의 일상을 지키는 일임을 알고, 당장 오늘부터 차근차근 환경보호를 실천하고자 하는 마음을 갖게 되었다면 성공적인 환경교육이라 할 수 있습니다.

『재활용, 쓰레기를 다시 쓰는 법』
이영주 글, 김규택 그림, 사계절, 2020
추천 학년: 3~4학년

"그런데 말이야, 쓰레기를 꼭 버려야만 할까?"

환경보호 방법 중 가장 보편적이고 실천적인 '재활용'을 주제로 한 책으로, '우리가 무심코 버리던 쓰레기들이 꼭 그렇게 버려져야 했을까?'라는 묵직한 질문을 던져 줍니다. 재활용 마크 같은 실생활 지식이 담긴 것은 물론, 학생들이 생활 속에서 실감할 수 있는 내용이 수록되어 있어 중학년 학생들부터 고학년 학생들까지 모두 흥미롭게 읽을 수 있는 책입니다. 책을 읽고 쓰레기를 처리하는 개인의 습관이 개선된다면 환경오염을 예방하는 의미 있는 한걸음이 될 것입니다.

들어가기

친환경 마케팅이 대세인 요즘, 여러 친환경 상품의 사례를 소개합니다. 이때 친환경 상품임을 앞세워 광고하는 제품이라도 실제로는 환경에 도움이 되지 않을 수 있음을 꼭 이야기합니다. 소위 '그린워싱'으로 불리는, 친환경을 가장한 허위 광고 제품들을 가려 내기 위해서 어떤 지식이 필요할지, 나아가 재활용이 중요한 이유는 무엇일지 생각하며 책을 읽습니다. 그림과 토막글, 설명글을 활용하여 다채롭게 구성된 만큼 내용을 빠르게 파악하기보다는 요소들을 두루 살펴보며 천천히 익힐 수 있도록 지도하는 것이 적합합니다.

> 활동하기

① 신비로운 마크 vs 수상한 마크

　본문에서는 재활용품 종류를 구분하는 각종 표시를 '신비로운 마크'라고 칭하여 소개하고 있습니다. 책에서 소개된 마크 외에도 재활용할 수 있는 물건을 알려 주는 다양한 마크들을 소개합니다. 이후, 다양한 물건에 붙은 마크들을 살펴봅니다. 실제로 음료수 병, 스티로폼 포장 용기, 제품 케이스, 학용품 등 다양한 물건 속에서 재활용 마크를 찾아볼 수 있습니다. 발견한 마크가 책에서 소개한 신비로운 마크와 일치하는지 확인하며 책 내용을 되짚어 봅니다.

　이때 신비로운 마크를 따라하는 '수상한 마크'를 주의해야 합니다. 정부에서 인증한 신비로운 마크를 모방해 인증되지 않은 형태의 친환경, 재활용 마크를 새겨 마치 정부에서 인증받은 것처럼 혼란을 주기 때문입니다. 정부에서 인증받지 않은 수상한 마크가 새겨져 있는 상

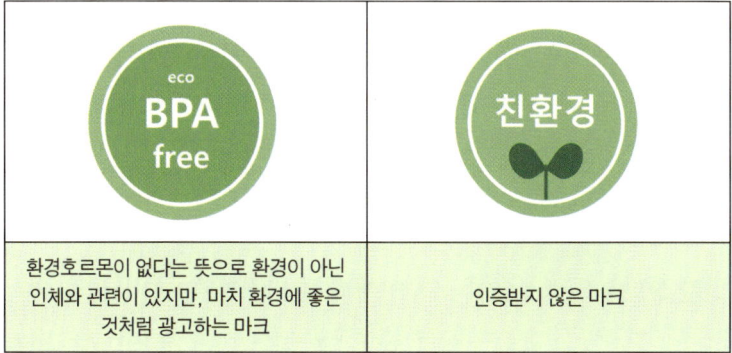

환경호르몬이 없다는 뜻으로 환경이 아닌 인체와 관련이 있지만, 마치 환경에 좋은 것처럼 광고하는 마크	인증받지 않은 마크

품의 사진이나 실제 상품을 살펴보며 신비로운 마크 형태를 정확히 알고 수상한 마크에 속지 않도록 주의합니다.

이번 활동을 바탕으로 앞으로 쓰레기를 버릴 때 재활용 마크를 확인하여 분리수거할 수 있도록 합니다. 충분히 재활용할 수 있었음에도 편의를 위해 물건을 버렸던 경험이 있다면 이야기 나누고, 각자 새로운 재활용 방안을 공유하며 활동을 마무리합니다.

② 내가 만드는 업사이클링 화분

업사이클링(upcycling)이란 기존에 버려지는 제품을 단순히 재활용하는 차원을 넘어서 디자인을 가미하는 등 새로운 가치를 창출하여 새 제품으로 재탄생하는 것을 말합니다. 코끼리 똥으로 만든 공책이나 재활용이 어려운 작은 플라스틱 조각을 모아 만든 치약짜개 등 실제로 판매하고 있는 업사이클링 제품부터, 헌 옷을 리폼한 가방이나 손수건까지 다양한 예시를 소개하고 직접 업사이클링을 해봅니다.

먼저 교사는 음료수 병이나 요거트 통처럼 화분으로 사용할 수 있는 재활용품을 깨끗이 세척하여 가져오도록 합니다. 모은 통의 날카로운 부분은 다듬거나 부드러운 천을 덧대고, 바닥에는 물이 빠질 수 있도록 물구멍을 뚫습니다. 화분보다 조금 작은 통은 적당한 높이로 잘라 물받침으로 사용합니다. 이때 화분 가장자리에는 구멍을 뚫지 않아야 화분에서 빠지는 물이 물받침에 잘 모여듭니다. 다 만든 화분에는 물을 자주 주지 않아도 되고 오래 사는 다육 식물을 심으면 좋습니다. 만든 화분은 집에 가져가거나 학교에 둘 수 있으며, 화분을 담을 비닐이나 종이가방은 집에서 가져오도록 해 추가적인 쓰레기가 발생하지 않도록 주의합니다.

직접 만든 화분에 심은 식물

마무리하기

    재활용은 실생활에서 실천할 수 있는 가장 손쉬운 환경운동입니다. 학생들은 일상생활에서 사용하는 물건들을 제대로 재활용하는 방법을 익힘으로써 실천적인 생활 습관을 만들어 나갈 수 있습니다. 교사는 재활용이 용이한 제품을 선택하는 소비부터 재활용 실천까지, 일상 속에서 생활 습관을 개선할 수 있도록 독려합니다.

    플라스틱이 완전히 분해되는 데는 최소 500년이 걸린다고 합니다. 1900년대에 최초로 만들어진 플라스틱도 아직 분해되지 않은 것입니다. 재활용품 리사이클링에 관심을 가지는 것도 플라스틱 문제의 훌륭한 대처 방안이지만, 궁극적인 해결을 위해서는 앞으로 플라스틱 사용을 줄여 나가야 함을 당부하며 수업을 마무리합니다.

『라면을 먹으면 숲이 사라져』
최원형 글, 이시누 그림, 책읽는곰, 2020
추천 학년: 5~6학년

"너희의 작은 실천이 이 지구 위에 사는 모든 생명과 생명 사이를 잇는 끈이 되어 줄 테니까."

고래똥 생태 연구소를 찾아온 동물 손님들이 들려주는 환경 이야기에는 다양한 환경문제와 대처 방법이 담겨 있습니다. 실제 사례와 귀여운 그림을 사용해 두꺼운 책에 부담을 느끼는 5, 6학년 학생들도 재미있게 읽을 수 있으며, 인식하지 못했던 일상 속 환경문제와 지구촌 생명들을 다시금 살펴볼 수 있는 책입니다.

들어가기

수업을 시작하기 전 학생들에게 라면을 좋아하는지 물어보고 다양한 반응을 듣습니다. 그다음 제목과 연결 지어 "라면을 먹으면 숲이 사라진다는 것은 어떤 의미일까요?" 하고 질문을 던집니다. 대부분의 학생들은 어리둥절해하거나 인과관계를 파악하기 어려워합니다. 라면을 제조할 때 들어가는 '팜유'를 만들기 위해 파괴된 숲에 관해 이야기해 주면 깜짝 놀라거나 불편해하기도 합니다. 맛있는 라면을 먹지 않는 것은 어려운 일이지만, 우리의 생활 습관을 바꾸는 것이 환경 보호에 큰 효과를 불러일으킬 수 있음을 설명하며 책을 소개합니다. 계절별로 단원이 나뉜 데다가 짧은 에피소드로 구성되어 있어 끝까지 읽지 않아도 그 의미를 충분히 파악할 수 있으며, 시간이 부족할 경우 수업 상황에 따라 관련된 주제 부분만 읽은 후 활동하는 것을 추천합니다.

활동하기

① 대체 물품 장바구니 만들기

환경오염을 줄일 수 있는 대체 물품을 찾아보는 활동입니다. 책에서 다양한 환경오염을 일으키는 생활용품과 대체 물품을 설명하고 있듯, 의식하여 둘러보면 우리가 평소에 구매하는 소비재는 환경에 도움이 되는 물건들로 충분히 대체 가능합니다.

먼저 교사가 다양한 쇼핑 품목을 제시하고, 학생들이 조별 활동을 통해 친환경적으로 소비할 수 있는 방법을 조사해 장바구니에 들어갈 물건을 적도록 합니다. 책에서 찾아낼 수 있는 항목(의류, 선크림, 라면 등)과 조사를 통해 알아낼 수 있는 항목(대체 플라스틱, 비누형 샴푸와 바디 워시 등)을 적절히 분배하여 제시합니다. 주방 세제 대신 설거지 바, 짜서 쓰는 치약 대신 고체 치약, 오리털이나 가죽 점퍼 대신 비건 가죽과 재활용 섬유를 활용한 옷까지 다양한 품목을 제시하고 조사할 수 있습니다. 활동을 마무리하며 다음 장바구니는 더 환경친화적인 물건들로 채울 수 있도록 다짐합니다. 이때 교사는 이미 사용 중인 물건을 버리는 것은 결코 환경에 도움이 되지 않는다는 사실을 이야기합니다. 나아가 물건들을 소중히 아껴서 오래 사용하되, 새 상품을 구매할 일이 생겼을 때 현명하게 소비할 수 있도록 환경을 아끼고 생각했던 오늘의 태도를 마음에 새깁니다.

② 고래똥 연구소의 막내 직원! 🐳

고래똥 연구소에는 환경오염과 동물권 침해로 고통받는 여러 동물들이 등장합니다. 돌고래 쇼를 위해 잡혀 온 제돌이, 제설 비용 문제로 소금 대신 환경에 좋지 않은 염화칼슘을 뿌리는 바람에 숨이 막히는 식물들, 발바닥에 화상을 입은 강아지, 패딩과 이불을 만들기 위해 가슴 털이 뜯긴 오리, 산호가 모두 죽어 집을 잃어버린 흰동가리의 이야기를 듣고 소장님은 적합한 해결 방안을 제시합니다. 학생들은 고래똥 연구소의 막내 직원이 되어 해당 사항에 관한 보고서를 작성해 보는 정리 활동을 진행합니다.

우선 연구소에 찾아온 동물들의 문제 상황을 서술합니다. 방문한 동물은 누구인지, 무슨 이유로 방문했는지, 동물이 가지고 있는 문제는 무엇인지 정리합니다. 방문한 동물이 가슴 털이 뜯겨 나간 오리라면 문제 상황으로 '방한 용품을 만들기 위해 살아 있는 동물의 털을 벗겨 내는 학대가 발생함'이라고 적을 수 있습니다. 두 번째로 비슷한 사건이 일어난 적이 있었는지, 이 사건을 해결하기 위한 해결 방법이 있을지 참고 자료를 조사합니다. 책 속 사건들이 현실을 기반으로 하기에 어렵지 않게 자료를 찾아볼 수 있습니다. 마지막으로 소장님이

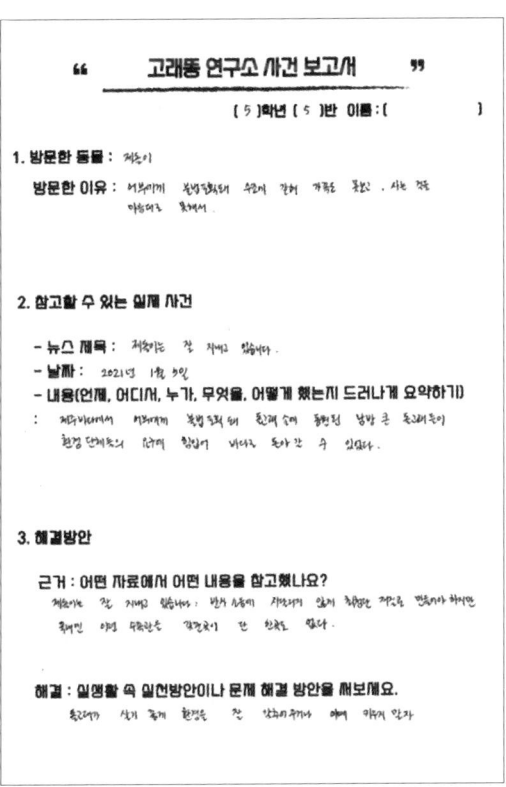

활동지 예시

제시한 해결 방법을 정리합니다. 예를 들어, 구스다운 대신 대체 섬유를 만드는 기업의 제품은 무엇인지, 친환경 충전재의 종류로는 무엇이 있을지 써넣을 수 있습니다.

직접 고래똥 연구소의 막내 직원이 된 학생들은 책임감 있게 사례 조사와 보고서 작성에 임하며, 인간이 환경문제의 원인이자 해결 방안이라는 사실을 깨닫게 될 것입니다.

> **마무리하기**

　환경교육을 실시할 때에는 그 심각성을 지나치게 강조하느라 개인의 행동이 유의미한 결과를 낳을 수 없을지도 모른다는 의구심이나 무력감을 주어서는 안 됩니다. 교사는 학생들이 생활 습관 개선과 현명한 소비를 통해 오염을 줄이고 환경보호에 일조할 수 있다는 효능감을 느끼도록 지도해야 합니다. 환경문제가 당장 우리에게 당면한 큰 과제임을 깨닫고 함께 행동을 촉구해 나갈 것을 다짐하며 수업을 마무리합니다.

🌂 함께 읽으면 좋은 책

■ 1-2학년

『상자 세상』 윤여림 글, 이명하 그림, 천개의바람, 2020
『이런 개구리는 처음이야!』 올가 데 디오스 글·그림, 김정하 옮김, 노란상상, 2018
『할머니의 용궁 여행』 권민조 글·그림, 천개의바람, 2020

■ 3-4학년

『쓰레기는 쓰레기가 아니다』 게르다 라이트 글·그림, 서지히 옮김, 배재근 감수, 위즈덤하우스, 2019
『지구를 살리는 특별한 세금』 전은희 글, 황정원 그림, 썬더키즈, 2022
『지구를 지키는 50가지 환경 미션』 변지선, 이은지 글, 주노 그림, 썬더키즈, 2022

■ 5-6학년

『플라스틱 행성』 게르하르트 프레팅, 베너 부트 글, 안성철 옮김, 거인, 2014

6.25전쟁일 [6월 25일]

역사를 바로 알고 평화로 나아가요

　1945년 제2차 대전이 종결됨에 따라 한국은 일본의 불법적인 점령으로부터 해방되었습니다. 그러나 주권을 되찾은 것도 잠시, 광복의 기쁨은 오래가지 못했습니다. 미국과 소련이 각각 남한과 북한에 주둔해 군정을 시행했고 결국 한반도는 정치적인 이념 차이로 인해 반으로 갈라졌습니다. 이후 공산주의 이념 전파를 위해 1950년 6월 25일 북한군이 38선 전역에 걸쳐 불법 남침하며 6.25전쟁이 발발하였습니다.

　6.25전쟁은 민주주의와 공산주의가 한반도에서 부딪친 체제 간의 전쟁이었습니다. 16개국이 참전했으며 40개의 유엔 회원국과 유엔전문기구가 각종 지원을 했습니다. 전쟁의 발발부터 휴전 후 경제 전반을 계획하는 과정에서도 남한과 북한 외의 수많은 나라의 간섭이 있었습니다. 6.25전쟁에서 발생한 비극적인 죽음과 갈등의 잔재는 아직까지 남아 있습니다. 그중 가장 대표적인 사례는 이산가족 문제입니다. 하나였던 나라가 이념 대립으로 인해 둘로 갈라지면서 사랑하는 가족들과 헤어지게 된 것입니다. 이산가족 문제는 현재까지도 지속되고 있는 민족의 큰 슬픔입니다.

　6.25전쟁은 한반도에서 가장 최근 발발한 전쟁이자 윗세대가 직접 경험한 사건입니다. 따라서 이를 교과서적으로 이해하기보다 많은 사람들의 희생과 복잡한 이해관계를 깊이 살펴봐야 합니다. 본문에서는 학생들이 역사적 사실을 아는 것뿐만 아니라, 전쟁으로 변화한 사회와 사람들의 일상을 담아낸 책을 추천했습니다. 이 계기교육을 이정표 삼아 학생들이 전쟁의 현실을 깨닫고 올바른 평화란 무엇인가 고민하며 나아갈 수 있기를 바랍니다.

『큰 기와집의 오래된 소원』
이규희 글, 김종민 그림, 키위북스, 2011
추천 학년: 1~3학년

"사람들은 전쟁이 끝났다고 좋아했어요.
하지만 전쟁은 아직 끝난 게 아니었어요."

전쟁이 시작되기 전, 전쟁 중, 전쟁 후. 큰 기와집의 감정 변화와 그 속에서 벌어지고 있는 일들을 삽화로 소개하는 책입니다. 가족 모두를 품어 주었던 큰 기와집은 우리 국토와 선조들이 전쟁의 참상으로 인해 겪은 변화를 차분히 응시합니다. 저학년 학생들을 대상으로 수업을 구성한 만큼 전쟁의 참혹성보다는 그로 인한 슬픔과 평화의 소중함을 일깨워 주는 책을 선정하였습니다.

들어가기

칠판에 '6 2 5' 숫자만 판서한 뒤, 이 숫자를 보고 무엇이 떠오르는지 질문합니다. 저학년 학생들은 6.25전쟁을 쉽게 떠올리지 못해 비밀번호, 선생님의 생일 등 다양한 답변을 하기도 합니다. 그다음으로는 6.25전쟁과 관련된 책을 읽어 본 적 있는지 학생들에게 묻습니다. 6.25전쟁을 잘 알지 못하는 학생들이 많을 경우 전쟁을 설명하는 짧은 영상 자료를 함께 시청하며 사전 지식을 쌓고 활동 동기를 유발합니다. 교사는 이번에 다룰 책이 큰 기와집이 전쟁을 바라보는 시선으로 이루어져 있음을 알려 주고, 학생들이 큰 기와집의 감정 변화에 집중해 책을 읽도록 안내합니다.

> 활동하기

① 큰 기와집의 표정 그려 보기

　이야기는 큰 기와집의 시선으로 전개됩니다. 전쟁이 시작되기 전 큰 기와집은 환갑잔치가 열리는 잔칫집의 모습으로 즐거워합니다. 하지만 전쟁 중에는 엉엉 울며 슬퍼하고 분노를 느끼며, 가족들이 무사하기를 기도합니다. 전쟁 후에는 피난을 떠난 가족들이 무사히 돌아오기를 기다립니다. 전쟁으로 인한 큰 기와집의 감정 변화와 온몸으로 전쟁을 겪어 낸 모습을 삽화 중심으로 함께 살펴봅니다.

　그런 뒤 전쟁 전, 전쟁 중, 전쟁 후라는 세 시기 중 하나를 골라 기와집이 짓고 있었을 표정을 상상해 그린 후 어떤 감정을 느꼈을지도 함께 적어 보는 활동을 합니다. 학생들이 내용을 기억하기 어려울 수 있으니 시기별로 있었던 사건을 간단히 설명해 주며 시작해도 좋습니다. 활동 진행 후에는 같은 시기를 고른 학생들이 상상한 기와집의 표정과 감정을 비교합니다. 시간 순서대로 칠판이나 게시판에 게시할 경우 보다 다양한 감정을 이해할 수 있습니다.

　큰 기와집의 표정은 전쟁을 겪은 우리나라 사람들의 감정을 대변하여 나타내고 있습니다. 따라서 큰 기와집의 감정 변화를 살펴보는 것은 전쟁을 겪은 우리나라 사람들의 마음을 자세히 파악하고 알아보는 것과 다름없습니다. 역사적 사실을 아는 것뿐만 아니라 함께 슬퍼하고 분노하는 것 역시 중요한 역사 교육 중 하나입니다. 전쟁을 겪으며 고통받았던 사람들의 슬픔과 아픔에 공감하고 더 나아가 학생들이 평화의 소중함을 깨닫길 바랍니다.

② 큰 기와집의 그림일기 쓰기

학생들이 큰 기와집이 되어서 6.25전쟁이 일어난 1950년 6월 25일의 그림일기를 써 보는 활동입니다. 이때 전쟁을 겪은 큰 기와집의 모습 위주로 그림을 그립니다. 큰 기와집이 눈물을 흘리는 모습, 가족들이 큰 기와집을 떠나 피난을 가는 모습, 폭격을 맞은 큰 기와집의 모습 등을 표현합니다.

일기를 쓸 때는 어떤 사건이 일어났는지 잘 드러내도록 합니다. 기와집이 겪은 일들과 이에 따른 감정을 구체적으로 적을수록 전쟁 중 발생한 사건과 사람들의 감정을 더 잘 이해할 수 있습니다. 교사가 "만약 오늘 전쟁이 일어난다면 여러분은 어떤 기분일까요?"라고 질문하면, 학생들은 '무섭다.' '겁이 난다.' '조마조마하다.' '화가 난다.' 등의 다양한 답변을 합니다. 답변을 칠판에 판서하고, 상황에 따라 다양한 감정 표현을 적절하게 활용하여 글을 쓸 수 있도록 지도합니다. 학생들은 '내가 만약 전쟁을 겪는다면?'이라는 가정 아래 일기를 써 나갑니다. 이러한 활동을 통해 학생들은 다시는 일어나선 안 될 전쟁의 참상을 잊지 않고 기억할 수 있을 것입니다.

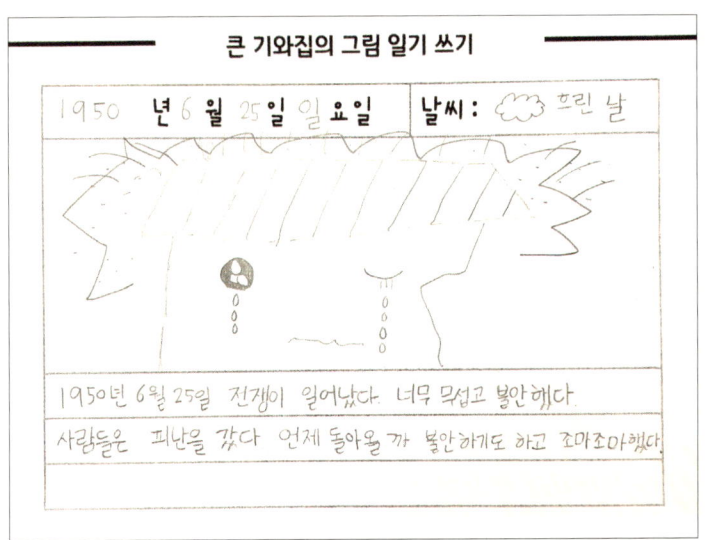

완성된 그림일기 예시

마무리하기

책의 마지막 장면에서 가족들은 전쟁은 아직 끝난 게 아니라고 이야기하며 대문 빗장을 풀어 둡니다. 가족들은 왜 끝끝내 빗장을 잠그지 않았을까요? 그 이유에 관해 이야기를 나눠 보자고 하면 학생들은 '아직 돌아오지 않은 가족을 기다리기 위해', '아직 전쟁이 끝나지 않았기 때문에'라고 추측합니다. 단순히 책의 내용만 고려하면 집으로 돌아오지 못한 가족들에 대한 그리움을 나타내기 위함이라고 볼 수 있지만, '전쟁이 아직 끝나지 않았다'는 말을 통해 이러한 아픔이 현재 진행형임을 생각해 볼 수 있습니다.

학생들과 의견을 충분히 나눈 뒤 교사는 결말을 다시금 살펴보며 "지금은 기와집의 빗장이 잠겼을까요?" 하고 질문을 던집니다. 이때 기와집이 겪은 전쟁은 우리나라의 가까운 역사 속의 일이었으며, 우리나라는 휴전국일 뿐 아직 전쟁이 완전히 끝나지 않았음을 알려 줍니다. 학생들은 마무리 활동을 통해 전쟁의 무게를 이해하며, 자신 또한 하루아침에 가족과 이별하거나 언제 돌아올지 모르는 가족을 기약 없이 기다리게 될 수 있음을 알고 다시는 이와 같은 아픔을 겪지 않기를 소망하게 될 것입니다.

『그해 유월은』
신현수 글, 최정인 그림, 스푼북, 2019
추천 학년: 4~6학년

"그렇게 끔찍하고 무서운 전쟁을 왜 해? 안 하면 되잖아?"

표지에 그려진 천진난만한 어린이들의 모습이 눈길을 끕니다. 역사동화 형식을 띠고 있는 이 책은 전쟁이 안겨 준 아픔을 잘 나타냅니다. 우정의 숲에서 함께 뛰놀던 친구들이 전쟁을 맞닥뜨리며 더 이상 함께하지 못하고, 피난을 떠나며 다른 친구들에게 편지를 남겨 놓는 등 어린이의 시선으로 6.25전쟁을 묘사하고 있습니다. 내용이 어렵지는 않지만 200쪽이 넘는 긴 호흡의 도서이기에 고학년 학생들에게 적합합니다.

들어가기

'6월' 하면 떠오르는 단어를 이야기해 보자고 하면 학생들은 여름이 오는 달, 장마 등 주로 날씨와 관련한 대답을 합니다. 이때 교사가 우리나라 역사와 관련하여 떠올려 보자고 힌트를 주면 현충일, 호국 보훈의 달, 6.25전쟁 등을 이야기합니다. 이야기의 시대적 배경이 6.25전쟁이 발발한 1950년대임을 알려 준다면 학생들은 우리나라의 뼈아픈 역사를 떠올리고 더욱 집중하여 책을 읽어 나갈 것입니다.

> 활동하기

① 전쟁과 나

　학생들이 전쟁의 어려움과 고난을 간접 체험할 수 있는 독서 중 활동입니다. 먼저 교사는 나에게 가장 소중한 것 열 가지를 자유롭게 적도록 안내합니다. 이때 소중한 것은 살아 있는 생명일 수도, 내가 가진 물건일 수도 있습니다. 학생들이 가족의 이름, 친한 친구, 핸드폰, 강아지, 아끼는 인형 등을 떠올렸다면 본격적으로 독서를 시작합니다.

　교사는 두 개 챕터를 읽을 때마다 자신이 메모해 둔 소중한 것 목록에서 하나씩 지워 나가야 함을 안내합니다. 책 속 주인공 종희가 피난 과정에서 가족과 헤어지거나 소중하게 여겼던 물건을 두고 가야만 했던 것처럼, 우리도 피난길에 올랐다는 가정하에 소중한 것들과 어쩔 수 없이 멀어지는 경험을 해 보는 것입니다.

　책을 끝까지 읽은 후에는 목록에 남아 있는 나의 소중한 사람이나 물건을 확인하고, 그것을 마지막까지 남겨 둔 이유를 작성합니다. 자신의 동생을 남긴 학생은 '아직 어린 동생과 헤어지고 싶지 않기 때문에' 핸드폰을 남긴 학생은 '떨어진 가족들과 계속 연락을 주고받아야 하기 때문에' 등의 이유를 써넣을 것입니다. 이러한 활동을 통해 학생들은 피난길에서 소중한 것을 잃어버린 조상들의 마음을 헤아려 보는 것은 물론, 6.25전쟁 당시 피난민들의 아픔에 공감하고 전쟁이 우리 모두에게 남긴 상처를 다시 한번 생각해 볼 수 있을 것입니다.

② 이산가족을 찾습니다

　1983년 KBS는 휴전협정 30주년을 기념하여 〈이산가족을 찾습니다〉라는 특별 방송을 진행했습니다. 사연판에 거주 지역, 가족의 이름, 사연을 적고 정해진 장소에서 사연판을 들고 있으면 아나운서가 사연을 소개하는 형식이었습니다.

　학생들에게 〈이산가족을 찾습니다〉 프로그램(family.kbsarchive.com)을 소개하고, 프로그램 영상이나 사진을 보며 간접적으로나마 이산가족의 아픔을 느껴 보게 합니다. 프로그램에서 소개된 실제 사례를 통해 헤어짐의 아픔과 고통, 평화의 중요성을 상기할 수 있을 것입니다. 교사는 아카이빙된 자료를 소개한 후, 이산가족 찾기 활동을 진행합니다.

　먼저 교사는 반 학생 수만큼 인적 정보 카드를 적습니다. '김철수와 한영희의 딸 1920년생 ○○○' '충북 청주에 살던 1890년생 ○○○' 등 시대상을 반영한 인적 정보 카드를 준비합니다. 이때 빈칸에는 반 학생들의 이름을 넣어야 합니다. 교사는 인적 정보 카드를 무작위로 나누어 주고, 학생들은 자신이 받은 카드를 보고 그 사람을 찾는 사연판을 만듭니다. 만든 사연판은 교실 곳곳에 붙여 둡니다.

　다음 단계로, 뽑은 인적 정보 카드를 다시 통에 넣고 섞은 뒤 나눠 가집니다. 이때 교사는 인적 정보 속에 반 친구들의 이름이 적혀 있음을 안내하고, 학생들이 제한 시간 안에 교실 곳곳에 붙어 있는 사연판 중 자신이 이름이 적힌 사연판을 찾도록 합니다. 실종자가 훨씬 더 많았던 당대 현실을 반영하기 위해 방금 제작한 사연판 외에도 미리 사연판을 여러 개 만들어 붙여 놔도 좋습니다. 사연판 찾기 활동을 하기 전, 교실에 붙은 사연판은 30장 내외지만 방송 당시에는 10만 건이 넘는 출연 신청이 쇄도했고, 138일이라는 긴 방송 기간에도 이산가족을 만나지 못한 가족들도 있었으며, 전쟁고아의 경우 외국으로 입양 되는 경우가 잦아 만남이 거의 불가능했다는 사실을 알려 줍니다.

활동을 마친 후엔 소감을 나눕니다. 전쟁은 끝나고 나서도 남은 사람들에게 큰 아픔을 준다는 사실을 깨닫고 평화를 지키고자 하는 마음을 다짐할 수 있습니다.

마무리하기

전쟁의 직접적인 영향권에 들지 않는 다수의 국가에서는 그 참혹함을 모르거나 잊고 지내는 사람들이 많습니다. 하지만 여전히 세계 곳곳에서는 크고 작은 전쟁이 벌어지고 있으며, 우리가 조금만 관심을 가지면 아프리카 내전, 유럽 국가들 간의 전쟁 등을 유튜브와 같은 매체를 통해 쉽게 접할 수 있습니다.

교사는 전쟁과 관련된 영상과 기사 등의 자료를 찾아 함께 시청합니다. 이때 전쟁의 참상이 적나라하게 드러나는 영상은 미리 걸러 내어 학생들에게 트라우마가 남지 않도록 유의해야 합니다. 과거의 일이라고만 생각했던 전쟁이 현재를 함께 살아가고 있는 지구촌 사람들의 일이라고 생각하는 과정에서 학생들은 게임이나 드라마를 접하며 가볍게 여겨 왔던 전쟁을 올바르게 인식할 수 있습니다. 교사는 전쟁이 우리가 당연하게 누리고 있던 일상을 송두리째 빼앗을 수 있는 커다란 사건임을 알려 주어 학생들이 전쟁이라는 개념에서 재미를 느끼기보다 경각심을 가질 수 있도록 합니다. 나아가 그런 경각심이 세계 평화를 지키고자 하는 마음으로 이어져야 함을 이야기하며 활동을 마무리합니다.

함께 읽으면 좋은 책

■ 1-2학년
『숨바꼭질』 김정선 글·그림, 사계절, 2018
『살구꽃 필 무렵』 박상재 글, 양세륜 그림, 나한기획, 2016

■ 3-4학년
『70년 만에 돌아온 편지』 장성자 글, 신진호 그림, 마루비, 2021
『우리 할아버지는 열다섯 살 소년병입니다』 박혜선 글, 장준영 그림, 위즈덤하우스, 2019

■ 5-6학년
『정애와 금옥이』 김정숙 글, 김병하 그림, 별숲, 2020
『한국 전쟁의 여섯 가지 얼굴』 김한종 글, 임근선 그림, 책과함께어린이, 2021

제헌절 [7월 17일]
국민의 행복과 질서를 위해 힘써요

　제헌절은 1944년 7월 17일 대한민국 헌법을 제정, 공포한 것을 기념하는 날입니다. 7월 17일에 헌법이 공포된 것은 1392년 음력 7월 17일에 건국된 조선 왕조와의 역사적 연속성을 나타내기 위해서입니다. 이렇듯 제헌절은 조선의 역사가 시작된 날이자 대한민국이 식민 통치에서 벗어나 헌법에 따른 민주주의 국가로 거듭났음을 뜻하는 날입니다.

　고조선의 8조법이나 함무라비법전이 아직까지 의미 있게 전해져 내려오는 이유는 무엇일까요? 국가의 법이 국가 운영 주체와 사회 생활상을 대변하며, 국가의 정체성과 방향을 제시하고 있기 때문일 것입니다. 헌법에 따라 법을 제정하며 국가를 운영한다는 것에는 단순히 국가의 기반을 마련하는 것 이상의 의미가 담겨 있습니다. 국민의 의사를 반영한 법을 제정하고 국가 통치와 정책 제안, 개인과 집단을 통제하고 관리하는 방식을 특정한 개인의 의사결정이 아닌 합리적인 합의와 소통을 바탕으로 이끌어 가겠다는 의지가 내재되어 있기 때문입니다.

　대한민국 헌법에는 국가의 근본과 국민의 권리와 의무 등 국가의 기틀에 관한 내용이 적시되어 있습니다. 다음은 대통령 취임식 선서문입니다. "나는 헌법을 준수하고 국가를 보위하며 조국의 평화적 통일과 국민의 자유와 복리의 증진 및 민족문화의 창달에 노력하여 대통령으로서의 직책을 성실히 수행할 것을 국민

앞에 엄숙히 선서합니다."

　선서에는 헌법을 보전하고 수호하고자 하는 의지가 담겨 있습니다. 나라의 최종 의사결정자인 대통령도 헌법을 우선해야 합니다. 법이 지켜지지 않는 세상에서는 개인의 안전도, 재산도, 사회적인 합의도 이행되지 않으며 어떤 생산적인 활동도 이루어질 수 없습니다. 법은 사회를 유지하고 공동체 구성원들의 신뢰를 담보할 수 있게 하는 최소한의 안전장치입니다.

　학생들은 대개 법을 어렵고 딱딱한 것이라 여기곤 합니다. 하지만 우리가 학기 초에 정하는 학급 규칙도, 학교도서관의 이용 규칙도, 학생자치위원회에서 결정하는 학교생활 규정도 헌법과 같이 공동체의 행복과 질서를 위한 약속임을 인지한다면 법을 보다 가깝게 느낄 수 있습니다. 제헌절 계기교육을 통해 법의 역할과 필요성, 법이 제정, 집행되는 과정을 살피고 법에 대한 의식을 확장해 나가다 보면 국민의 권리를 알고 사회에 관심을 가지는 대한민국의 주권자로서 성장할 수 있을 것입니다.

『국수를 금지하는 법이 생긴다고?』
제이콥 크레이머 글, K-파이 스틸 그림, 윤영 옮김,
그린북, 2023
추천 학년: 1~2학년

"코끼리, 곰, 기린, 말, 염소, 타조, 문어, 그 누구를 위한 법이든 캥거루를 위한 법과 같아야 해요."

국수광 코끼리네 마을에는 다양한 동물들이 있습니다. 그러던 어느 날 캥거루들이 '국수는 캥거루만 먹을 수 있다'는 법을 만들면서 코끼리와 다른 동물들은 국수를 금지당합니다. 공정한 절차를 따르지 않은 법이라도 따르는 것이 맞을까요? 법이 생활에 미치는 영향은 물론 법의 정의에 관해서도 깊이 생각하게 되는 책으로, 쪽수는 많지만 글밥이 적어 저학년 학생들도 부담 없이 읽을 수 있습니다.

들어가기

책 표지를 보고 내용을 추측해 봅니다. 가장 두드러지는 건 빈 그릇을 들고 서서 식은땀을 흘리고 있는 코끼리의 모습입니다. 코끼리 위에 적혀 있는 '국수를 금지하는 법이 생긴다고?'라는 제목은 코끼리가 어떤 상황에 처한 것인지 궁금증을 유발합니다. 배경으로 보이는 법정과 우측 상단에 적힌 '자유, 평등, 정의를 위한 법 이야기'라는 문구를 통해서도 책이 담고 있는 메시지를 유추할 수 있습니다. 학생들은 "세상의 모든 국수를 코끼리가 다 먹어서 의사 선생님이 코끼리의 건강을 염려해 국수를 금지하는 법을 만들었을 것이다." "동물들이 밥 대신 국수만 먹으려고 하기 때문이다." 등 다양하게 추측한 내용을 발표했습니다. 표지를 충분히 살펴봤다면, 면지에 흑백으로 그려진 마을 지도를 함께 봅니다. 학생들은 마을에 사는 다양한 동물 친구들의 삶이 담겨 있을 거라고 예상하며 책을 읽어 나갑니다.

활동하기

① 만약 나라면? 말풍선 채우기

학생들과 책을 끝까지 읽은 후, 법에 관한 개념을 정립할 수 있는 세 가지 질문을 합니다. 첫번째 질문은 '법은 무엇일까요?'입니다. 학생들은 법의 정확한 정의는 모르지만 함께 지켜야 하는 규칙이라는 것은 알고 있습니다. 두 번째 질문은 '법은 어떻게 만들어야 할까요?'입니다. 학생들의 답변을 듣고 국수광 코끼리가 사는 동네 법원에 쓰여 있는 자유, 평등, 정의의 뜻을 알아봅니다. 마지막 질문은 '법은 누가 만들어야 할까요?'입니다. 대부분의 학생들은 "대통령이 만들어야 해요." "경찰과 상의해서 만들어야 해요." "판사나 변호사가 맞는지 확인해 줘야 해요." 등 법과 관련된 직업군이 법을 만들어야 한다고 대답합니다. 교사는 방금 읽은 책에서는 캥거루가 대통령이고, 법조인이고, 경찰관이었다는 것을 짚어

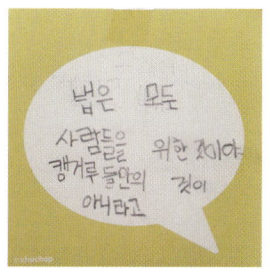

학생 대답 말풍선

주며 학생들이 법이란 우리 모두가 함께 만들어 가야 하는 것임을 깨닫도록 합니다.

그런 뒤 교사는 책 속에서 캥거루들이 자신들에게 유리한 법을 만들어서 다른 동물들의 자유를 제한하는 장면을 다시 살펴봅니다. '캥거루만 빼고 ~하는 것 금지!'라는 이야기를 들었을 때, 내가 만약 동물 친구들이라면 어떤 대답을 할 것인지 적습니다. 이때 나쁜 말을 사용하지 않고, 논리적으로 자신의 의견을 이야기해야 합니다. 욕설이나 비난하는 말은 강렬하지만 실제로 상대를 설득하는 효과는 떨어짐을 숙지합니다.

한데 모은 학생들의 말풍선

② 우리 교실의 법을 만들어요

학생들이 가장 가깝게 느끼는 법이 교실 속 학급 규칙인 만큼, 실제 학급 회의를 통해 우리 교실에 필요하다고 생각되는 규칙과 그 이유를 정해 봅니다.

학급 회의를 진행하는 동안 가장 중요한 점은 어떤 규칙이 생기든 상관없다며 무신경한 태도를 보이는 학생이 없도록 하는 것입니다. 교사는 급식을 먹을 때 배식 순서를 어떻게 하면 좋을지, 학급에 비치된 보드게임이나 책을 이용할 때 우선순위는 어떻게 둘지 등 학생들이 실제로 관심을 가질 만한 사안을 논의할 수 있도록 합니다. 구체적인 예시와 상황을 들수록 더욱 효과적인 활동이 될 수 있습니다. 모두가 관심을 갖고 참여해서 정의롭고, 평등하고, 자유로운 우리 교실만의 법을 만들어 봅니다.

마무리하기

책을 읽기 전 '법' 하면 생각나는 단어를 모두 이야기해 보자고 하면 검사, 죄, 감옥, 벌금, 학교폭력처럼 주로 법을 지키지 않는 행위나 위법 시 받게 되는 처벌에 대한 단어를 많이 떠올립니다. 법은 정해져 있는 것이고 반드시 지켜야 한다고 생각하기 때문입니다. 또 법 자체에 대한 언론 기사보다 사회에서 일어나는 범죄와 처벌에 관한 자극적인 소식을 많이 접하기 때문이기도 합니다. 하지만 책을 읽고 활동을 하며 법이란 사회의 규칙이며, 시민 스스로 법에 관심을 갖고 지켜 나가야 하는 것임을 깨달을 수 있습니다. 교사는 수용적인 태도로 법을 지키는 것에서 나아가 적극적인 민주시민으로서 합리적인 법 운영법과 개선안을 고민해 볼 것을 안내하며 활동을 마칩니다.

『너구리 판사 풍풍이』
김대현, 신지영 글, 이경석 그림, 창비, 2013
추천 학년: 3~4학년

"다툼이 생길 때마다 법을 적용하면 다툼이 크게 번지지 않고, 공평하게 해결되죠."

여러 동물들이 모여 사는 행복마을. 종종 다툼이 일어나긴 하지만 너구리 판사 풍풍이는 법을 적용해 어려운 사건도 척척 해결합니다. 이 책은 학생들과 함께 고민해 보면 좋은 다섯 사건을 소개합니다. 각 사건의 재판 과정을 만화 형식의 삽화로 그려 내어 중학년 학생들도 쉽게 읽을 수 있습니다. 또한 판사의 판결 이유와 재판 이후의 뒷이야기를 보여 줌으로써 세상을 살아갈 땐 법뿐만 아니라, 도덕성, 우정, 배려 등의 덕목도 필요하다는 사실을 전달합니다.

들어가기

　3, 4학년 학생들은 평소 주변 어른이나 언론 매체를 통해 법에 관한 이야기를 접해 본 적이 있을 것입니다. '법'이라는 단어를 들었을 때 생각나는 단어나 느낌을 자유롭게 이야기합니다. 규칙, 약속 등 법의 개념부터 무섭다, 어렵다 등의 감상이나 촉법소년, 무기징역 등 처벌에 관한 단어들이 나올 것입니다.

　법의 개념을 환기한 후, 교사는 이 책이 마을 동물들 간의 갈등을 법으로 해결해 주는 너구리 판사 풍풍이 이야기를 담고 있음을 안내하고 함께 책을 읽어 나갑니다.

> **활동하기**

① 법정 드라마 연극으로 표현하기

책에는 재판 진행 과정이 생생한 만화 형식으로 표현되어 있어 학생들이 재판 과정을 이해하기 좋습니다. 따라서 이번에는 학급 인원수에 맞게 조를 나눈 뒤 다섯 가지 이야기 중 하나를 선택해 재판 과정을 연극으로 표현하는 활동을 합니다. 만화 형식의 삽화 말풍선에 쓰여 있는 글을 참고하여 학생들이 직접 연극 대본을 작성하고 역할을 분담합니다.

학생들이 연극 대본을 작성하기 전에 연극을 더욱 실감 나게 진행할 수 있는 방법을 소개합니다. 첫째, 만화 형식의 삽화를 참고하여 대본을 작성하지만 모든 동물의 대사를 그대로 쓰지 않습니다. 동물들 사이에서 일어난 갈등을 집약적으로 드러내는 주요 대사를 10개 이내로 작성합니다. 판사 퐁퐁이의 대사는 마지막 판결 부분만 요약해 옮깁니다. 둘째, 연극 대본을 작성할 때 국어 교과와 연계하여 대사마다 캐릭터의 감정과 표정을 병기합니다. 캐릭터의 감정을 잘 표현해 둔다면 더욱 생동감 넘치고 재미있는 연극을 꾸밀 수 있습니다. 마지막으로 학생들이 재판 과정을 재구성하여 대본을 작성하면 3분 이내의 연극으로 진행합니다.

책 속 동물들 사이에서 일어난 사건과 판결이 실제 대법원 판례를 재구성한 것임을 알려 주면 학생들이 더 재미있게 참여할 것입니다.

또한 책을 읽으며 너구리 판사 퐁퐁이의 판결을 납득하지 못했던 학생도 직접 연극을 준비하고 역할을 연기하는 과정에서 판결을 이해하게 됩니다. 법의 판결은 일의 원인과 결과뿐만 아니라 사건이 발생한 상황, 행위의 의도 등 다양한 요소를 고려한다는 것을 직접 사건의 주체가 되어 봄으로써 느끼기 때문입니다. 이러한 활동을 통해 학생들은 판결의 과정 및 배경을 깊이 이해하면서 법에 더 많은 관심을 기울이게 될 것입니다.

② 만약에 법이 없다면?

행복마을에서 벌어진 사건들은 모두 누구의 잘못인지 가리기 어려운 것들이었습니다. 마을의 법과 판사 퐁퐁이가 아니었다면 하이에나와 표범처럼 오랫동안 싸우기만 했을지도 모릅니다. 생활 속에서 생겨나는 각종 문제와 법정 다툼은 행복마을만의 일이 아닙니다. 우리 학교에서도, 나라에서도, 전 세계에서 잘잘못을 따져야 하는 일들이 많이 존재합니다.

만약 법이 없다면 어떻게 될까요? 법이 없다면 사회가 얼마나 혼란해질지, 생활에 어떤 어려움이 생길지 상상하여 책의 뒷이야기를 새로 써 보는 시간을 보냅니다. 이러한 과정을 통해 학생들은 다툼을 어떻게 해결할지, 잘못의 여부를 누가 판단해야 할지 생각해 볼 수 있습니다. 나아가 우리가 당연하게 누리고 있는 일상이 법의 보호하에서만 가능한 것임을 깨닫게 됩니다.

③ 우리 반 솔로몬을 찾아라!

학생들은 책에 소개된 내용 외에도 다양한 판례를 알아보며 직접 판결을 내려 보고 싶다는 생각을 하기도 합니다. 생활법률정보 홈페이지 '솔로몬의 재판' 게시판에는 현실적인 판례와 평소에 사람들이 궁금해할 만한 법률에 대한 설명이 다수 제시되어 있습니다. '어린이나 청소년도 혼자 전동 킥보드를 타도 될까요?' '도서관 소장 자료를 핸드폰으로 촬영해도 될까요?' 등 어린이의 삶과 관련이 깊은 판례들을 살펴봅니다.

솔로몬의 재판 링크

게시판에 올라온 사건들은 책 속 퐁퐁이가 맡았던 재판처럼 양쪽 입장 모두 타당해 보입니다. 교사는 사건의 개요와 두 입장을 읽고 어느 쪽의 손을 들어 줄지 학생들이 직접 판결해 보도록 합니다. 판결 후에는 '결과보기'를 눌러 실제 대법원은 어떤 판결을 내렸는지 알아봅니다. 판결을 맞게 내린 학생들은 계속해서 다음 사건의 판결을 내리고, 마지막까지 맞는 판결을 내린 학생 한 명을 선정합니다. 모든 판결 결과를 맞힌 학생을 우리 반 솔로몬으로 임명합니다. 우리 반 솔로몬은 객관적인 입장으로 반에서 일어난 갈등에 대해 조언해 주어야 합니다.

학생들은 직접 판사가 되어 봄으로써 세상에는 우리가 상상하지 못할 만큼 다양한 의견과 그로 인한 다툼이 있음을 깨닫고, 법의 가치와 중요성을 다시 한번 인식합니다. 또한 생생한 재판의 모습을 보며 법을 이해하는 데 있어 가장 중요한 논리적인 사고력을 길러 나갑니다.

마무리하기

책을 읽기 전 법에 대한 이미지와 현재 생각하는 법이 어떻게 달라졌는지 발표해 봅니다. 학생들은 "이전에는 법이 어렵고 무서운 것, 나와는 거리가 먼 것이라고 생각했는데 지금은 아니에요!" "법은 사적인 감정을 배제하고 모두에게 공평하게 적용되어야 하는 우리 생활에 꼭 필요한 것이에요."라고 이야기했습니다.

마지막으로 책에 나온 너구리 판사의 다섯 가지 원칙을 크게 적어서 교실에 게시하여 학급생활 속에서도 합리적이고 논리적인 의사 결정을 내릴 수 있도록 합니다. 나아가 앞으로 우리 반에서 갈등이 일어났을 때 이러한 원칙을 토대로 갈등을 해결할 것을 약속합니다.

『**국회의원 서민주, 바쁘다 바빠!**』
안점옥 글, 유설화 그림, 사계절, 2014
추천 학년: 5~6학년

"국회의원이 나라의 정책을 세우는 가장 직접적인 방법은 국회에 상정되는 수많은 법률안에 찬성 또는 반대를 하는 것입니다."

출근길에 휠체어 리프트 사고를 목격한 의사 서민주. 다치고도 권리를 보호받지 못하는 사람들을 보호하고 사고를 예방할 방안을 고민하던 서민주는 결국 국회의원이 되기로 결심합니다. 이 책은 서민주가 국회의원이 되는 과정과 장애인 이동권 보장법이 본회의를 통과하기까지의 과정을 실제와 같이 자세하게 서술하고 있습니다. 분량이 많지 않고 중간중간 만화가 삽입되어 쉽게 읽을 수 있지만, 사용하는 용어가 쉽지 않은 데다가 상황을 이해하기 위한 배경지식과 추론 능력이 필요해 5, 6학년 학생들에게 적합합니다.

들어가기

국회는 입법기관입니다. 개인의 권리를 보장하고 분쟁을 조정해 사회질서를 유지할 수 있도록 법을 만들고, 수정하고, 폐기합니다. 학생들은 국회의원이 법과 밀접히 관련되어 있다는 것을 어렴풋이 짐작하나, 법과 국회의원의 관계나 법이 제정되는 과정에 관해서는 정확히 알지 못합니다. 그렇기에 교사는 학생들이 국회의원을 '~과정을 통해 당선되어 ~하는 사람이다.'라는 한 줄로 정리해 보도록 합니다. 실제로 책 속에서도 입안 과정을 통해 사람들의 생활이나 인식이 개선되는 모습을 보여 주고 있는 만큼, 법 제정은 사회적으로 매우 중요하고 일상과도 직결된 일임을 확인할 수 있습니다.

활동하기

① 학급 규칙 바꾸기

학급 규칙을 칠판에 나열하고, 이중 개정이 필요한 규칙은 무엇일지 의논해 보는 활동입니다. 예를 들어 '수업 시간 화장실 이용 금지'의 경우, 요의는 생리 현상이기 때문에 수업 시간에도 급한 일이 있다면 화장실을 이용해도 된다는 의견을 낼 수 있습니다. 이처럼 처음에는 지켰던 학급 규칙도 공익을 위해 제정·개정·폐지할 수 있음을 생각해 봅니다.

다양한 의견을 나눴다면 학급 회의를 열어 해당 안건을 함께 의논하고 학급 규칙을 결정합니다. 이 활동을 할 때 유의할 점은 다수의 동의를 얻은 규칙일지라도 헌법(교칙)에 위배되지 않아야 한다는 것입니다. 몇몇 학생들은 체육과 같은 특정 과목의 수업 빈도나 쉬는 시간 늘리기 등 개인의 선호나 편의에만 초점을 맞춘 안건을 내놓기도 합니다. 따라서 교사는 사전에 기준을 잘 명시하여 실질적인 규칙을 만들 수 있도록 합니다.

② 관심 있는 진로 분야의 법을 찾아보기

내가 원하는 진로를 설정하고 관련된 법을 찾아본 뒤 발표합니다. 국가법령정보센터(law.go.kr)에 접속하면 검색을 통해 다양한 법 원문을 살펴볼 수 있습니다. 이때, 관심 있는 직업과 관련된 모든 법을 다 찾아볼 필요는 없습니다. 지엽적인 부분만 살펴보아도 법의 구조와 기능, 실제 업무에 관한 지식을 파악하는 데 도움이 되기 때문입니다.

조사를 마친 뒤에는 자기가 원하는 희망 진로는 무엇인지 소개하고 가장 인상 깊었던 법과 그 이유를 설명합니다. 예를 들어 내가 원하는 직업이 의사라서 의료법을 조사했다면 '의사, 치과의사, 한의사는 생명과 신체에 큰 손상을 가져올 수 있는 수술을 앞둔 경우 환자에게 이에 대하여 설명하고 문서로 동의를 받아야 하지만, 수술이 늦어져 생명이 위험하거나 장애를 가져오는 경우에는 그렇지 아니할 수 있다.'라는 법률을 발견할 수 있을 것입니다.

만약 유튜버나 프로게이머같이 아직 관련법이 제정되지 않았거나 원하는 진로를 정하기 어려울 시, 방송과 관련된 법을 살펴보거나 게임 문화에 관한 법을 찾아보는 식으로 활동을 진행할 수 있습니다. 학생들은 이러한 활동을 통해 진로에 관심을 가질 뿐만 아니라, 일상생활 속 모든 것이 법과 연결되어 있다는 것을 알아차리며 법의 중요성을 깨닫게 될 것입니다.

③ 어린이를 위한 입안해 보기

국민참여입법센터(opinion.lawmaking.go.kr)에서는 국회의원의 발의안을 실시간으로 확인할 수 있고, 입법이 예고된 법령에 찬성 또는 반대 의견을 남길 수 있습니다. 이는 누구나 법령 정비 의견을 제안하고 어려운 법령 용어를 신고할 수 있는 개방형 소통 채널입니다.

교사는 입안 활동을 하기 전 국민참여입법센터 홈페이지를 살펴보며 사람들이 어떻게 입안을 제안하는지 살펴보자고 이야기합니다. 하루에도 수많은 법안이 발의되고 진행되고 입법되는 것을 보면 법이 실생활과 밀접해 있는 만큼 많은 사람들이 관심을 기울이고 있다는 사실과 법의 중요성을 알 수 있습니다.

그 후 국민참여입법센터에서 개정되어야 하는 법이나 입법을 원하는 법안을 실제로 제안해 봅니다. 환경, 가정, 교육, 동물, 식품, 매체 등 평소 자신이 관심 있던 분야의 법 개정을 주장하거나 어린이 교통안전을 위한 법, 아동 폭력에 대한 강력한 처벌, 노키즈존 폐지 등 어린이들의 실생활에 관련된 법을 발의할 수 있습니다.

실제로 법안이 채택될 가능성은 희박하지만 의견을 낼 수 있는 창구를 알고 직접 의견을 내 보는 과정은 학생들의 사회적 참여에 관한 효능감을 높여 줍니다. 멀게만 느껴지는 입법은 사실 많은 관심과 참여 속에서 이루어집니다. 꼭 서민주처럼 국회의원이 되어야만 입법을 할 수 있는 게 아니라, 법에 관심 있는 누구나 참여할 수 있는 것입니다.

마무리하기

다양한 활동을 통해 학생들은 사회 시간에 배웠던 법과 정치에 관한 개념을 실생활에 접목해 이해할 수 있습니다. 마무리로는 자신들이 해 본 활동을 직접 평가해 봅니다. 활동이 학급의 법(교칙)을 어긴 사례는 없었는지, 공익을 위한 활동이 되었는지 등을 평가할 수 있게 지도하고, 부족한 점이 있었다면 개선하기 위한 방법도 함께 논의합니다.

🌂 함께 읽으면 좋은 책

■ 1-2학년
『두 마리 당장 빠져!』 신디 더비 글·그림, 이숙진 옮김, 천개의바람, 2021

■ 3-4학년
『누가 가장 큰 죄를 지었나?』 장 드 라 퐁텐 글, 올리비에 모렐 그림, 김현아 옮김, 한울림어린이, 2018
『여기는 바로섬 법을 배웁니다』 안소연 글, 임광희 그림, 천개의바람, 2019

■ 5-6학년
『나몰라 아저씨, 여기서 이러시면 안 돼요!』 게라르도 콜롬보, 마리나 모르푸르고 글, 일라리아 파치올리 그림, 김현주 옮김, 책속물고기, 2015
『엄마한테 맡긴 세뱃돈, 돌려받을 수 있나요?』 양서윤 글, 최연지 그림, 개암나무, 2022
『예링 아저씨네 비밀 정원』 김미애 글, 이주희 그림, 주니어김영사, 2019
『헌법을 읽는 어린이』 임병도 글, 윤지회 그림, 사계절, 2017

'일본군 위안부' 피해자 기림의 날 [8월 14일]
가슴 아픈 과거를 잊지 않기로 다짐해요

 2021년 7월 14일, '일본군 위안부' 문제에 대한 일본 정부의 공식 사과와 배상을 촉구하기 위해 매주 수요일 주한일본대사관 앞에서 열린 수요 집회가 1,500회를 맞았습니다. 하지만 '가장 오랫동안 지속된 집회'라는 기네스북 기록을 가진 수요 집회는 그 의미와 가치에 비해 크게 주목받지 못했고, 이는 저조해진 대중의 관심과 열악한 인식, 미완한 역사를 단편적으로 보여 주고 있습니다.
 1998년 정부에 등록된 '위안부' 피해자 240여 명 중 2023년 2월 기준, 10명만이 생존해 있습니다. 해당 사건을 증언할 수 있는 인원이 점점 줄어들고 있는 가운데 일본 정부의 진정성 있는 사과와 인정은 아직 요원한 상황입니다. 오늘날 부강한 대한민국에서 자라난 학생들이 과거 우리나라가 이런 비극적인 일을 겪었다는 것을 상상하기란 쉽지 않습니다. 하지만 '일본군 위안부'는 엄연히 피해자가 생존해 있는 전쟁범죄이며, 우리가 제대로 알고 기억해야 하는 역사적 사건입니다. 과거의 잘못된 일을 바로잡고 과거를 거울삼아 다시는 이런 비극이 일어나지 않도록 해야 합니다.
 일본에게 성적 착취를 당한 피해자를 이르는 말은 '일본군 위안부'입니다. '정신대'는 남녀 불문 일본이 국민들을 동원한 인력 동원 정책입니다. '종군위안부'

는 자발적으로 '위안부'가 되었다는 뜻이므로 절대 사용되어서는 안 되는 표현입니다. '일본군 위안부'는 가해자인 일본군을 명시함으로써 국가 차원에서 강제로 저지른 범죄임을 표현하는 말입니다. '위안부'라는 명명 자체가 잘못되었다는 의견도 있습니다. 위로하여 마음을 편안하게 하는 부녀자라는 표현이 피해자들에게 상처를 준다는 것이죠. 따라서 '일본 성노예 피해 할머니'라고 써야 한다는 주장 또한 최근 힘을 얻고 있습니다. 본 도서에서는 '일본군 위안부'라는 용어를 사용하고자 했습니다. 교사가 학생들을 지도할 때 역시 실수로 과거에 잘못 사용되었던 명칭을 사용하지 않도록 사전에 명확히 짚어 줘야 합니다.

 이번 계기교육 주제에는 우리의 가슴 아픈 역사가 담겨 있는 만큼 다양한 학년군에 맞는 교육이 필수적입니다. 학년 수준에 적절한 도서를 선정하고, 그에 맞는 독후활동을 계획하는 과정에서 왜곡 없이 온전한 의미를 전달하기 위하여 고심했습니다.

『박꽃이 피었습니다』
문영숙 글, 이영경 그림, 위즈덤하우스, 2019
추천 학년: 1~3학년

"하얀 무명옷을 입은 엄마가 지붕 위에 핀 박꽃처럼 보였어."

'일본군 위안부'라고 하면 그들이 일본에만 있었다고 아는 사람들이 많습니다. 그러나 일본군은 대한민국은 물론 아시아 여러 지역 여성들을 강제로 끌고 가 일본군 '성노예'로 삼았습니다. 이 책은 돈을 벌고 공부도 할 수 있다는 말에 속아 추크섬으로 끌려간 순이의 이야기를 담고 있습니다. 묘사가 자세하지 않지만 일본군의 잔혹성과 피해 여성들의 몸부림은 충분히 이해할 수 있도록 그려져 있어 저학년 학생들과 함께 읽기에 좋습니다. 결국 집으로 돌아오지 못하고 추크섬에서 생을 마감한 순이의 이야기를 통해 학생들이 조금이나마 '위안부' 문제의 심각성을 받아들일 수 있으면 좋겠습니다.

들어가기

학생들에게 '일본군 위안부'에 관해 알고 있는지 질문합니다. '가끔 뉴스에서 봤다.' '소녀상을 본 적이 있다.' 등의 반응이 나올 수 있으나 1, 2학년 학생은 아직 일제강점기와 '위안부' 등 우리나라의 역사적 배경을 정확히 인지하지 못하고 있는 경우가 많습니다.

교사는 수업에 들어가기 전 '일본군 위안부'의 개념을 설명합니다. 자극적인 단어는 최대한 제외하고 1, 2학년이 받아들일 수 있는 단어를 사용해 '일본군 위안부'가 무엇인지, 우리나라와 일본이 어떤 관계였는지 알려 줍니다. 이때 저학년 학생들이 '일본군 위안부' 개념을 곡해하지 않고 올바르게 이해할 수 있도록 각별히 주의를 기울여야 합니다.

> **활동하기**

① '위안부'는 세계 곳곳에

세계 여러 나라에 대해 배우는 시점이 2학년부터인 만큼, 1학년보다는 2학년에게 권장하는 활동입니다. 먼저 교사는 "일본군 위안부는 일본에만 존재했을까요?" 하고 질문을 던진 뒤 학생들의 답변을 듣습니다. '일본군 위안부'는 일본으로만 끌려간 것이 아니었으며 우리나라 사람만 있었던 것도 아닙니다. 제2차 대전을 일으킨 일본군이 가는 곳이라면 어디든지 끌고 갔습니다. 교사는 세계지도를 사전에 준비하여 나눠 주거나 교과서에 실려 있는 지도를 활용해 일본군이 전쟁을 일으켰던 지역과 '일본군 위안부'가 있었다고 증언되는 지역을 표시하도록 합니다. 그런 뒤 지도에 점점이 찍힌 표시를 보고 느낀 점을 이야기 나눕니다. '마음이 아파요.' '슬프고 끔찍해요.' 등 학생들의 다양한 반응을 이끌어 낼 수 있습니다. 또한 교사는 이미 지나간 일이라 할지라도 일본이 져야 할 윤리적, 인권적 책임이 사라지는 것은 아님을 짚어 주도록 합니다.

② 그리움의 한마디

　순이는 어린 나이에 일본군에게 속아 저 멀리 남태평양 한가운데에 있는 추크섬으로 끌려갔습니다. 한국으로 돌아오지 못하고 그곳에서 생을 마감하기까지, 순이는 고향과 가족들을 무척 그리워했습니다. 교사는 이러한 내용을 돌이켜 보며 학생들이 순이의 입장이 되어 보도록 합니다.

　먼저 교사는 지붕을 제외한 순이네 집 이미지를 커다란 도화지를 활용해 만듭니다. 꽃 모양 인쇄물은 미리 준비한 다음 활동 시작 전 학생들에게 나눠 주고, 이 꽃들을 예쁘게 색칠하여 순이의 집 지붕을 꾸며 볼 것이라고 이야기합니다. 학생들은 색색의 채색 도구를 활용해 꽃을 칠해 나갈 것입니다.

색색의 꽃으로 꾸민 순이네 집 지붕

그다음으로는 가족들과 떨어진 어린 순이가 가족에게 딱 한 마디를 전할 수 있다면 어떤 말을 했을지 상상하여 종이 뒷면에 적어 봅니다. 모두 완성했다면 그리움의 한마디가 적힌 꽃 모양 종이로 학급 게시판을 꾸미고, 순이가 겪은 가슴 아픈 일을 오래도록 기억하자고 다짐합니다. 투명 아크릴판에 붙여 교실에 전시한다면 앞면은 예쁜 꽃, 뒷면은 그리움의 말들을 볼 수 있어 전시 효과가 배가될 것입니다.

마무리하기

'일본군 위안부' 계기교육이 단순히 '불쌍하다.' '사과받아야 한다.'는 감상으로 끝나서는 안 됩니다. 전쟁 성폭력은 우리의 선조이자 현재 생존해 있는 피해자들이 겪은 일이고, 현재 지구 어딘가에서 벌어지고 있을지 모르는 일이기도 합니다. 그렇기에 교사는 학생들이 관조적인 태도로 감상을 나누는 데에서 그치지 않고 우리 민족의 역사를 비추어 오늘날 당면한 문제들을 직시할 수 있도록 합니다. 과거를 바로 아는 자만이 이 같은 비극이 되풀이되는 걸 막을 수 있음을 이야기하며 활동을 마칩니다.

『나비가 된 소녀들』
정란희 글, 이영림 그림, 현암주니어, 2017
추천 학년: 4~6학년

"나는 다시는 소녀들을 잃어버리지 않겠다고 다짐했다."

필리핀인 엄마와 한국인 아빠 사이에서 태어난 나연. 나연이의 엄마는 이주 여성과 '위안부' 등 사회에서 소외된 이들을 열정적으로 돕습니다. 나연이의 엄마가 열심히 공부를 하도록 마음먹게 해 준 할머니의 이야기를 비롯해 전쟁으로 짓밟힌 여성들의 생생한 이야기가 담겨 있습니다. 전쟁 피해를 입은 여성들이 서로의 상처를 보듬고 다음 세대 여성들과 연대하는 모습이 등장하기도 합니다. '일본군 위안부' 피해자인 김복동 할머니가 생전에 하셨던 "할매 나비가 날 테니 젊은 나비들도 날아 달라"는 말을 떠올리며 책을 읽어 나갑니다.

🏷 들어가기

 '일본군 위안부' 피해자 김복동 할머니가 투쟁한 27년간의 여정이 담긴 다큐멘터리 〈김복동〉 예고편을 시청합니다. 여성 인권운동가인 김복동 할머니는 '일본군 위안부' 피해자일 뿐만 아니라 전 세계 전시 성폭력 피해자, 분쟁 지역 피해자들을 위해 90세가 넘는 고령의 나이에도 열정적으로 활동했습니다. 전 생애에 걸쳐 일본의 사죄를 받기 위해 투쟁한 김복동 할머니의 모습을 본 뒤 함께 책을 읽는다면 계기교육의 주제를 보다 깊이 이해할 수 있을 것입니다.

> 활동하기

① 소녀상 의미 알아보기

　소녀상은 단순히 '일본군 위안부' 피해자의 어릴 적 모습을 보여 주기만 하는 것이 아닙니다. 소녀상을 이루는 모든 요소에는 의미가 담겨 있습니다. 예를 들어 소녀상 옆의 빈 의자는 먼저 세상을 떠난 할머니들의 자리이자 우리가 소녀 옆에 앉아 슬픔을 함께 나눌 수 있는 공간입니다. 소녀의 어깨에 앉아 있는 작은 새, 움켜쥔 두 주먹, 발 뒤꿈치가 들린 맨발 등에 어떤 의미가 담겼는지 알아봅니다.

　소녀상이 처음 세워졌을 때, 사람들은 마음 아파하며 소녀의 머리에 모자를 씌워 주기도, 목도리를 둘러 주기도, 양말을 신겨 주기도

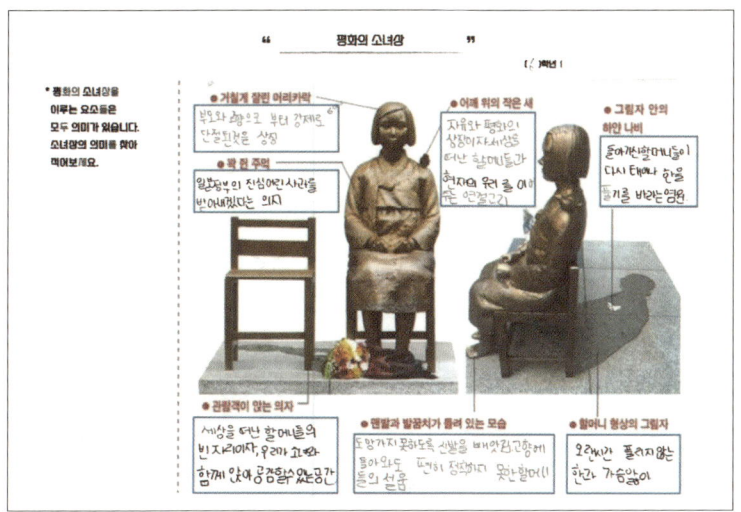

활동지 예시

했습니다. 교사는 학생들과 함께 사람들이 왜 이런 행동을 했을지, 우리가 앞으로 어떤 마음가짐으로 '위안부' 문제를 대해야 하는지 이야기 나눕니다.

② 소녀상 릴레이 참여하기

2019년 일본 나고야에서 열린 국제예술제 기획전에 '평화의 소녀상'이 전시되었습니다. 일본의 유명 기획전에 소녀상이 당당하게 등장한 의미 있는 일이었지만, 테러 협박과 항의 전화로 개막 사흘 만에 전시를 폐쇄하게 되자 소녀상을 주목하고 있던 많은 사람들이 분노했습니다. 이에 대한 항의 퍼포먼스로 국외 예술가들이 본인이 직접 소녀상이 된 사진을 SNS에 올리면서 소녀상 릴레이가 시작되었습니다.

평화의 소녀상은 단순히 '위안부' 피해자의 모습을 본떠 만든 조각상이 아니라 '일본군 위안부' 문제의 역사적 사실을 기억하고 전쟁 없는 평화로운 세상을 꿈꾸는 모두의 염원을 담고 있습니다. 교사는 소녀상의 의의를 이야기한 뒤, 모두 함께 소녀상 릴레이 활동에 참여하자고 안내합니다. 책을 읽은 학생들은 소녀상의 앉은 자세, 비어 있는 의자 등이 지닌 의미를 알게 되어 보다 진중한 태도로 사진 찍기 활동에 임할 것입니다. 나아가 직접 소녀상이 되어 찍은 사진을 인화하여 교실에서 릴레이 사진전을 열어 본다면 우리가 관심을 표현하는 일이 피해자들에게 얼마나 큰 지지가 되는지를 학생들이 마음으로 이해할 수 있습니다.

③ 수요 집회 연설문 만들기

책의 말미에서 나연이의 할머니 '넬마 가르시아 산도발'은 수요 집회에서 자신이 겪은 피해 사실을 알리고 일본의 사과와 대책을 촉구하는 연설을 펼쳤습니다. 실제로 '위안부' 피해 사실은 용기 있는 증언과 연대를 통해 세상에 알려질 수 있었습니다. 1991년 김학순 할머니의 피해 사실 공개 증언은 필리핀, 네덜란드 등 세계 각지의 피해 증언을 불러일으키는 도화선이 되었고 이후 1993년에는 유엔인권

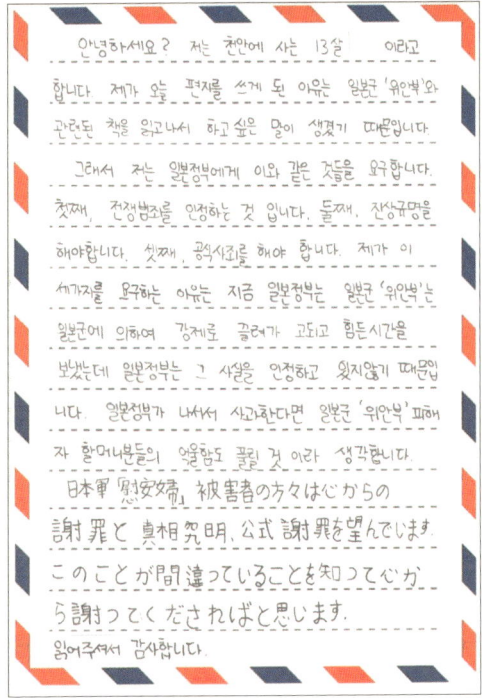

학생이 작성한 연설문

회에서 피해 사실을 증언했습니다.

넬마 할머니의 입장에서 일본의 만행을 고발하는 연설문을 쓴다면 어떤 내용일지, 수요 집회와 국제사회에서 발언 기회가 마련된 상황을 가정하여 연설문을 작성합니다. 학생들이 '위안부'에 관한 정보를 스스로 알아보고 정리한 뒤 연설문에 들어갈 내용을 직접 선택하고 구성합니다. 식민지와 점령지 여성에게 가해진 폭력에 관한 내용, 일본의 회피적 태도와 역사 왜곡 사실, 한국에서 지속되고 있는 수요 집회나 각지에 설치된 소녀상의 모습 등을 통해 사안의 중대함을 드러낼 수 있습니다. 이때 중요한 것은 확인된 객관적인 사실만을 쓰는 것입니다. 과장하거나 없는 사실을 부풀려 적는 것이 연설문의 설득력을 크게 떨어뜨릴 수 있다는 것을 명심해야 합니다.

우리가 '위안부' 역사를 공부하는 이유는 그 참상을 바로 알고 반복하지 않기 위함입니다. 아직까지도 반성은커녕 책임을 회피하고 피해 사실을 축소하고 있는 가해 국가에 대응하기 위해서는 감정적인 대처보다는 잘 정리된 사실과 증거를 기본으로 한 논거를 준비해야 합니다. 일본의 만행을 제지하고 진정한 사과를 얻기 위해서는 주변국이자 피해국인 우리가 더 강경하고 논리적인 태도로 꾸준하게 진상 규명을 요구하고 국제적인 공조를 통한 실제적 압박을 가해야 합니다. 이후 학급 친구들과 함께 연설문을 발표하고 감상을 나눠 본다면 피해자들의 꺼지지 않는 용기와 잘 벼려진 논리의 중요성을 되새길 수 있습니다.

> 마무리하기

　정의기억연대 홈페이지(womenandwar.net)에서는 1992년부터 매주 수요일 개최되는 수요 집회를 기록하고 있습니다. 수요 집회의 의미와 최근 집회 사진들을 살펴보며 수업을 마무리합니다. '위안부' 문제는 심각한 전쟁범죄이며, 이를 가해국과 피해 소녀들이라는 프레임으로 단순하게 정의 내리는 것은 바람직하지 않습니다. 과거를 딛고 인권과 평화를 위해 노력한 활동가들을 기억하며 우리 역사와 '일본군 위안부' 문제에 관심을 가진다면 사회 구성원으로서 '위안부' 문제에 목소리를 보탤 수 있을 것입니다.

☂ 함께 읽으면 좋은 책

■ 1-2학년
『꽃할머니』 권윤덕 글·그림, 사계절, 2010

■ 3-4학년
『나는 수요일의 소녀입니다』 안미란 글, 이경하 그림, 개암나무, 2015
『소녀 이야기』 김준기 글·그림, 리잼, 2013
『수요일의 눈물』 최은영 글, 허구 그림, 바우솔, 2012

■ 5-6학년
「나리꽃은 지지 않는다」(『제후의 선택』), 김태호 글, 노인경 그림, 문학동네, 2016
『할머니, 우리 할머니』 한성원 글·그림, 소동, 2020

광복절 [8월 15일]

한 나라의 주권이 얼마나 소중한지 되새겨요

　광복절은 1945년 8월 15일 일본으로부터 해방된 것을 기념하고, 1948년 8월 15일 대한민국 정부 수립을 축하하는 날입니다. 해방이 겨우 70여 년밖에 지나지 않았다는 사실을 생각할 때면 가슴이 섬뜩해집니다. '빛을 되찾다(光復)'라는 뜻에 걸맞게 광복절은 여러 국경일 중에서도 가장 많은 관심과 조명을 받는 편입니다. 그렇다면 학생들은 광복절을 어떻게 생각하고 있을까요? 해방을 위해 수많은 목숨이 스러졌다는 사실을 잘 알고 있을까요?
　광복은 많은 사람의 희생과 염원을 거쳐 이루어졌습니다. 3.1운동과 의열단, 조선어학회, 광복군 같은 독립투사 활동뿐만 아니라 교육, 문화, 예술 등 여러 방면으로 우리 주권과 문화를 지키기 위한 선조들의 눈물겨운 투쟁이 혼재했습니다. 일본의 제2차 대전 패망이 광복의 결정적 계기이긴 하나, 자주성과 정체성을 지키려는 노력이 없었다면 지금처럼 독립적인 삶과 문화를 누리기는 어려웠을 것입니다.
　독립운동가이자 민족사학가인 신채호 선생은 "영토를 잃은 민족은 재생할 수 있어도, 역사를 잃은 민족은 재생할 수 없다"고 했습니다. 우리나라가 한강의 기적이라 불릴 만큼 광복 이후 70년간 눈부시게 발전할 수 있었던 것의

　근간에는 선조들의 노력과 희생이 있었습니다. 광복절을 바로 안다는 것은 우리의 땅과 정신, 역사를 지키고자 하는 선조의 모습을 통해 우리 역사에 자긍심을 갖고 주권과 국가에 관한 소중함을 깨닫는 것입니다.

　광복절은 우리가 지켜 낸 역사와 고유의 정신, 세계를 빛내고 있는 한국의 문화를 돌아보며 우리의 과거와 현재를 자랑스러워할 수 있는 날입니다. 그렇기에 과거를 긍정적으로 인식하고 미래로 나아가기 위해서는 더더욱 올바른 역사의식을 갖추기 위한 계기교육이 필요합니다. 학생들은 교과학습을 통해 독립운동과 광복에 대한 기본 지식을 이미 충분히 갖추고 있습니다. 그럼에도 도서를 통한 광복절 계기교육을 하는 이유는 단순히 역사적 사실을 아는 것을 넘어 우리나라를 되찾은 기쁨과 수많은 사람들의 염원과 노력을 가슴으로 느끼고 감사하는 마음을 갖기 위해서입니다.

『개똥이의 1945』
권오준 글, 이경국 그림, 국민서관, 2020
추천 학년: 1~3학년

"그래, 저 작은 힘이 모여 우리나라를 되찾았구나."

1945년 서울 언주공립국민학교(현 언주초등학교) 6학년이던 개똥이 권영국 할아버지가 들려주신 실제 이야기를 바탕으로 재구성한 책이며, 초등학생 개똥이의 시선으로 당대 현실을 드러냅니다. 우리말을 한다고 혼이 나고, 숨어서 한글로 된 책을 읽어야 했던 이유는 바로 우리가 나라를 빼앗겼기 때문입니다. 개똥이와 친구들이 담임선생님의 가르침에 따라 몸과 마음을 키우고, 서로 힘을 모아 나라의 주권을 되찾는 과정을 보며 광복절의 탄생 과정과 의미를 알 수 있습니다.

들어가기

"만약 우리 교실에서 갈등이 일어나면 어떻게 해야 할까요?"라는 질문을 던지며 수업을 시작합니다. 이때 학생들은 '양쪽의 말을 모두 들어 봐요.' '선생님께 말씀드려요' '서로 사과해요.' 등의 답을 할 것입니다. 교사는 "그럼 선생님이 이야기를 듣지도 않고 한 친구 편만 들면 어떨까요?" 재차 질문을 던진 뒤 이러한 일이 과거에는 비일비재했음을 알려 줍니다. 일제강점기에는 학교에서 일본 아이와 우리나라 아이가 싸웠을 때 무조건 우리나라 아이만 혼이 났습니다. 불과 100년도 되지 않은 일입니다. 교사는 오늘 함께 읽을 책이 1945년 당시 초등학생이었던 개똥이 할아버지 이야기를 담고 있음을 소개하여 학생들의 호기심을 유발합니다.

활동하기

① 우리 선조들의 태극기 만들기

독립운동가들은 나무에 태극기 모양을 조각하곤 했습니다. 일본군의 눈을 피해 숨기기 용이하고, 종이나 천만 있으면 바로바로 찍어 내어 많은 사람들에게 나눠 줄 수 있었기 때문입니다. 교사는 독립운동가들이 나무에 태극기 문양을 새겨 넣은 이유가 무엇이었을지 질문하여 학생들의 다양한 대답을 들어 봅니다. 그다음 답을 알려 주며 우리나라가 광복을 맞이할 수 있었던 것은 목숨을 걸고 투쟁한 독립운동가들과 그들을 숨겨 주고 힘을 보탠 시민들 덕분임을 이야기합니다.

나 자신이 독립운동가가 되었다고 생각하고 주변에서 구할 수 있는 재료를 활용해 태극기를 만들어 봅니다. 이때 열악한 환경에서 태극기를 만들었을 독립운동가들을 기리는 마음에서 평소에 자주 사용하는 색연필, 사인펜, 크레파스와 같은 색칠 도구는 사용하지 않도록 합니다. 교사는 미리 준비해 둔 태극무늬와 건곤감리 4괘가 그려져 있는 태극기 도안을 주고 세 가지 이상의 재료를 사용해 태극기를 만들도록 합니다. 색종이를 오려 붙이거나, 페트병을 둘러싸고 있는 포장 필름 등 다양한 재료를 이용해도 좋습니다. 만든 태극기는 교실 뒤편에 전시합니다. 각기 다른 재료를 사용한 태극기들을 보면서 학생들은 열악하고 급박했던 당시 상황을 보다 잘 이해하고 역사적인 책임 의식을 다질 수 있습니다.

② 광복절 노래 배우기

정인보가 작사하고 윤용하가 작곡한 「광복절 노래」를 배우고 불러 봅니다. 이 노래가 뜻깊은 이유는 작사가 정인보가 독립운동가이기 때문입니다. 짧고 부르기도 쉬운 노래이지만, 저학년 학생의 경우 가사를 이해하는 데 어려움을 느낄 수 있기 때문에 노랫말이 뜻하는 바가 무엇인지 함께 생각해 보는 시간이 필요합니다. 교사는 광복을 이루어 내고 5년 후 세상을 떠난 정인보가 해방을 맞이했을 때의 마음을 생각하며 다 함께 노래를 불러 보자고 이야기합니다.

또는 노래를 듣고 빈칸에 알맞게 가사를 써넣는 활동을 하는 것도 좋습니다. 또렷한 목소리에 비해 낯선 단어들이 많아 가사를 정확하게 추론하기 어려워한다면 중간중간 단어와 문맥에 대한 힌트를 제공합니다. 이때 교사는 일제가 우리나라를 강제 점령한 기간, 관련된 시(심훈, 「그날이 오면」), 역사적 사실을 적절히 제공하여 학생들이 흥미를 잃지 않고 끝까지 가사를 이해할 수 있도록 합니다. 함께 추론한 가사는 그냥 부르기만 할 때보다 더 오래 기억에 남고, 그 의미 또한 보다 가깝게 다가올 것입니다.

> **마무리하기**

　광복은 우리나라의 운명이 바뀐 역사적인 순간입니다. 아직 초등학생이었던 개똥이 할아버지부터 국내외에서 활동한 독립운동가들, 지지와 협조를 통해 이를 든든히 뒷받침해 준 민중들까지. 비록 모두가 후세에 이름을 남기지는 못했더라도 해방이라는 공통된 염원을 갖고 각자의 자리에서 할 수 있는 일들을 수행했기에 우리나라의 광복은 더욱 유의미한 가치를 지닐 수 있었습니다. 우리나라가 일본으로부터 해방되지 않았더라면 지금 우리 학교는 개똥이 할아버지가 다니던 학교와 같은 모습일지도 모릅니다. 광복의 의미를 다시 한번 되새기며 그 시대의 독립운동가와 선조들에게 감사하는 시간을 보냅니다.

『되찾은 우리나라 대한 독립 만세』
이현 글, 박지윤 그림, 휴먼어린이, 2020
추천 학년: 4~6학년

"마침내 그날이 왔습니다. 해방의 날. 조선의 말과 글을 되찾은 날. 조선의 땅을 되찾은 날. 모두가 자유를 되찾은 날이었습니다."

교육과정상 아직 한국사를 접하지 않은 학생들이나, 배웠더라도 한국사를 어렵게 느끼는 학생들이 읽기 좋은 책입니다. 역사적 사건을 다뤘지만 직관적으로 상황을 파악할 수 있는 글과 그림으로 이를 서술하고 있습니다. 특히 글을 읽지 않아도 이해할 수 있을 만큼 함축적으로 표현된 그림에서 작가의 세심함이 느껴집니다. 1910년 경술국치부터 1945년 광복까지 일제강점기 전 기간을 시간 순서대로 파악할 수 있어 고학년 학생들이 수업 시간에 배운 내용을 체계적으로 정리해 보기에 적합합니다.

들어가기

일제강점기와 경술국치, 광복에 관해 간략하게 설명한 뒤 수업을 시작합니다. 대부분의 학생들이 광복절이 우리나라가 일본으로부터 해방된 날임은 알고 있지만 '빛을 되찾다(光復)'라는 뜻까지는 알지 못합니다. 교사는 광복절을 기념하는 이유와 의미를 설명해 준 뒤 2021년에 한국영상자료원이 광복절을 맞아 공개한 제1회 광복절 기념식(1946년) 영

영상 링크

상을 보여 줍니다. 영상 속에는 김구 선생의 선창으로 만세 삼창을 하는 장면이나, 일제 잔재 건축물을 폭파하는 모습이 담겨 있습니다. 우리의 주권을 되찾은 것이 빛을 되찾은 것과 같이 기쁘고 소중한 일임을 이야기하며 함께 책을 읽습니다.

> 활동하기

① 일제의 탄압과 우리의 독립운동

책에는 1910년부터 1945년 광복에 이르는 역사적 사건이 시간순으로 나타나 있지만 35년간 일어난 역사적 사건과 순서를 파악하기에는 어려움이 따릅니다. 그렇기에 책 내용을 바탕으로 한 추가 조사 활동과 연표 만들기를 진행합니다.

먼저 독립운동, 일제의 탄압 등 책에 나온 역사적 사건 중 하나를 선택합니다. 내가 선택한 역사적 사건을 주제로 두고 다양한 정보원(도서, 백과사전, 영상 자료 등)을 활용해 책에 나오지 않은 부분이나 더 자세히 알고 싶은 내용을 A4 1쪽 분량으로 정리합니다. 종이 가장 윗부분에 사건이 발생한 연도와 사건의 이름을 크게 적은 다음 내용을 채워 나갑니다. 이때 사건을 나타내는 그림이나 표를 활용한다면 보다 효과적으로 내용을 전달할 수 있습니다. 내가 선택한 사건의 전문가가 되는 것입니다.

완성한 종이는 연도순으로 길게 이어 붙여 거대 연표를 만듭니다.

학생들은 스스로 연표를 만들어 봄으로써 1910년 경술국치부터 광복까지의 내용을 오랫동안 기억할 수 있습니다.

② 우리가 광복을 전한다면?

1945년 8월 15일 정오, 라디오를 통해 일왕의 종전조서가 낭독되었지만 사람들은 내용을 제대로 파악하지 못했습니다. 음질이 좋지 않았을 뿐만 아니라 이해하기 어려운 일본어로 작성되어 있었고, 광복, 해방, 독립 등 중요 단어를 에둘러 표현했기 때문입니다. 다음 날이 되어서야 광복 소식이 신문 기사와 소문을 통해 알려지기 시작했습니다. 만약 우리나라의 광복 소식이 명확히 전해졌다면 기쁨과 환희에 가득 찬 한반도를 만나 볼 수 있었을지도 모르지요.

이번 활동에서는 독립의 첫 소식을 전하는 아나운서가 되었다고 상상하며 뉴스 대본을 작성합니다. 일본의 항복 소식을 들은 사람들의 생생한 반응, 당황한 친일파들의 모습 등 다양한 상황을 담아냅니다. 라디오가 시각 정보 없이 음성만을 전달하는 매체임을 강조하면 대본에 맞는 글을 작성할 수 있습니다. 또한 대본을 본격적으로 작성하기 전 2015년 일본 왕실이 종전 70년을 맞아 공개한 일왕의 육성 원본(일본 교토 뉴스나 미국 데일리뉴스 등을 통해 확인할 수 있습니다.)을 들어 본다면 더욱 실감 나는 진행이 가능합니다. 작성한 대본은 녹음한 뒤 함께 들어 봐도 좋습니다.

> **마무리하기**

　광복은 하루아침에 이루어진 것이 아닙니다. 해방을 목표로 다양한 활동을 펼친 독립운동 단체부터 3.1운동에 참여한 민중들, 우리 유산을 지키기 위해 노력한 개인과 임시정부의 노력이 모여 완성된 하나의 역사입니다. 독립을 염원했던 수많은 사람들의 희생과 노력이 광복의 기반이 되었음을 알고, 왜곡 없이 올바른 역사의식을 갖추어야 함을 다짐하며 수업을 마무리합니다.

함께 읽으면 좋은 책

■ 1-2학년
『나는 안중근이다』 김향금 글, 오승민 그림, 위즈덤하우스, 2019

■ 3-4학년
『낙서 독립운동』 한영미 글, 허구 그림, 산하, 2019
『독립운동의 슈퍼스타들』 예영 글, 송진욱 그림, 사계절, 2018

■ 5-6학년
『김란사, 왕의 비밀문서를 전하라!』 황동진 글·그림, 초록개구리, 2019
『나는 여성 독립운동가입니다』 김일옥 글, 백금림 그림, 상수리, 2019

인성교육
타인을 향한 존중과 배려를 실천해요

    2015년, 세계 최초로 '인성교육진흥법'이 제정되었습니다. 미래 인재 육성을 위한 최우선 과제로 인성교육을 제시하고 인성에 기반한 따뜻한 사회 구현을 위한 범사회적 노력이 필요하다고 판단한 것입니다.

    인성교육의 목적은 "홍익인간의 이념 아래 모든 국민으로 하여금 인격을 도야하고, 자주적 생활 능력과 민주시민이 되기 위한 자질을 갖추게 함으로써 인간다운 삶을 영위하게 하고, 민주국가의 발전과 인류 공영의 이상을 실현하는 데 이바지하게 함"에 있습니다. 이에 따라 2015 개정 교육과정에서는 추구하는 인간상 중 하나로 '공동체 의식을 가지고 세계와 소통하는 민주시민으로서 배려와 나눔을 실천하는 더불어 사는 사람'을 들고 있습니다. 교실 현장에서 이루어지는 생활지도와 학급 운영 또한 인성교육의 일환이며, 인성은 교육과 분리될 수 없는 매우 중요한 주제입니다.

    사회가 개성과 주관을 존중하는 방향으로 나아가고 있지만, 무수한 개인들이 하나의 커다란 집단을 유지할 수 있는 이유는 약속된 규칙과 모두에게 통용되는 가치를 존중하고 그것을 지켜 나가기 위해 서로 배려하기 때문입니다. 그렇기에

　본 계기교육에서는 학생들이 더불어 사는 방법을 배울 수 있는 기회를 제공하고자 했습니다.

　인성교육을 위한 책을 선정할 때는 간접적으로 다양한 사건을 만날 수 있고, 문제 상황 속에서의 인과관계를 확실히 규정할 수 있는지를 살펴봐야 합니다. 그래야 학생들이 책 속 이야기와 자신의 경험을 비교해 성찰하는 과정을 거칠 수 있기 때문입니다. 본문에서 인성의 핵심 가치로 정직, 책임, 존중, 배려, 소통, 협동 등을 다루고 있는 만큼, 이러한 가치들을 체득하는 것을 수업 목표로 삼았습니다. 학교 현장의 모든 사람들이 전인적인 성장을 지원하는 교육의 본질적인 목적을 달성할 수 있도록 다짐하면 보다 행복한 사회를 만들어 나갈 수 있을 것입니다.

『모두를 위한 케이크』
다비드 칼리 글, 마리아 덱 그림, 정화진 옮김,
미디어창비, 2018
추천 학년: 1~2학년

"만일 생쥐가 달걀이 있느냐고 묻지 않았다면,
우리가 나누어 먹을 케이크도 없었을 거야!"

오믈렛이 먹고 싶었지만 달걀을 가지고 있지 않은 생쥐. 생쥐는 지빠귀에게 달걀을 얻으러 갔다가 함께 케이크를 만드는 건 어떠냐는 말을 듣고, 이내 다른 동물들에게 재료를 구하러 다니기 시작합니다. 이 책에서 가장 특별한 순간은 케이크를 다 만들고 나누는 장면입니다. 케이크를 만드는 데 필요한 재료를 준 동물은 여덟 마리로, 정작 생쥐는 달걀이 없어 도움이 되지 않았습니다. 케이크를 여덟 조각이 아닌 아홉 조각으로 나누는 장면을 통해 협동과 이해, 배려와 공정을 고민해 볼 수 있는 책입니다.

들어가기

제목 '모두를 위한 케이크'에서 '케이크' 부분을 가린 표지를 보여 줍니다. 표지를 잘 살펴보면 그릇을 든 생쥐가 나무에 올라가고 있다는 걸 알 수 있습니다. 교사는 오늘 읽을 책 제목이 '모두를 위한 ○○○'이라고 설명하고, ○○○에 들어갈 말이 무엇인지 생각해 보도록 합니다. 표지에 케이크가 그려져 있지 않아 학생들이 답을 맞히기 어려워할 경우 뒤표지까지 함께 보여 줍니다. 뒤표지에는 이웃들과 케이크를 만들기 위해 동물들이 가져온 재료들의 목록이 나열되어 있습니다. 달걀, 밀가루, 버터, 설탕 등이 들어가는 음식을 곰곰이 생각해 본다면 금방 답을 외칠 수 있을 것입니다.

활동하기

① 세상을 살아가는 데 필요한 여섯 조각 🍰

교사는 6인 1조로 모둠을 꾸린 뒤, 미리 인쇄해 둔 '모두를 위한 케이크' 학습지를 모둠당 한 장씩 나눠 줍니다. 그다음 내가 만들 케이크가 무슨 맛일지 상상력을 발휘해 그림으로 표현해 보자고 합니다.

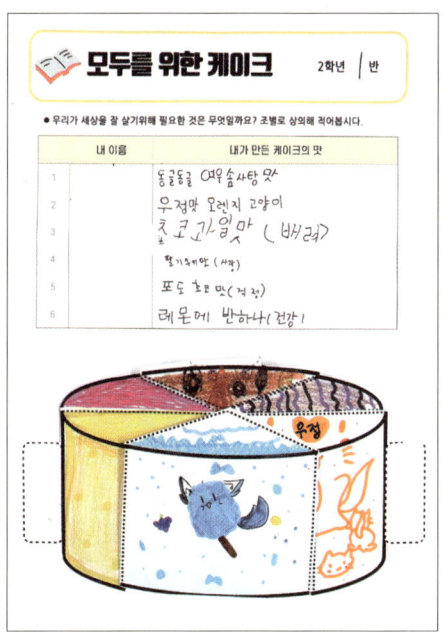

활동지 예시

각자 개성에 맞게 케이크를 꾸몄다면 절취선을 따라 잘라 케이크를 나눠 갖고, 각 조각에 '세상을 살아가는 데에 필요한 것'을 단어 또는 문장으로 적습니다. 이때 실제 케이크의 맛을 상상하며 이름을 붙이도록 하면 보다 재미있고 입체적인 활동을 진행할 수 있습니다. 예를 들어 학생들은 '가족' '사랑' '배려' '돈' 등을 주요 가치로 뽑았습니다. '달콤하고 부드러운 생크림 맛의 가족' '새콤하고 상큼한 레몬 맛의 사랑' '향긋하고 산뜻한 민트 맛의 배려' '씁쓸하지만 근사한 초콜릿 맛이 나는 돈' 등 문장을 모두 적었다면 각 조각을 한데 모아 케이크를 완성합니다. 완성된 케이크는 발표를 통해 다른 모둠의 결과물과 비교해 봅니다. 학생들은 서로가 중요하게 생각하는 가치들을 공유하며 우리가 세상을 살아갈 때 무엇이 필요할지 되새길 수 있습니다.

② 생쥐의 눈물샘을 지켜라

책 속에서 겨울잠쥐가 케이크를 나누어 먹을 수 없다고 하자 생쥐는 울며 집으로 돌아갔습니다. 이때 생쥐는 어떤 기분이었을까요? 생쥐가 느꼈을 만한 감정을 자유롭게 이야기 나눈 뒤 칠판에 적고, 자신이 생각하기에 가장 적합한 단어를 선택합니다. 배려의 시작은 나의 감정을 인식하는 것입니다. 교사는 나의 감정을 통해야지만 상대방의 감정을 이해하고 공감할 수 있으며, 무신경하고 배려 없는 행동은 지양해야 함을 안내합니다.

그다음 케이크를 나누는 방법을 생각해 봅니다. 케이크가 네 조각뿐인데 사람은 다섯인 경우 어떻게 해야 할지 각자 고안해 낸 방법을 발표합니다. 배가 더 많이 고픈 사람에게 케이크를 크게 잘라 줄 수도 있고, 돌아가며 한 입씩 케이크를 먹을 수도 있습니다. 꼭 케이크를 똑같은 크기로 나눌 필요는 없습니다. 조금만 먹어도 괜찮다고 하는 친구가 있다면 협의를 통해 결정하도록 합니다. 이러한 활동을 통해 학생들은 서로를 진정으로 아끼고 배려하는 마음을 키워 나갈 것입니다.

마무리하기

'인성'이라는 말은 너무 자주 강조되고 반복된 나머지 학생들에게 따분한 느낌을 주기도 합니다. 단어를 듣는 순간 '욕심을 부리지 말자.' '게으름을 피우지 말자.' '남을 위해 살아가자.' 등 교훈적인 내용이 떠오르기 십상입니다. 게다가 착하게 살면 손해를 본다고 생각하는 친구들도 있습니다. 하지만 세상은 혼자 살아갈 수 있는 곳이 아닙니다. 누군가를 배려하느라 손해를 본 것 같아도, 언젠가 반드시 누군가에게 도움을 받은 적이 있을 것입니다. 교사는 생쥐와 케이크를 나눠 먹기로 결정한 동물들처럼, 가끔은 더 많은 케이크를 먹는 것보다 함께 케이크를 나눠 먹는 것이 더 만족스러울 수 있다는 사실을 이야기하며 수업을 마칩니다.

『**친절: 세상을 바꾸는 힘**』
앨리슨 그린 글, 악셀 셰플러 그림, 정회성 옮김,
비룡소, 2019
추천 학년: 3~4학년

"서로 돕는 친절한 세상을 상상해 보세요."

무려 38명의 작가들이 참여한 그림책으로, 서로 돕는 친절한 세상을 만들기 위해서 할 수 있는 일을 다채롭고 감각적인 그림으로 설명하고 있습니다. 내가 당연하게 받아 온 친절과 그럼에도 선뜻 베풀지 못했던 친절에 관해 생각할 거리를 주기도 합니다. 저학년 학생들과 읽을 때는 다채로운 삽화와 함께 표현된 친절을 발견하는 것에 집중하고, 중학년 이상의 학생들과는 친절을 몸소 실천하는 활동까지 해 볼 수 있습니다.

들어가기

책을 읽기 전 교사는 이번에 함께 읽을 이야기가 '세상을 바꿀 수 있는 힘'과 관련 있음을 이야기하고, 그것이 무엇일지 생각해 보자고 합니다. 이때 학생들은 열정과 진실 등 다양한 답변을 내놓곤 합니다. 만약 '친절'이 나오지 않았을 시에는 교사가 책 속에 제시된 상황 하나를 예시로 들어 줍니다. 세상을 바꿀 수 있는 힘은 다양할 테지만, 이번에는 세상을 따뜻한 방향으로 바꾸어 나가는 친절에 관해 고민하는 시간을 보낼 것임을 안내합니다.

활동하기

① 친절, 오늘 내가 할 수 있는 일 그림책 만들기

책 속에는 다양한 친절과 친절이 세상을 아름답게 바꾸어 나가는 모습이 담겨 있습니다. 그렇다면 내가 오늘 실천할 수 있는 친절에는 무엇이 있을까요? 38명의 작가가 협업하여 저마다의 친절을 정의했듯, 내가 베풀 수 있는 친절로는 무엇이 있을지 생각하여 그림책을 만들어 봅니다.

먼저 교사가 '내가 베풀 수 있는 친절'이라는 주제를 제시합니다. 학생들은 각각 한 장씩 주제에 맞게 글을 쓰고 그에 걸맞은 그림을 그립니다. "내가 하고 싶은 놀이가 아니라 친구가 하고 싶은 놀이를 했다." "시무룩한 친구를 위로해 주었다." 같은 문장이 나올 수 있습니다. 내가 베풀 수 있는 친절이 어렵다면 가족에게, 선생님께, 친구들에게 혹은 모르는 사람에게 친절을 받았던 경험을 떠올려 봅니다. 학생들은 가족들과 나들이를 갈 때 준비가 늦어진 자신을 기다려 줬거나, 학교에서 양보를 받은 경험 등 아주 사소한 것도 상대방이 베푼 친절임을 깨닫게 될 것입니다.

각자가 글과 그림으로 표현한 친절을 모아 한 권의 그림책을 만듭니다. 완성된 책은 『친절, 세상을 바꾸는 힘』과 비교해서 읽어도 좋습니다. 각 장을 스캔해 영상으로 만들고 음악을 입혀 조·종례 또는 쉬는 시간에 틀어 주거나 도서관 전시, 방송 등을 통해 다른 사람들과 함께 공유하며 친절을 나누는 시간을 보내 봅니다. 다음은 학생들이 그린 그림 예시입니다.

② 꼬리를 무는 친절 릴레이 쓰기

책 속에는 우리가 베풀 수 있는 다양한 친절의 방법이 나옵니다. 친구의 말에 귀 기울이고, 외로워하는 친구에게 다가가 꼭 안아 주기도 합니다. 다른 사람에게 따뜻한 친절을 받게 되면 나도 주변 사람들에게 또 다른 따뜻함을 베풀고 싶어집니다. 내가 다른 사람들을 위해 친절한 행동을 한다면 이 행동은 어떤 결과로 이어지게 될까요?

교사는 친절이 또 다른 친절로 이어지는 이야기를 만들어 보자고 이야기합니다. 예를 들어 쉬는 시간에 책을 빌리고 싶어 하는 친구를 위해 도서관에 같이 간다면, 친구는 즐겁게 대출을 하고 나오는 길에 다른 친구를 위해 문을 잡아 줄 수 있습니다. 다른 친구는 고마운 마음을 가지고 사서 선생님께 인사하고, 사서 선생님은 하루 종일 기분 좋게 어린이들을 대할 수 있습니다. 나의 친절이 어디까지 이어질지 상상의 나래를 펼쳐 봅니다. 꼬리에 꼬리를 무는 친절 릴레이를 진행하는 동안 학생들은 대수롭지 않게 여겼던 친절의 영향력을 깨닫고 내가 베푼 친절이 세상을 조금씩 밝고 활기차게 변화시킬 수 있다는 사실을 체감할 것입니다.

마무리하기

하루에 한 번도 친절을 베풀지 않는 사람은 없습니다. 만나면 미소 짓기, 친구 말에 귀 기울이기 등도 모두 친절의 일종이기 때문입니다. 교사는 우리 반 친절 온도계를 만들어 누군가에게 친절을 받을 때마다 스티커를 붙이도록 합니다. 학교 일과를 마무리하며 오늘 친절 스티커를 붙인 학생들이 각각 무슨 친절을 받았는지 발표합니다. 모두가 친절 온도계의 온도를 높이고자 하는 마음으로 친절 선순환을 이루다 보면 학생들은 자기 자신에게까지 친절을 베풀 수 있는 존재로 성장하게 될 것입니다.

『존중, 누구에게나 당연한 걸까?』
김민화 글, 지현이 그림, 다림, 2021
추천 학년: 5~6학년

"존중은 세상을 바꾸는 힘을 가지고 있으며
우리에겐 모두를 존중할 수 있는 사랑이 있어."

차별과 혐오가 만연한 시대, 모두를 존중하는 일은 정말 어려운 걸까요? 누군가를 따돌리거나 차별하는 것, 학대하거나 불평등을 조장하는 것에는 모두 상대방을 존중하지 않는 마음이 깔려 있습니다. 이 책은 우리 곁에 있는, 존중이 필요한 사회적 쟁점에 관해 설명할 뿐만 아니라 구체적인 실천 방법까지 제시해 주고 있어 사회문제에 관한 지식과 관점을 갖고 있는 5, 6학년 학생들에게 적합합니다.

들어가기

독서 전 활동으로 좋아하는 음식이나 가고 싶은 여행지 등을 묻는 밸런스 게임을 진행합니다. 예를 들어 교사가 '민트맛 초콜릿 vs 딸기맛 초콜릿'과 같은 질문을 제시해 주면 학생들은 두 그룹으로 나뉘어 자신이 고른 쪽이 왜 더 나은 선택지인지 이야기를 나눕니다. 매우 간단한 질문이지만 격렬한 논쟁이 일어나기도 합니다. 서로 팽팽하게 맞서며 발언의 수위가 높아졌을 때 교사는 "이제 반대쪽의 편에서 옹호하는 발언을 해 볼까요?" 하고 안내하며 학생들이 정반대의 주장을 펼치도록 합니다. 이때 대부분의 학생들은 쭈뼛거리며 상대방의 입장을 대변하거나 난색을 표할 것입니다. 일상생활 속에서 저마다 다른 행동을 취하는 것은 모두 사고와 생활양식의 '차이'일 뿐인데 왜 우리는 서로의 차이를 깎아내리거나 폄하하는지 되돌아보며 함께 책을 읽습니다.

> **활동하기**

① 전래동화 속에 존중이 있었더라면?

「콩쥐팥쥐」「장화홍련」「신데렐라」「미운 오리 새끼」「성냥팔이 소녀」와 같은 국내외 전래동화에서 주인공은 누군가의 도움으로 시련을 극복합니다. 하지만 그러한 어려움은 대체로 주인공이 자신의 특별함을 존중받지 못했기에 일어나는 경우가 많습니다. 근본적으로 이를 해결하기 위해서는 작품 속 배경이 되는 사회가 우리의 다름을 존중해야만 합니다.

교사는 우리에게 익숙한 전래동화 속에서 존중을 배워야 하는 캐릭터가 누구인지 고르고, 만약 상대를 존중하는 마음이 있었다면 어떤 결말을 맞이했을지 상상력을 발휘해 이야기를 바꾸어 보자고 안내합니다. 이때 이야기 속 캐릭터에게 필요한 존중은 책에 제시된 존중 중 어느 것에 해당하는지, 어떤 대처와 태도가 필요한지 생각하며 활동에 임합니다.

예를 들어 「콩쥐팥쥐」에서는 팥쥐를 데리고 온 새어머니가 콩쥐에게 낡은 옷을 입힌 채 집안일을 시킵니다. 새어머니가 어리고 힘없는 콩쥐를 존중하는 양육자였다면 이야기는 어떻게 변화했을까요? 서로를 사랑하는 가족이 될 수 있지 않았을까요? 학생들은 책을 읽으며 알게 된 존중과 차별의 개념을 다른 이야기에 적용해 봄으로써 생활 속 존중에 대해서도 고민하게 됩니다. 또한 문학작품이나 영상물을 시청할 때 비판적인 시각으로 감상하는 능력을 기를 수 있습니다.

② ○○들만 사는 나라의 여행 일기

교사는 책의 목차 중 '모든 사람을 존중해!'의 하위 목록인 '어린이' '노인' '장애인' '여성' '성 소수자'를 타이핑해 학생 수만큼 인쇄합니다. 그런 뒤 제비뽑기 형식으로 학생당 한 단어를 가져가게 하고, 자신이 뽑은 제비에 적힌 존재만이 사는 나라로 여행을 떠나는 상상을 해 보자고 이야기합니다. '노인'을 뽑았다면, 노인들만 사는 나라로 떠난 여행 일기를 쓰는 것입니다. 일기를 작성할 때는 주변 사람들의 옷차림은 주로 어땠는지, 가게에서는 어떤 물건을 많이 판매하고 있었는지, 그들의 소비 패턴과 생활 습관 등을 상상합니다. 노인만 사는 세상에서 버스를 탔을 때에 승객들이 모두 의자에 앉은 후 천천히 출발한다는가, 길거리에서 편의점만큼이나 자주 병원을 볼 수 있다는 내용을 쓸 수 있습니다. 또한 그 나라를 여행하며 편리하게 느낀 점이나 생소하게 느낀 점도 함께 작성합니다. 학생들은 소수자만 살아가는 세상을 상상해 봄으로써 편리함이란 서로를 향한 배려와 존중을 통해 생겨난다는 사실을 깨닫게 될 것입니다.

> " (노인)들만 사는 나라의 여행 일기 "
>
> 1. 여러분은 지금 (　　　)들만 사는 나라로 여행을 갔습니다.
>   여행에서 보고, 듣고, 느낀 것들을 일기로 적어보세요.
>
> 나는 노인들만 사는 나라로 여행을 왔다. 이 나라에는 모두 노인들만 산다. 처음에 나는 호텔에 가서 짐을 풀려고 했는데 안내원분들도 노인이셔서 내 방에 가는 것이 힘들었다. 초록 호텔에서 쉬고 있었는데 편지가 왔다. 편지에는 이렇게 써 있었다. "안녕하세요. 이 편지는 바람을 타고 어느 분 앞에서 멈출지 모를 것입니다. 그분은 내일부터 다음 주 월요일까지 다른 노인들의 댁을 놀러가실 수 있습니다. 그렇다면, 즐거운 여행 되세요." 그래서 나는 아무 집에 갔다. 가는 동안 차도 별로 없고 병원과 노인 센터가 많았다. 그런데 신기한 건 모든 집에 의사가 있었다. 내가 왜 다 의사가 있냐고 물어봤더니 노인분들은 자주 편찮으셔서 개인 의사가 있다고 했다. 정말 신기한 나라였다.

활동지 예시

③ 존중 지도 그리기

내가 존중할 수 있는 범위는 어디까지일지 지도 형식을 활용해 파악해 보는 활동입니다. 먼저 A4 용지 중심에 내 모습을 그린 뒤 좁은 원부터 넓은 원까지, 나를 둘러싼 세 개의 원을 그립니다. 그 후 발표 및 회의를 통해 '어린이' '노인' '장애인' '여성' '성 소수자' '성별' '인종' '직업' '소득' '환경' '먹거리' '사람 사이의 관계' 등 책에 소개된 대상

또는 존중을 필요로 하는 주제를 총 10가지 정합니다. 가장 좁은 원 안에는 내가 이미 실천하고 있는 존중의 주제를 적고, 조금 더 큰 원에는 어느 정도 실행하고는 있으나 더 많은 노력이 필요한 주제를 골라 적습니다. 마지막으로 가장 커다란 원에는 이번 기회를 통해 문제 상황을 인식하게 되었거나 아직 더 많은 고민이 필요하다고 생각하는 주제를 적어 존중 지도를 완성합니다. 그런 뒤에는 책에서 학습한 내용을 바탕으로 나의 존중 범위를 넓혀 가기 위해 필요한 실천 방안 세 가지를 써넣습니다. 존중에는 개인뿐만 아니라 사회적인 노력이 뒷받침되어야 하기 때문에 국가 차원에서 실시해야 할 정책 세 가지까지 조별 토의를 거쳐 작성합니다. 완성한 활동지는 발표를 통해 학급 친구들과 공유하고 서로의 감상을 나눕니다.

마무리하기

학교 현장에서의 인성교육은 학생들의 관계와 상호존중에 중점을 두고 있습니다. 물론 존중이 모든 관계의 해답이 될 수는 없지만, 타인을 배척하기보다 서로의 다름을 이해함으로써 친근하고 우호적인 분위기를 만들어 내는 데에 기여할 수는 있습니다. 각종 전염병과 미디어 발달의 영향으로 어느 때보다 개인 간의 거리가 멀어진 지금, 더 나은 공동체를 만들고 건강한 관계를 쌓아 가기 위해서는 서로를 향한 존중을 실천하는 방법을 배워야 합니다. 존중, 인성, 따뜻함과 같은 단어에 '저는 존중 같은 거 모르는데요?' '저는 안 따뜻한데요?' '저는 원래 인성이 나쁜데요?'라며 회의적인 반응을 보이는 학생들도 존중이 발휘하는 영향력을 배우며 조금 더 나은 자기 자신과 사회의 모습을 고민해 볼 수 있습니다. 타인과의 관계 맺기에서 꼭 필요한 가치인 존중을 되새기며 학생들은 자기 자신까지 존중할 수 있는 존재로 성장해 나갈 것입니다.

🏖 함께 읽으면 좋은 책

■ 1-2학년
『까먹어도 될까요』 유은실 글, 경혜원 그림, 창비, 2022
『나쁜 씨앗』 조리 존 글, 피트 오즈월드 그림, 김경희 옮김, 길벗어린이, 2018

■ 3-4학년
『향기를 만드는 말의 정원』 김주현 글, 모예진 그림, 노란상상, 2021
『혐오: 재밌어서 한 말, 뭐가 어때서?』 소이언 글, 권송이 그림, 우리학교, 2019

■ 5-6학년
『거짓말 노트』 조호재 글, 김선배 그림, 대교북스주니어, 2020
『미움을 파는 고슴도치』 슬라비 스토에프 글, 마테야 아르코바 그림, 김경연 옮김, 다봄, 2021

가을

9월 4일 지식재산의 날

10월 2일 노인의 날

10월 4일 세계 동물의 날

10월 9일 한글날

10월 25일 독도의 날

10월 마지막 화요일 금융의 날

학교폭력 예방 교육

지식재산의 날 [9월 4일]
윤리적인 소비자와 생산자로 거듭나요

　지식재산의 날은 세계에서 가장 오래된 금속활자본인 직지심체요절이 2001년 9월 4일 유네스코 세계기록유산으로 등재된 날을 기념하고 있습니다. 이후 2017년 12월 19일에 지식재산 기본법 제29조의 2가 신설됨에 따라 법정 기념일로 지정되었습니다. 근대적 출판 저작물의 상징인 직지가 산업재산권과 저작권을 지닌 중요한 저작물이라는 사실을 강조한 것입니다.

　이처럼 지식재산의 날은 지식재산의 창출·보호 및 활용에 대한 국민의 이해와 관심을 높이기 위하여 지정되어 현재까지 이어지고 있습니다. 지식재산 기본법 제3조 제1호에 따르면 '인간의 창조적 활동 또는 경험 등에 의하여 창출되거나 발견된 지식·정보·기술, 사상이나 감정의 표현, 영업이나 물건의 표시, 생물의 품종이나 유전자원(遺傳資源), 그 밖에 무형적인 것으로서 재산적 가치가 실현될 수 있는 것'을 지식재산이라고 칭합니다.

　학생들에게는 아직 단어와 개념이 낯설게 느껴질 수 있지만, 사실 우리는 주변에서 매일 새로운 지식재산물을 발견하곤 합니다. 텔레비전 프로그램이나 책, 기발한 레시피로 만들어진 음식이나 특허를 받은 가전제품 등 재산의 가치가 있는 지식과 정보 모두가 지식재산이 될 수 있습니다. 오늘날에는 그 범위가

  보다 확대되어 SNS와 영상매체를 통해 공유된 콘텐츠까지 지식재산의 일종으로서 취급되고 있습니다. 그렇기에 지식재산을 보호하는 일은 학생들이 주로 접하는 콘텐츠의 창작 활동이 활발하게 이뤄질 수 있도록 돕는 첫걸음이 됩니다.

  학생들은 자신이 소비하고 창작하는 콘텐츠가 재산으로서 보호받을 가치가 있다는 사실을 잘 인지하지 못합니다. 학생들에게 지식재산의 개념과 예시와 더불어 지식재산을 지켜 나가야 하는 이유를 알려 주는 것이 중요한 이유입니다. 교사는 학생들이 저작권에 관한 올바른 가치관을 형성하여 윤리적인 소비자이자 생산자로 성장할 수 있도록 교육해야 합니다.

『구스토, 발명하다』
바우터르 판레이크 글·그림, 권미자 옮김, 키즈엠, 2017
추천 학년: 1~2학년

"이 세상에 없는, 단순하면서도
정말 편리한 것이면 돼."

책에는 직접 발명품을 만들었다가 위기에 처한 주인공들의 모습이 유쾌하게 담겨 있습니다. 그들은 좌절하지 않고 즐겁게 문제를 해결해 나가며, 긍정적인 도전 정신을 발휘함으로써 발명이 결코 어렵지 않다는 사실을 독자로 하여금 깨닫게 합니다. 아이들의 말랑한 상상력을 자극하는 책으로, 지식재산권과 관련하여 저학년 학생들이 접근하기 쉬운 주제인 '발명'을 함께 알아보기에 좋습니다.

들어가기

'발명' 하면 생각나는 단어를 이야기해 보자고 하면 학생들은 '만드는 것' '새로운 것' '에디슨' '아이디어' '로봇' 등과 같은 단어를 떠올립니다. 교사는 이번에 함께 읽을 책이 발명과 관련이 있다는 것을 안내하며 막대기의 다양한 활용 예시가 담긴 책의 면지를 함께 살펴봅니다. 면지의 그림이 어떤 발명품을 표현한 것인지 함께 추측하며 수업을 시작합니다.

이 책은 학생들이 더욱 몰입하여 내용을 감상할 수 있도록 동화 구연 QR코드를 제공하고 있습니다. 그렇기에 교사는 책을 직접 읽어 주거나 동화 구연 영상을 활용하여 이야기를 들려주도록 합니다. 책 속 주인공이 위기에 빠진 모습이 작은 삽화로 표현되어 있으므로 실물화상기를 통해 그림을 확대하여 더 자세히 들여다보는 것도 좋습니다.

> 활동하기

① ( ), 발명하다 😊

학생들은 구스토의 발명 이야기를 들으며 자연스럽게 새로운 것을 만들어 내는 발명과 발명가에게 궁금증을 갖습니다. 창의적인 발명품을 만들어 낸 구스토처럼 직접 발명품을 상상하여 그려 보도록 합니다.

먼저 우리 삶을 편리하게 만들어 준 발명품과 그것을 개발한 발명가에 대해 알아봅니다. 이때 교사가 발명품 사진 또는 동영상 자료를 제시하여 충분한 설명을 해 주도록 합니다. 한글, 비행기, 차, 종이, 전구, 스마트폰, 에어컨 등 우리가 일상적으로 사용하는 사물들이 모두 발명품의 일종임을 안내하여 학생들이 부담을 느끼지 않게 하는 것이 중요합니다. 또한 교사가 알려 주지 않았어도 자신이 잘 알고 있는 사실이 있다면 학급 친구들에게 소개해도 좋다고 안내합니다.

다양한 발명품과 발명가를 이해한 다음에는 내가 만약 발명가가 된다면 어떤 발명품을 만들고 싶은지 상상해 봅니다. 먼저 누가, 언제, 어디에서 사용할 물건을 만들 것인지 생각해 둬야 합니다. 발명품을 구상할 때엔 새로움보다 편리성 증진에 초점을 맞춰 활동 목적인

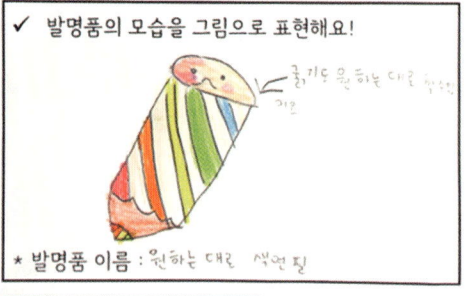

활동지 예시

 '발명'에 걸맞은 실용적인 발상이 가능하도록 독려합니다. 일상에서 사용하던 물건을 살짝 변형하는 것도 좋습니다. 모든 구상이 끝난 후에는 발명품의 모습을 그림으로 표현하고 이름도 지어 봅니다. 나아가 학생들이 그려 낸 발명품을 실물화상기로 함께 보며 어떤 친구가 상상한 발명품인지 맞혀 보는 게임을 진행해도 좋습니다. 학생들은 각 발명품마다 개개인의 취향과 관심사가 녹아 있음을 깨닫고, 다른 친구들의 기발한 상상력에 감탄하기도 합니다.

② 발명가와 발명품 OX 게임!

발명과 발견의 차이를 설명합니다. 구스토와 옐로가 만든, 딱총나무 열매를 쉽게 딸 수 있는 기계를 누군가 먼저 만들었다면, 그것을 발명품이라고 할 수는 없습니다. 옷에 붙으면 잘 떨어지지 않는 도꼬마리 열매를 찾아낸 것은 발견이고, 도꼬마리 열매를 모방해 만든 벨크로는 발명이라고 할 수 있습니다. 이처럼 지식재산권을 주장하기 위해서는 자연에 존재하는 것을 발견하는 것을 넘어, 이전에 없었던 것을 새로 만들어 내거나 이전에 있었던 물건이나 방법을 편리하게 개선해야 합니다. 설명을 마쳤다면 활동지를 프린트해 나눠 주고, 해당 물건이 발명품인지 아닌지 여부를 가리는 OX 게임을 진행합니다.

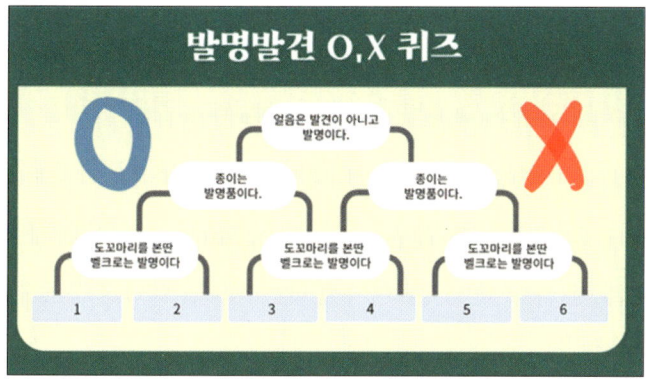

꼭대기 층에 적힌 질문에서부터 시작합니다. '얼음은 발견이 아니고 발명이다.'라는 질문을 보고 O라고 생각한다면 왼쪽으로, X라고 생각한다면 오른쪽 선을 타고 내려갑니다. 다음 질문에서도 똑같은 방식으로 진행하며, 마지막 질문까지 완료하면 1부터 6 사이의 점수 중 한 곳에 도착하게 됩니다. 정답에 가까운 선택지일수록 높은 점수를 받을 수 있습니다. 예시 그림을 바탕으로 설명했을 때, 모든 문제를 맞혔을 때의 선택지인 3번은 10점, 하나를 틀린 1번과 4번은 9점, 두 문제를 틀린 2번과 5번은 8점, 모든 문제를 틀린 6번은 7점을 획득할 수 있습니다. 답을 밝히고 점수를 계산한 뒤에는 각 발명품을 만들어 낸 발명가가 누구인지 함께 알아보며 활동을 마칩니다.

마무리하기

발명의 개념과 과정, 중요성을 이해하는 활동을 통해 학생들은 뿌듯함을 느끼고 발명의 어려움을 체감합니다. 또한 발명품과 발명가에 관한 새로운 지식을 쌓기도 합니다. 무엇보다 세상에 존재하지 않았던 물건이나 방법을 발명해 낸 사람은 그에 걸맞은 권리를 가지고 있어야 하며, 우리 모두 그에 대한 권리를 존중해야 한다는 것을 이해해 나갑니다. 우리 삶에 편리함을 더하는 발명이 계속되기 위해서는 발명가의 권리가 꼭 보장되어야 한다는 사실을 이야기하며 수업을 마무리합니다.

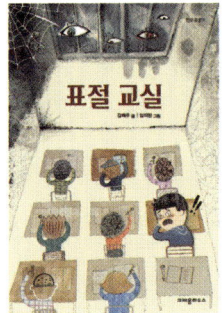

『표절 교실』
김해우 글, 임미란 그림, 크레용하우스, 2018
추천 학년: 3~4학년

"어쩌다 보니? 그걸 말이라고 해? 설마 네가 베낀 게 단순히 글자라고 생각하는 건 아니겠지?"

숙제부터 독후 감상문까지. 무엇이든 베껴 버리는 '재미'와 달리 '시인'은 함부로 다른 사람의 창작물을 표절하지 않습니다. 하지만 시인이라는 이름 탓에 큰 부담을 느낀 나머지 남의 시를 표절해 백일장에서 상을 받게 됩니다. 결국 '표절 교실'이라는 곳에 갇혀서 벌을 받게 된 주인공은 다른 사람의 창작물을 훔치는 것이 영혼을 훔치는 것과 다름없다는 사실을 깨닫게 됩니다. 교실이라는 친숙한 공간을 통해 표절에 관한 문제의식을 다루고 있는 만큼 중학년 학생들이 재미있게 읽을 수 있는 책입니다.

들어가기

　유명 가수나 작곡가들이 표절 논란에 휘말리거나, 유명 정치인들의 논문이 다른 사람의 글을 표절했다는 소식으로 세상이 떠들썩해진 모습을 한 번쯤은 본 적이 있을 것입니다. 남의 생각과 창작물을 훔치는 것이 옳지 않다는 사실은 모두 알고 있지만, 어렴풋하게 느낄 뿐 심각하게 체감하기란 쉽지 않습니다. 교사는 '표절은 영혼을 빼앗기는 것과 같다'고 말한 책 속 시인의 말을 인용하여 표절이 얼마나 큰 문제인지 생각해 볼 것을 당부한 뒤 함께 책을 읽습니다.

> 활동하기

① 현실 속 표절 교실 ☺

　주인공은 다른 사람의 시를 표절한 대가로 절대 손에서 떨어지지 않는 볼펜으로 남의 글만 베껴야 했습니다. 또 엄마의 떡볶이 레시피를 훔친 아저씨는 표절 교실에 갇혀 계속 음식을 만들어 나눠 줘야 했습니다.

　타인의 지식재산권을 침해한 죄로 벌을 받게 된 책 속 등장인물들을 살펴본 뒤에는 한국저작권위원회 홈페이지(copyright.or.kr) '사업-국제협력-지식정보관-해외사무소뉴스'에서 '표절' 키워드로 검색하여 현실에서 일어난 표절 사례를 찾아봅니다. 프로그램 포스터, 동화책, 교과서, 음악, 영화, 논문 등 다양한 분야에서 표절이 발생하고 있음을 알 수 있습니다.

　조사한 내용을 바탕으로 다른 사람의 창작물을 표절한 사람이 표절 교실에서 받아야 할 벌을 상상해 봅니다. 케이크 레시피를 베낀 사람은 평생 생일 때 케이크에 초를 꽂을 수 없다거나, 다른 사람의 예능 프로그램을 허락받지 않고 따라 한 사람은 다큐멘터리에 자막 다는 일을 해야 한다는 등의 창의적인 벌을 생각할 수 있습니다. 이러한 활동을 통해 학생들은 표절이 창작자의 명예에 실제적인 피해를 끼치는 심각한 범죄 행위임을 깨닫고, 건강한 창작자이자 소비자로 성장해 나갑니다.

학생이 조사한 지식재산권 침해 사례

② CCL 의미 알아보기

주인공 시인의 말대로, 우리는 다른 사람의 레시피로 음식을 만들어 먹고 예쁜 글씨체나 이미지를 다운로드하여 사용하기도 합니다. 창작자의 허락을 받았거나 공익을 위해 공개된 경우 자유롭게 사용할 수 있기 때문입니다. 이렇게 불분명한 저작권의 경계를 명확하게 해 주는 것이 바로 'CCL'입니다. CCL이란 'Creative Commons License'의 약자로, 자신의 창작물을 일정한 조건하에 다른 사람이 자유롭게 이용하도록 허락하는 내용의 자유 이용 라이선스입니다. 다시 말해 스스로 만든 창작물을 다른 사람이 어떻게 사용할 수 있는지 그 방법을 제시한 표기입니다.

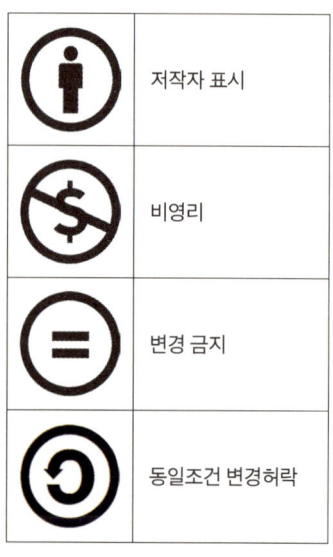

교사는 학생들에게 CCL 기호를 제시한 뒤 어떤 표시가 어떤 의미를 가지고 있을지 생각하여 유추하는 활동을 진행합니다. 먼저 '저작자 표시' '비영리' '변경 금지' '동일조건 변경허락'과 같은 네 가지 조건이 무엇을 의미하는지 그림을 보며 유추하게 하고, 실제 의미를 설명해 줍니다. 찾기 쉬운 생활법령정보(easylaw.go.kr) 홈페이지에서 CCL을 검색하여 보다 자세한 예시를 들 수도 있습니다. 나아가 실제 창작물에 붙어 있는 CCL 표기를 찾아보거나 왜 이렇게 범위를 정했을지 고민해 보고 자신이라면 창작물에 어떤 표기를 붙였을지 생각하며 생각을 확장해 나가도 좋습니다. 이를 통해 학생들은 저작물 활용에 관해 깊이 생각해 보는 것은 물론, 실생활에서까지 저작권 법령을 유용하게 적용하는 능력을 기를 수 있을 것입니다.

마무리하기

책 속에서 표절로 인해 권리를 침해당한 창작자들은 영혼이 말라 붙어 가는 낙엽병에 시달렸습니다. 실제로 저작권 침해는 도덕의 문제이기도 하지만 사회적, 법적으로도 큰 문제입니다. 억울하게 작품을 빼앗긴 뒤 금전적인 피해를 입거나 절필을 선언하는 등 저작권 침해는 창작자의 삶을 병들게 합니다. 저작권자의 권리가 줄어들고 침해의 가능성이 늘어날수록 양질의 창작물이 나오기 어렵기 때문입니다. 앞으로도 창작자의 권리와 저작권을 가볍게 여기지 않고 존중할 것을 다짐하며 수업을 마무리합니다.

『**어린이 저작권 교실**』
임채영 글, 김명진 그림, 정은주 감수, 산수야, 2021
추천 학년: 5~6학년

"지식재산권은 그것을 가지고 있는 사람과 그것을 사용하는 여러분 모두의 소중한 재산이에요."

지식재산권은 고학년 학생에게도 어려운 개념이기 때문에 낯선 주제를 친근하게 접하도록 하는 것이 무엇보다 중요합니다. 이 책은 초등학교 교실에서 선생님이 지식재산권에 관한 수업을 하는 형식으로 구성되어 있습니다. 일상 속에서 찾아볼 수 있는 다양한 지식재산권의 예시와 함께 이를 침해하는 사례를 이해하기 쉽게 설명하고 있어 학생들은 수업을 듣는 기분으로 자연스럽게 책을 읽어 나갑니다.

들어가기

저작권, 특허와 같이 지식재산과 관련된 우리 주변의 사례를 학생들에게 안내합니다. 예를 들어 양념 치킨과 관련된 특허 이야기, 20세기 초 '죽음의 병'으로 불렸던 당뇨병을 현재는 '관리할 수 있는 병'으로 바꾼 인슐린 특허 이야기, 현존하는 가장 완벽한 검은색이라고 불리는 '반타블랙'을 한 예술가가 '예술적 목적으로 사용할 권한' 명목으로 독점하여 일어났던 논쟁 등을 뉴스 기사, 영상 자료를 통해 제시합니다. 학생들은 다양한 예시를 접하며 지식재산이 우리 삶과 밀접한 관련이 있다는 사실을 깨닫고 더욱 흥미를 느낄 것입니다.

활동하기

① 저작물 종류 빙고 게임

　우리나라 저작권법에서는 저작물을 '음악' '공연' '도형' '미술' '어문' '건축' '컴퓨터 프로그램' '영상' '사진', 총 아홉 가지로 나누고 있습니다. 게임을 진행하기 전, 줄글로 나와 있는 저작물의 아홉 종류를 '클러스터링' 기법을 사용하여 보기 좋게 정리합니다. 클러스터링은 데이터 분류 기법으로, 특정 정보들을 그룹으로 분류한 다음 연상 작용을 통해 각 정보에 관한 아이디어를 이어 나가는 방식으로 이루어집니다. 예를 들어 저작물의 종류 중 하나인 '어문 저작물'을 하나의 그룹으로 지정합니다. 어문 저작물은 시, 동화, 소설, 수필 등으로 다시 분류할 수 있고, 마지막으로 자신이 인상 깊게 봤던 구체적인 작품

음악 저작물	공연 저작물	도형 저작물
미술 저작물	어문 저작물	건축 저작물
컴퓨터 프로그램 저작물	영상 저작물	사진 저작물

아홉 종류 저작물 빙고 판

으로 또다시 분류할 수 있습니다. 학생들은 이러한 과정을 통해 학습한 내용을 체계적으로 정리하고 구체적인 예시를 통해 친숙하게 저작물의 종류를 알아볼 수 있습니다.

클러스터링 기법으로 저작물의 갈래와 종류를 정리했다면 본격적으로 빙고 게임을 진행합니다. 교사는 아홉 개의 저작물 종류가 적힌 판을 나누어 준 뒤, 학생들이 각 종류에 맞는 저작물을 하나씩 적어 빙고 판을 완성하도록 합니다. 이후 진행하는 게임은 '역빙고'로, 마지막까지 빙고를 가장 적게 완성한 사람이 이기는 방식입니다. 학생들은 친구들이 써넣은 저작물들을 통해 자신이 생각하지 못한 예시를 풍부하게 접할 수 있을 뿐만 아니라, 친구들이 쓴 것과 내용이 겹치지 않도록 다양한 종류의 저작물들을 생각하며 내용을 더 깊이 이해할 수 있습니다. 또한 게임 진행 중 토의를 통해 학생들이 작성한 내용이 각 종류에 맞는 저작물인지 이야기를 나눈다면 학습한 내용을 보다 원활하게 정리할 수 있습니다.

② 회사 사장이 되어 특허 검색하기

초보자용 키프리스 검색 사이트(beginner.kipris.or.kr)에서는 특허청이 보유한 국내외 지식재산권 관련 정보와 모든 특허 정보를 검색해 볼 수 있습니다. 특허 신청 후 거절당했거나, 특허 통과가 되었지만 당사자가 등록하지 않았다는 사실 등 현재 특허의 상태 또한 알 수 있습니다. 교사는 키프리스 검색 사이트를 활용해 내가 관심 있는 분야의 특허를 검색하는 활동을 진행합니다. 이때 방대한 정보의 양에 휩쓸리지 않도록, 원하는 정보를 찾기 전에 명확한 검색 방향을 설정해 둬야 합니다. 또한 실제 기업에서도 키프리스 사이트를 주기적으로 확인한다는 사실을 안내하면 학생들도 활동에 더욱 흥미를 보일 것입니다.

교사는 먼저 자신이 회사의 사장이라고 가정하고, 내가 운영하는 회사가 어떤 회사인지, 어떤 물건을 주력으로 판매하는지 정해 보자고 말합니다. 이때 컵라면, 머리끈, 화분 등 자신이 관심 있거나 자주 사용하는 물건을 정하는 것이 좋습니다.

그다음 우리 회사의 주력 상품을 검색해 어떤 특허들이 있는지 확인합니다. 예를 들어, '컵라면'을 검색하는 경우 '앞접시가 달린 컵라면 용기' '면 분리 컵라면' 등의 특허 출원 사례가 나옵니다. 교사는 학생들 스스로 특허를 찾고, 그중 친구들에게 소개하고 싶은 특허를 선별해 소개하도록 합니다. 이때 "특이하고 좋은 아이디어라서 소개하고 싶었어요."와 같이 그 이유를 함께 밝힙니다.

한 회사의 사장이 되었다는 가정은 학생들이 책임감 있는 태도로 키프리스 사이트를 자세히 살피게 합니다. 또한 다른 친구들의 관심 분야와 그에 관련한 다양한 특허 정보를 함께 살필 수 있는 기회가 됩니다. 학생들은 많은 창작물들이 어떤 과정을 거쳐 우리에게 오는지 간접적으로 체험하며 저작권과 우리 삶이 밀접하게 연결되어 있다는 사실을 깨닫게 될 것입니다.

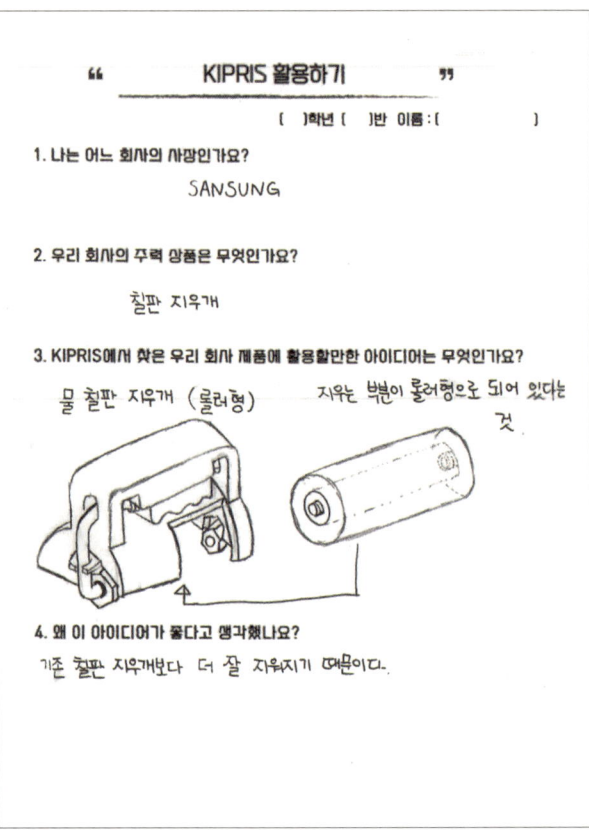

활동지 예시

③ 우리 곁의 저작권 박물관 ☻

한국대중음악박물관, 고인쇄박물관에 가면 저작물들의 역사와 종류에 관한 많은 자료와 설명을 볼 수 있습니다. 하지만 일상생활 속에서도 우리는 많은 종류의 저작물들을 찾아볼 수 있습니다. 교사는 저작권법에서 설명하고 있는 아홉 가지 저작물을 설명한 뒤 학생들이 가정에서 두 가지 이상의 저작물을 가져오도록 합니다. 이때 교사는 집같이 편안한 생활공간에도 언제나 저작권이 있는 저작물이 존재한다는 사실을 짚어 줍니다.

제목 (저작물의 이름)	
저작물의 종류	
만들어진 시기	
용도	
가치 (가지고 있는 특징, 기념할만한 이유 등)	

활동지 양식

학생들은 저작권 박물관의 큐레이터로서 가지고 온 저작물을 설명하는 글을 작성합니다. 저작물이 '음악' '공연' ' 도형' '미술' '어문' '건축' '컴퓨터 프로그램' '영상' '사진', 아홉 개 중 어디에 해당하는지 찾아보고, 저작물의 이름, 종류, 만들어진 시기, 용도와 특징, 가치를 설명합니다. 예를 들어 오래된 음원 CD를 가져온 학생의 경우, 이 저작물은 음악 저작권을 가지고 있으며 지금도 왕성하게 활동하고 있는 가수의 베스트 앨범이라는 점을 소개로 써넣을 수 있습니다. 소개글을 모두 작성하고 난 뒤에는 저작물들을 저작권 종류에 맞게 전시

한 뒤 함께 살펴보는 시간을 보냅니다. 이러한 과정을 통해 학생들은 저작권의 종류와 범위를 이해하고 우리 주변의 저작물들에 관심을 갖게 될 것입니다.

마무리하기

교사는 저작권을 보호하는 것이 창작자에게 동기를 부여하고 나아가 우리나라 문화 발전을 위한 길임을 다시 한번 짚어 줍니다. 그런 뒤 저작권 관련 분쟁이 일어났을 경우 도움을 받을 수 있는 기관을 소개합니다.

저작권 관련 분쟁이 일어났을 경우 도움을 받을 수 있는 공식적인 기관은 한국저작권위원회(copyright.or.kr)와 한국저작권보호원(kcopa.or.kr)이 있습니다. 두 기관 모두 문화체육관광부 산하 기타 공공기관으로, 특히 한국저작권위원회는 상담 센터를 운영하며 저작권 관련 분쟁을 예방하고 공정한 저작물 이용 문화를 조성하기 위해 힘쓰고 있습니다. 저작권을 존중하는 것과 주장하는 것 모두 중요함을 당부하며 활동을 마칩니다.

함께 읽으면 좋은 책

■ 1-2학년

『비 너머』 페르난도 빌레라, 미셸 고르스키 글, 페르난도 빌레라 그림, 오진영 옮김, 스푼북, 2021

■ 3-4학년

『말과 글에도 주인이 있어요!!』 장보람 글, 최해영 그림, 팜파스, 2013
『지구를 위한 발명 이야기』 캐서린 바, 스티브 윌리엄스 글, 에이미 허즈번드 그림, 신동경 옮김, 너머학교, 2021

■ 5-6학년

『고양이가 필요해』 박상기 글, 이지오 그림, 소원나무, 2022
『더 좋은 세상을 만든 착한 발명』 이향안 글, 허현경 그림, 현암주니어, 2018

노인의 날 [10월 2일]

노인에게도 눈부신 미래가 있어요

　노인의 날은 노인을 향한 사회적 관심과 공경 의식을 높이기 위해 지정한 법정 기념일입니다. 국가기록원에 따르면 경제, 사회적 발달과 함께 핵가족으로의 가족 구조 변화, 산업화, 도시화, 평균수명 연장으로 인한 노인 인구 증가 그리고 부양 의식 감퇴 등으로 노인문제는 점차 커다란 사회문제가 되어 가고 있습니다. 노인이 말 그대로 나이가 들어 늙은 사람이라면, 몇 살부터 노인이라고 할 수 있을까요? 노인복지법에서는 만 65세 이상을 대상자로 정하고 있습니다.

　현재 전체 노인 가구 중 독거노인과 노인 부부 가구는 2002년에 비해 2020년 기준 78.2%로 노인 인구의 대부분을 차지하고 있습니다. 해가 다르게 감소하는 혼인율과 출생률로 유추해 봤을 때, 노인 단독 가구는 필연적으로 늘어나게 될 것입니다. 또한 현재도 주요한 사회문제로 다뤄지고 있는 노인 빈곤율, 고독사 문제는 갈수록 더 중요한 위치를 차지하게 될 것입니다.

　4차 산업혁명으로 모든 게 디지털화된 시대에서 노인들은 어떤 삶을 살고 있을지 생각해 본 적이 있나요? 노인 중 56.4%가 스마트폰을 보유하고 있지만, 온라인 중심의 정보 제공으로 인해 여전히 어려움을 겪습니다. 예를 들어 키오스크를 활용해 음식을 주문할 때, ATM 기기를 이용할 때, 택시나 비행기 같은 교통수단을 예매할 때 등 노인들은 일상생활에서 정보화 기기를 이용해야 하는

상황에 놓일 때마다 크고 작은 불편함을 호소합니다.

　아직 어린 학생들은 왜 사회가 복지 제도를 마련해 경제력이 없는 노인들을 돌보아야 하는지 이해하지 못하기도 하지만, 노인은 갑자기 나타난 존재가 아닙니다. 아이가 자라 어린이가 되고 청년이 되는 것처럼 노화는 자연스러운 과정입니다. 앞으로 나라의 주역이 될 아이들도 언젠가는 노인이 되는 것이지요. 이렇듯 노인들이 겪는 어려움은 단순히 개인의 문제가 아니라, 다 같이 관심을 갖고 개선하기 위해 머리를 맞대야 하는 사회적 문제입니다. 사회 구성원 모두가 노인을 공경하고 존중하는 태도를 지니고 이를 위해 노력할 때 개인의 특성과 차이에 상관없이 누구나 존중받을 수 있는 건강한 사회 풍토를 조성할 수 있을 것입니다.

『할머니가 태어날 때부터 할머니였던 건 아니에요』
야프 로번 글, 메이럴 아이케르만 그림, 최진영 옮김,
고래뱃속, 2015
추천 학년: 1~2학년

"나는 '할머니에게 나중이 없다'는 말은 믿지 않아요."

아이의 시선으로 할머니의 어린 시절을 더듬어 보는 책입니다. 사진 속의 아기, 물구나무서는 어린이, 피아노를 연주하는 젊은이는 모두 현재의 할머니와 같은 사람입니다. "공룡보다 나이가 많은 할머니도 있어요." "우리 할머니 이름은 '할머니'예요." 같은 문장은 아이들의 순수한 시각을 보여 줌과 동시에 할머니를 향한 시각을 재정비할 수 있게 합니다. 전 학년이 읽어도 좋은 그림책이지만, 저학년에게는 책의 내용 소개와 함께 치매 증상에 관한 부연 설명이 필요합니다.

들어가기

아기가 자라 어린이가 되는 것처럼, 주변에서 만날 수 있는 모든 어른에게는 어린 시절이 있었다는 것을 알 수 있도록 간단한 퀴즈를 진행합니다. 예를 들어 선생님의 어린 시절 사진을 보여 주고 사진 속 인물이 누구일지 생각해 보도록 하는 것은 훌륭한 동기 부여와 주의 환기가 됩니다. "이렇게 작았던 아기가 선생님이 되어서 여러분 앞에 있어요." 하고 말해 준다면 학생들은 노화가 삶의 자연스러운 과정임을 받아들일 수 있습니다.

함께 그림책을 읽으며 흑백사진 속 아기와 어린이, 컬러사진 속 청

소년과 성인이 모두 한 사람임을 짚어 줍니다. 왜 아기와 어린이 사진만 흑백인지 생각해 보는 것도 좋습니다. 할머니가 어렸을 때는 아직 컬러사진이 보급되지 않았다는 사실을 알려 주면 그 당시와 오늘날 환경의 차이를 자연스럽게 인식할 수 있습니다.

> **활동하기**

① 내가 할머니 할아버지가 된다면? ☻

교사는 "내가 할머니 할아버지가 되면 어떤 모습일까?" 하고 질문을 던진 뒤 학생들이 자신의 70년 후를 상상해 보도록 합니다. 이때 현재 나의 모습이 어떠한지 먼저 적어 본다면 이를 토대로 노인이 된 자신의 미래를 보다 쉽게 떠올릴 수 있습니다.

교사는 미리 인쇄해 둔 학습지를 나눠 주고, 학생들이 비어 있는 칸들을 채워 나가도록 안내합니다. 첫 번째로는 오른쪽 볼에 보조개가 있다든가, 손가락 하나가 짧다든가, 다른 친구들과 구분되는 나의 신체적 특징을 적습니다. 이때 예쁘다, 못생겼다 등 주관적인 기준으로 외모를 평가하는 단어는 사용하지 않도록 합니다. 두 번째로 취미활동을 적어 봅니다. 쉬는 시간이나 학교가 끝난 뒤 무엇을 하며 시간을 보내는지, 무엇을 하며 노는 것을 좋아하는지 생각합니다. 독서, 축구는 물론 친구들과의 전화 통화도 취미활동의 일부입니다. 세 번째로는 좋아하는 음식을 자유롭게 적어 봅니다. 마지막으로 나의 장

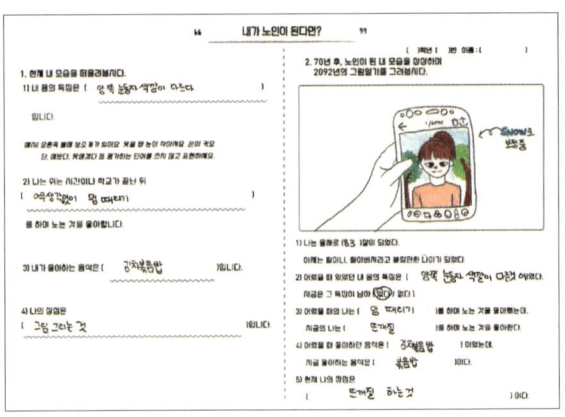

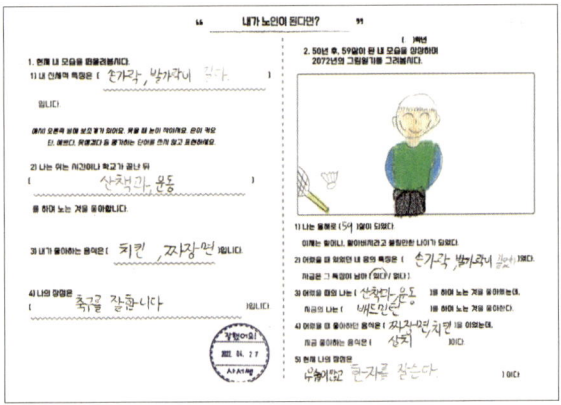

활동지 예시

점을 적습니다. 이때 "나는 웃음이 많아요." "나는 기분 나쁜 일을 잘 잊어요." "나는 낯선 사람과도 잘 이야기해요." 등 자신의 성격적 장점을 중점으로 써넣도록 유도하면 좋습니다.

현재 내 모습을 다 적었다면 그와 비교하여 70년 후, 노인이 된 나의 그림일기를 그려 봅니다. 70년 후의 나는 어렸을 때의 나와 신체적 특징, 취미와 좋아하는 음식이 같을 수도, 다를 수도 있습니다. 만약 달라졌다면 어떻게 달라졌는지 상상력을 발휘해 떠올리도록 합니다. 마지막으로, 현재 내가 생각하는 단점을 보완하여 70년 후 나의 장점 칸에 쓰는 방향으로 활동을 유도해도 좋습니다. 학생들은 이러한 활동을 통해 모두가 나이를 먹고 할머니 할아버지가 된다는 것을 자연스럽게 받아들이며, 많은 매체에서 부정적으로 다루는 노인의 삶을 긍정적으로 상상해 볼 수 있습니다.

② 기억 주머니

책 속에 등장하는 할머니는 치매에 걸린 노인입니다. 먼저 치매가 무엇인지 잘 모를 수 있는 저학년 학생들을 위해 서울광역치매센터에서 아동을 위해 제작한 치매 이해 영상을 시청합니다. 이 영상에서는 치매 현상

영상 링크

을 고장 난 기억 주머니에서 조금씩 기억이 빠져나가는 것으로 비유하고 있습니다.

학생들과 영상을 시청한 후, 교사는 기억 주머니를 만들기 위한 천 주머니와 탁구공, 플라스틱 공, 뽑기 기계에서 나오는 공 등 동그란 형태의 물건을 준비합니다. 이때 물건 표면에는 학생들이 잃어버리고 싶지 않은 기억을 적습니다. 모두 적었다면 기억 주머니에 공을 넣어 채우고, 주머니 아래쪽에 구멍을 뚫어서 무작위로 기억이 빠져

나오게 합니다. 교사는 나온 기억 하나의 내용을 학생들에게 보여 주며 만약 그 기억 없이 평생을 살아가야 한다면 어떤 기분일지 말해 보도록 합니다. 학생들의 발표를 모두 듣고 나서는 치매에 걸린 노인들이 어떤 마음으로 살아가고 있을지, 어떻게 치매 노인에게 따뜻한 관심을 전할 수 있을지 함께 생각하는 시간을 보냅니다. 이 활동을 통해 학생들은 치매 노인의 마음을 이해하고 공감할 수 있습니다.

마무리하기

세대 간 차이를 좁히고 상대방을 진정으로 존중하기 위해서는 서로의 다름을 인정해야 합니다. 아직 어린 학생들은 노인들과 살아 온 시간도 경험의 종류도 다르기에 때로 가치관이 부딪힐 수 있지만, 이번 수업을 통해 노인에게도 나와 같은 어린 시절이 있었고 세월의 흐름에 따라 변화를 맞이했을 뿐이라는 사실을 다시금 깨닫곤 합니다.

노인을 이해하고 존중하는 과정은 곧 자신의 미래를 이해하고 존중하는 과정입니다. 교사는 이러한 점을 학생들에게 다시 한번 설명하며 젊고 생기 있는 모습이 표준 또는 정상이라고 생각하기보다 노화가 자연스러운 현상임을 알고 한 사람의 생애를 이해하는 시간을 보내 봅니다.

『사투리 회화의 달인』
문부일 글, 영민 그림, 마음이음, 2017
추천 학년: 3~4학년

"백 세 인생, 앞으로는 눈치 보지 않고 살아야지."

엄마의 재혼으로 제주도에 새로운 가족이 생긴 기준이. 서울 아이인 기준이는 할머니가 사는 제주도에서 여름방학을 보내게 되지만 낯선 제주도 사투리도, 지나치게 마을 사람들의 눈치를 살피는 할머니의 생각과 행동도 이해할 수 없습니다. 하지만 할머니를 이해하기 위해 사투리 회화의 달인이 되는 과정에서 농촌 지역사회에서 나고 자란 윗 세대의 생각이나 소통 방식을 서서히 이해해 나갑니다. 줄거리 구성이 짜임새 있고 흥미로워 아직 긴 책을 낯설어하는 3, 4학년 학생들도 재미있게 읽을 수 있습니다.

들어가기

교사는 제주도 사투리가 잘 드러나 있는 영상을 찾아 학생들에게 보여 줍니다. 유튜브에서 '제주어 능력테스트!'를 검색한 뒤 문제를 풀어 봐도 좋습니다. 함께 영상을 시청하고 난 뒤 사투리를 들으며 어떤 생각이 떠올랐는지 말해 보자고 하면 학생들은 '신기하다.' 같은 평범한 감상에서부터 '이상하다.' '외국어 같다.' '부모님이 제주도 사람이라 익숙하다.' 등 다양한 감상을 이야기합니다. 낯선 사투리를 접하는 것만큼이나 다른 세대의 문제와 감정을 이해하는 것 역시 어려운 일임을 설명하며 수업을 시작합니다.

> 활동하기

① 할머니를 위한 데이트 코스 짜 보기 😊

　책의 말미에서 기준이네 할머니와 서울 할아버지는 시골 사회의 답답한 분위기에서 벗어나 연애를 시작합니다.

　사회에서 향유할 수 있는 문화는 주로 젊은 사람들에게 최적화되어 있는 경우가 많습니다. 오락의 경우 조작법을 익히기가 어려울뿐더러 유행에 따라 급변해 노인들이 즐기기 어렵습니다. 한편 연극, 뮤지컬, 스포츠 경기처럼 충분히 즐길 수 있음에도 인터넷을 능숙하게 사용하지 못해 접근성 문제를 겪기도 합니다. 이러한 점들을 충분히 고려하여 손자 기준이의 입장에서 할머니 할아버지가 하루 동안 함께 할 데이트 코스를 만들어 봅니다.

　활동지는 집에서 출발해 다시 집으로 돌아오는 코스로 구성되어 있습니다. 한정식을 먹고 전통차를 마시는 것도 좋지만, 할머니 할아버지가 경험하지 못했던 새로운 음식과 놀이를 우선적으로 떠올리도록 합니다. 평소 친구들과 놀 때 무엇을 했는지를 참고하여 그중 할머니 할아버지도 즐길 수 있는 활동이 무엇일지 생각해 봐도 좋습니다. 학생들은 '체험학습으로 다녀왔던 민속촌에 함께 간다.' '크로플 맛집에 간다.' '할머니가 좋아하시는 트로트 가수 굿즈를 사러 간다.' '네 컷 사진을 찍는다.' 등 다양한 아이디어를 떠올립니다. 또한 완성한 데이트 코스를 바탕으로 할머니 할아버지와 하루 동안 직접 데이트를 해 본다면 평생 잊지 못할 추억을 만들 수 있을 것입니다.

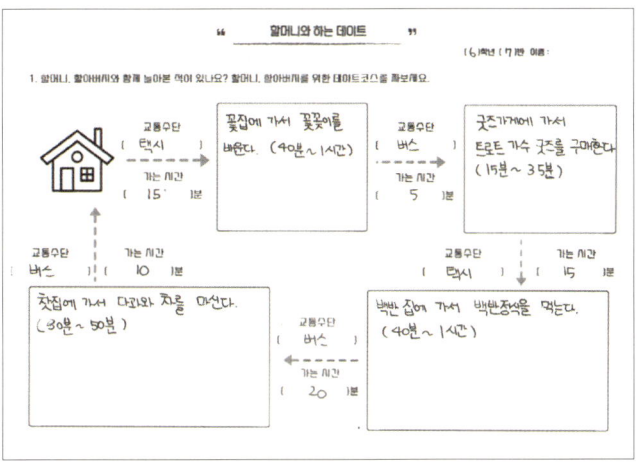

학생이 짠 데이트 코스

② 할머니, 할아버지의 인생 그래프 그리기

조부모님의 어린 시절은 지금 내 생활과 얼마나 달랐을까요? 할머니 할아버지에게 10년 단위로 어떤 일이 있었는지 기록하는 인생 그래프를 그려 봅니다. 만약 조부모님께 인생사를 여쭙기 어려운 상황이라면 직계가족이 아니더라도 주변에 계시는 할머니, 할아버지께 정중히 부탁드리는 방법도 있습니다. 또는 책 속에 나오는 '부춘심 할머니'의 인생 그래프를 그려 보는 것도 좋습니다. 교사는 과거에 있었던 큰 사건이나 기억에 남는 일, 삶에 변화를 가져온 계기 등을 생각하여 그래프를 그리되 '아들의 대학 졸업' '배우자의 은퇴'처럼 가족과 관련된 이야기가 아닌, 그래프 당사자와 직접적인 관련이 있는 사건만을 다루도록 합니다. 그 예로 '새로운 취미 생활을 시작한 것' '다른 지역으로의 이사' '직업의 변화' '아직까지 친하게 지내는 친구와의 첫 만남' 등이 있습니다. 활동을 진행하는 과정에서 학생들은 막연한 옛날이야기인 줄 알았던 전쟁이나 가난했던 과거의 생활, 식습관과 대중문화의 변화 등 시대에 따라 향유하는 문화와 환경이 달랐음을 자연스럽게 이해하게 될 것입니다. 또한 할머니 할아버지의 인생 그래프를 그리며 타인을 바라보는 시야를 넓히고 세대 차이의 원인과 해결법을 이해해 나갈 수 있습니다.

③ 노인을 위한 영상 콘텐츠 기획하기

이 활동을 진행할 때 가장 중요한 것은 학생들이 노인을 위한 영상 콘텐츠 기획의 필요성을 진심으로 느끼는 것입니다. 그러기 위해 먼저 학생들이 좋아하는 프로그램이 무엇인지 질문을 던져 봅니다. 학생들은 음악 방송, 예능, 드라마 등 다양한 프로그램을 이야기하고, 교사는 그러한 프로그램을 할머니, 할아버지도 좋아하실지 묻습니다. 대부분의 학생들이 아니라고 대답할 것입니다. 이때 교사는 "그렇다면 할머니, 할아버지께서 우리가 즐겨 보는 프로그램을 함께 즐기지 못하시는 이유는 무엇일까요?" 하고 다시 한번 질문합니다. 학생들은 과격한 게임을 진행하거나, 자막의 속도가 빠르거나, SNS에서 유행하는 줄임말을 사용하는 등 노인 세대의 공감을 얻을 수 없는 문화를 기반으로 프로그램이 형성되어 있다고 대답했습니다. 교사는 노인들이 향유할 수 있는 문화가 다양하고 흥미로워지려면 사회적 인식 변화와 노력이 동반되어야 함을 안내합니다.

콘텐츠 기획의 필요성을 느꼈다면 실제로 영상 콘텐츠를 기획합니다. 새로운 콘텐츠를 기획하는 것도 좋지만, 평소 자신이 즐겨 보는 콘텐츠에서 노인들에게 재미없게 느껴지거나 불편함을 주는 요소들을 알맞게 보완해 보도록 합니다. 예를 들어 다 같이 달리기를 하며 미션을 수행하는 성격의 예능 프로그램이라면 친숙한 원로 배우들이 출연진으로 등장하거나, 자막 사용 시 영어나 유행어 사용을 지양하는 등의 변화를 줄 수 있습니다. 방송, 음악, 광고까지, 대부분의 콘텐츠에서 서사와 주역을 전담하고 있는 이들이 특히 2~30대에 편중되어 있다는 사실을 알려 준다면 학생들은 문제의 심각성을 깨닫고 보다 열정적으로 개선점을 찾아 나설 것입니다.

마지막으로 프로그램에서 변화가 필요한 부분을 다섯 가지 선정하여 기획서를 작성합니다. 콘텐츠명, 주제, 키워드를 적고, 특히 기존 프로그램과의 차별점을 상세하게 밝히는 것이 중요합니다. 완성된 기획서는 다른 친구들과 돌려 보며 서로 피드백을 해 주는 시간을 보냅니다.

마무리하기

　노인들은 사회참여 기회가 제한되고 소비할 수 있는 콘텐츠가 한정적이기 때문에 기준이네 할머니처럼 지역 주민과의 관계나 평판에 더욱 신경을 쓰게 됩니다. 그렇기에 그들이 사회 구성원으로서 문화와 여가를 충분히 누리기 위해서는 지속적인 관심과 인식의 변화가 필요합니다. 교사는 다른 세대 사람들을 이해하고 존중함으로써 다양한 구성원들이 더불어 사는 미래사회를 만들 수 있음을 다시 한번 당부하며 활동을 마칩니다.

『**옥춘당**』

고정순 글·그림, 길벗어린이, 2022

추천 학년: 5~6학년

"한 사람의 몸에서 시간이 빠져나가는 과정을 보면서, 우리 힘으로 할 수 있는 게 없다는 걸 알았다."

'옥춘당'은 제사상에 올라가는 사탕 이름으로, 이제는 만날 수 없는 수줍음 많았던 할머니, 세상 모든 것에 다정했던 할아버지의 이야기를 어린 손녀의 시선에서 그려 내고 있습니다. 만화와 소설의 중간 형식인 그래픽 노블 장르의 책이라 술술 읽힐 것처럼 보이지만 가족들이 느끼는 사랑과 상실감, 그리움을 진하게 담아내어 고학년 학생들에게 특히 추천합니다.

들어가기

책을 읽기 전 교사는 책 제목인 '옥춘당'이 무엇인지 질문합니다. 옥춘당은 제사상에 올리는 사탕으로, 집에서 제사를 지내 본 적 없는 학생들은 옥춘당을 본 적이 없고, 본 적이 있더라도 이름을 정확하게 알고 있는 학생은 많지 않습니다. 교사는 옥춘당을 미리 준비하여 보여 주거나 차례상 사진을 함께 살펴봅니다. 그런 뒤 이 책의 제목이 왜 옥춘당일지 함께 이야기해 보자고 합니다. 제사를 지내는 내용이라서, 주인공이 사탕을 좋아하는 사람이라서 등 다양한 의견이 나올 것입니다.

> **활동하기**

① 추억, 사탕의 맛 😊

옥춘당은 살아생전 할아버지가 할머니의 입에 쏘옥 넣어 주던, 다정한 추억이 담긴 음식입니다. 교사는 음식이 함께 그것을 먹었던 장소, 그때의 계절, 나눴던 이야기, 느꼈던 감정 등 사랑하는 사람과의 추억을 떠올리는 매개체가 될 수 있음을 말해 준 뒤 본격적으로 활동

> 할아버지와 함께 새벽에 등산하고 정상에서 먹은 딸기 맛 보름달 빵이 그 어떤 음식보다 맛이 있었다. 딸기 맛이 많이 났던 것이 생각나서 딸기 모양 사탕으로 만들었다.

학생이 딸기 맛으로 표현한 추억

을 시작합니다.

먼저 사탕으로 표현할 할머니, 할아버지와의 추억을 적습니다. 언제, 어디서 무슨 일이 있었고 그때 무슨 감정을 느꼈는지, 왜 그 일이 기억에 남는지 자세히 떠올릴수록 추억을 사탕으로 표현하기 용이합니다. 이때 교사는 사탕의 모양과 색, 무늬 등을 최대한 구체적으로 표현하도록 안내합니다. 예를 들어 할아버지의 밭에서 직접 캔 고구마를 구워 먹던 추억은 고구마 맛 사탕으로, 할아버지와 함께 새벽 등산을 마치고 딸기 크림 빵을 먹었던 기억은 딸기 맛 사탕으로 표현할 수 있습니다. 소중한 추억을 사탕으로 표현하다 보면 학생들은 눈물을 글썽이기도 하면서 할머니 할아버지와 함께했던 추억을 달콤한 기억으로 간직합니다.

② 할머니 할아버지의 과거 사진 재현하기

몇 년 전, 과거 사진을 재현해 사진을 찍는 것이 유행한 적이 있습니다. 막 걸음마를 뗀 자신의 아기 시절을 재현하거나, 형제자매가 어렸을 때 밥을 먹다 찍힌 사진을 성인이 되어 재현하는 등 같은 장소에서 같거나 비슷한 옷을 입고 같은 구도로 촬영하는 것입니다. 교사는 이러한 방식에서 착안해 할머니 할아버지의 과거 사진을 재현하는 활동을 학생들 각각의 가정에서 해 볼 수 있도록 안내합니다.

먼저 할머니나 할아버지의 과거 사진을 가족들과 함께 보며 언제 어디에서 찍었고 어떤 추억이 담겨 있는지 이야기를 듣습니다. 그다음 마음에 드는 사진 한 장을 골라 최대한 비슷한 옷을 입고 비슷한 장소에서 내가 할머니 할아버지가 되었다는 마음으로 사진을 찍습니다. 두 장의 사진을 놓고 비교하면 여러 감정과 생각이 교차할 것입니다. 할머니 할아버지에게도 빛나는 청춘과 추억의 순간이 존재한다는 사실, 같은 장소임에도 사회 발전에 따라 변화한 풍경, 서로의 닮은 점과 다른 점 등 할머니, 할아버지의 과거와 현재를 보다 잘 이해할 수 있습니다. 과거 사진과 현재 사진을 비교하며 추억을 돌이켜 보고 가족들과 즐거운 대화의 시간을 가져 봅니다.

마무리하기

'슬픈 세상에 사랑만이 유일한 구원'이라는 소개 문구에서 알 수 있듯, 이 책에는 죽음으로 인한 슬픔의 정서가 짙게 묻어나 있으면서도 결코 사랑을 포기하지 않는 인물이 등장합니다. 학생들은 할머니 할아버지의 죽음을 마주하며 커다란 슬픔을 느끼지만, 곁에서 나를 아껴 주는 존재들이 언제든 사라질 수 있음을 깨닫고 앞으로 더 많은 사랑을 베풀어야겠다 다짐하기도 합니다. 할머니 할아버지와 함께했던 소중한 추억을 기록하는 시간을 보내며 활동을 마무리합니다.

🍃 함께 읽으면 좋은 책

■ **1-2학년**

『까치가 물고 간 할머니의 기억』 상드라 푸아로 셰리프 글·그림, 문지영 옮김, 한겨레아이들, 2015

『나는 ( ) 배웁니다』 가브리엘레 레바글리아티 글, 와타나베 미치오 그림, 박나리 옮김, 책속물고기, 2018

■ **3-4학년**

『마르게리트 할머니의 크리스마스』 인디아 데자르댕 글, 파스칼 블랑셰 그림, 이정주 옮김, 시공주니어, 2018

『오후 네 시의 놀이터』 제성은 글, 정은선 그림, 노란상상, 2022

『할머니는 누구 편이야』 노형진 글, 방현일 그림, 바나나북, 2016

■ **5-6학년**

『나의 친친 할아버지께』 강정연 글, 오정택 그림, 라임, 2014

세계 동물의 날 [10월 4일]
동물들의 자유와 권리를 생각해요

　세계 동물의 날은 1931년 국제동물보호회의에서 공식적으로 지정되었습니다. 비록 우리나라의 법정 기념일은 아니지만, 매년 다양한 기관과 지자체에서는 10월 4일에 맞추어 동물 보호 캠페인 및 세계 기념행사를 진행하고 있습니다.

　과거에 비해 반려동물을 키우는 가정이 늘어나고 생명 존중에 관한 인식이 보편화되며 동물들의 권리나 위상은 크게 발전했습니다. 하지만 여전히 학대와 유기, 전시와 남획 등 동물권 침해와 관련된 문제는 끊임없이 발생하고 있습니다. 이는 인간이 동물을 자원이나 물건처럼 생각했던 과거의 인식이 아직까지 영향을 미치고 있는 것입니다. 이를 근본적으로 해결하기 위해서는 교육 현장에서 동물의 권리와 생명의 소중함에 대한 교육이 이루어져야 합니다.

　동물의 날과 관련하여 계기교육을 실시할 때 고민되는 것 중 하나는 어떤 주제를 선택해야 하는가입니다. 학생들이 친숙하고 가깝게 느끼는 반려동물이나 길거리의 야생동물, 멸종 위기 동물에 관한 이야기부터 시작하여 주제를 확장해 나가다 보면 자연스럽게 동물과 생명에 관한 인식을 재정립할 수 있을 것입니다.

　이번 수업에서는 일상에서 쉽게 찾아볼 수 있는 반려견과 반려묘는 물론 동물

　원 철창에 갇힌 동물들의 권리, 인간의 경제적 이익을 위해 생겨난 펫 숍, 유기동물 문제 등 학생들이 동물의 권리에 관심을 가지고 문제 상황을 인식할 수 있도록 책을 선정하고 활동을 구성했습니다.
　인간은 지구상에 있는 수많은 동물들과 함께 살아가고 있습니다. 인간이 이를 인정하고 존중하여 동물이 건강하고 자유로운 삶을 영위할 수 있을 때, 생명을 존중하는 마음이 자라나 모두가 건강하고 행복한 지구를 만들어 갈 수 있을 것입니다. 학생들이 동물을 오락과 유희의 대상이 아닌 독립된 개체로서 존중하고 이해할 수 있도록 계기교육이 필요한 이유입니다.

『내일의 동물원』
에릭 바튀 글·그림, 박철화 옮김, 봄볕, 2019
추천 학년: 1~2학년

"어떻게 하면 동물원을 더 좋은 곳으로 바꿀 수 있을까?"

수의사 잭과 동물들의 이야기로, 저학년 학생들에게 친숙한 공간인 동물원을 이야기의 배경으로 삼고 있기 때문에 보다 쉽고 친근하게 동물권 교육에 접근할 수 있습니다. 반려동물, 유기 동물, 멸종 위기 동물 등의 주제로 확장해 나가기에도 용이합니다. 특히 삽화에 사용된 색채가 다채롭고 그림책의 판형도 큰 편이라 저학년 학생들이 그림의 매력을 흠뻑 느끼며 책을 읽기에 좋습니다.

들어가기

교사는 책 표지나 제목을 보여 주지 않은 상태에서 오늘 함께 읽을 책이 동물원과 관련 있다는 것만 알려 줍니다. 그리고 '동물원을 떠올리면 어떤 기분인가요?' '동물원에 가 본 적 있는 학생은 그곳에서 어떤 경험을 했나요?'와 같은 질문을 던집니다. 학생들은 이 질문에 설레거나 기분이 좋거나 마음이 두근거린다는 등의 긍정적인 대답을 할 것입니다. 또한 동물원과 관련한 경험으로는 동물에게 먹이 주는 체험 활동을 해 본 적 있거나, 평소에 보지 못했던 다양한 동물을 구경하여 재미있었다는 답변을 합니다. 동물원에 관한 질문에 답변을 해 봄으로써 학생들은 머릿속에 자신이 떠올린 동물원의 모습을 그려 둔 채 수업에 참여할 수 있습니다.

> **활동하기**

① 앗, 내가 창살에 갇히다니! 😱

학생들에게 책을 읽어 주기 전에 그리기 활동을 선행합니다. 먼저 교사는 가장 좋아하는 장소에 있는 나의 모습을 작은 네모 칸 안에 그리도록 안내합니다. 그림을 다 그렸다면 함께 책을 읽고, 앞선 활동지

활동지 예시

를 다시 꺼내어 바깥의 큰 네모에 창살을 겹쳐 그립니다. 그림 속의 내가 동물원 우리에 갇힌 동물이라고 가정해 보는 것입니다. 이때 학생들은 정성을 들여 그린 그림 위에 창살을 그리는 것을 꺼리기도 하고, 자신이 어딘가에 갇히는 것 같아서 기분이 이상하다고 말하기도 합니다. 학생들은 동물원의 동물들처럼 철창에 갇힌 채 자유를 잃어버린 그림 속 자신의 모습을 눈으로 보며 동물의 마음을 이해합니다. 추가 활동으로 '동물원은 사람을 위한 공간일까요? 동물을 위한 공간일까요?' '동물원은 꼭 필요한 공간일까요?' 등의 주제로 토의를 진행하면 동물원에 관한 더 깊은 생각을 나눌 수 있습니다.

② 동물원 속 동물들의 고향은 어디일까요?

책의 앞표지부터 꼼꼼하게 살피며 그림책을 함께 읽습니다. 저학년 학생들의 경우 짧은 그림책을 읽을 때도 끝까지 집중하기가 어려울 수 있으므로 동물들의 표정이 어떻게 변해 가는지 묻거나, 동물원 열쇠, 동물들의 발자국을 삽화에서 찾아보자고 하며 호기심을 유발합니다.

교사는 활동에 앞서 학교도서관을 활용해 동물 도감을 준비하고, 책에 실린 삽화를 자세히 살펴보며 등장하는 동물들과 그들의 고향을 알아보자고 합니다. 저학년 학생들이 스스로 도감을 찾아보기 어려울 수 있으므로 함께 찾아볼 동물들의 이름과 책의 쪽수를 미리 안내해 주는 것이 좋습니다. 학생 수에 맞게 도감을 여러 권 준비하기가 어려운 경우에는 태블릿 PC, 핸드폰 등을 활용해 학생들이 직접 동물의 이름과 고향, 동물들이 안전하고 건강하게 살기 위해 필요한 환경 등을 조사하도록 합니다.

조사를 마친 뒤에는 얻어 낸 정보를 기반으로 내일의 동물원에 나타난 동물의 모습을 자유롭고 건강한 모습으로 바꾸어 그립니다. 몸과 마음이 아픈 동물들에게 철창 대신 푹신한 흙바닥을, 물그릇 대신 자연의 냇물을 그려 넣어 자유롭고 행복한 동물의 모습을 표현합니다. 자신이 조사한 정보와 함께 그림을 소개하며 활동을 마무리합니다.

마무리하기

책의 가장 중요한 주제인 '내일의 동물원은 어떤 공간이어야 할까요?'에 관한 이야기를 나누며 수업을 마무리합니다. 학생들은 '동물원은 동물만을 위한 공간이어야 한다.' '미래에는 동물원이 없어지는 것도 좋을 것 같다' '동물들이 행복한 공간이어야 한다.' 등의 대답을 할 것입니다.

책을 함께 읽기 전만 해도 학생들은 대개 인간중심적인 사고로 동물원에 관한 감정과 이미지를 떠올리곤 합니다. 그러나 활동을 끝마친 후에는 동물을 가볍게 여기거나 대상화하지 않는 '내일의 동물원'을 꿈꾸고, 동물원의 윤리적 문제에 관해 더욱 깊이 고려하는 성숙한 개인으로 거듭날 수 있을 것입니다.

『운동화 신은 우탄이』
하재영 글, 전명진 그림, 우리학교, 2020
추천 학년: 3~4학년

"동물원 동물은 '원래' 철장 안에서 지낸다고 생각했다면, 당연히 그래야 하는 일은 아무것도 없다는 사실을 깨닫기 바라요."

입양된 반려견 피피와 호동이, 골목을 떠도는 길고양이 하양이, 동물 쇼를 거부한 오랑우탄 우탄이. 우리 곁에서 함께 살아가는 동물들은 어떤 일들을 겪고 있을까요? 동물 운동가들의 경험과 실제 사례를 녹여 다양한 동물들의 현실과 이를 위한 노력에 관해 이야기하는 책으로, 실제 동물의 예시를 들어 아직 동물권 개념이 익숙하지 않은 3, 4학년 학생들도 재미있게 읽을 수 있습니다.

들어가기

"우리가 동물을 가장 많이 보는 공간은 언제일까요?"라는 질문을 던지며 수업을 시작합니다. 가정, 자연, 동물원, 인터넷 동영상 등 동물을 접할 수 있는 곳은 아주 많습니다. 그런데 이 동물들이 어떤 상태인지, 어떻게 그 장소에 있게 되었을지를 상상하기란 쉽지 않습니다. 교사는 동물들이 어떤 과정을 거쳐 우리 곁에 있게 되었는지 상상해 보자고 이야기한 뒤 함께 책을 읽어 나갑니다.

> **활동하기**

① 동물 운동가 되어 보기

　책에는 유기견, 길고양이, 동물 쇼를 위해 학대당한 오랑우탄 등 다양한 동물들과 이들을 위해 노력한 운동가들의 이야기가 소개되어 있습니다. 교사는 현재 동물이 거주 중인 장소에서 더 나은 삶을 영위할 수 있도록 도와주는 것부터 환경을 보호하고 서식지를 보장하는 것까지, 동물을 위해 할 수 있는 다양한 층위의 방법을 설명합니다.

　이번 활동으로는 내가 어떤 동물을 위해 운동을 전개하고 싶은지 고민하여 동물 보호 운동을 위한 피켓을 만들어 봅니다. 교사가 미리 준비한 폼보드를 나눠 주면 학생들은 어떤 동물을 위해 어떤 주장을 펼칠지, 보호 운동을 할 장소는 어디일지, 이 내용을 보고 듣는 사람은 누구일지를 자세히 상상하여 글과 그림을 채워 넣고 피켓을 완성합니다. 이때 실제 단체들의 포스터나 피켓을 예시로 제시하는 것도 좋습니다. 완성된 피켓은 직접 교내 복도나 현관에서 들고 운동을 실시해 보거나 관련 도서와 함께 전시할 수 있습니다.

② 반려동물 입양 계획서 작성하기

　반려동물을 입양하기 위해서는 많은 준비가 필요합니다. 귀엽고 사랑스럽다는 이유만으로 아무런 지식 없이 동물을 데려온다면 반려동물에게 좋은 가족이 되어 주기 어렵습니다. 그렇기에 학생들이 반려동물 입양을 위해 필요한 절차와 준비물을 알아보며 계획서를 작성해 보도록 합니다.

먼저 어떤 마음가짐으로 반려동물을 입양하면 좋을지를 세 가지 적어 봅니다. 예를 들어 고양이와 함께 살기 전에 준비해야 할 것으로는 '반려동물이 아프거나 늙더라도 끝까지 함께하기' '물건을 떨어뜨리는 등 마음에 꼭 들지 않는 행동을 하더라도 이해하기' 등이 있습니다. 그런 뒤 가족으로 맞이하고 싶은 동물의 종과 특성, 먹이, 돌보기 위한 방법과 현실적으로 필요한 물건을 알아봅니다. 동물마다 다른

반려동물을 입양할 때 필요한 마음가짐
1. 끝까지 책임질 수 있는 마음 2. 절대 방치 또는 학대하지 않을 마음 3. 무턱대고 데리고 오지 않고 가족과 충분히 상의할 마음
반려동물 입양 계획서
입양 희망 동물 구분(종): 치와와 동물의 특징(성격): 식탐이 좀 있는 것 같다. 돌보기 위해 필요한 준비물: 배변 패드, 집, 장난감, 물그릇, 밥그릇, 사료, 울타리, 목줄 돌보기 위한 방법: 밥도 꾸준히 주고 물도 갈아 주고 산책도 해 주고 잘 놀아 주고 배변 패드도 갈아 주어야 한다.
반려동물 입양 가족 동의 여부
○동의　　　○일부 동의　　　○반대

고유한 특성도 반드시 파악해야 합니다. 강아지를 입양하고 싶어도 매일 산책을 시켜 줄 수 있는 여건이 마련되어 있지 않다면 불가능합니다. 입양 계획서를 작성하는 과정에서 학생들은 단순히 반려동물을 가지고 싶다는 가벼운 마음을 버리고, 책임감 있게 동물을 길러야 함을 깨닫게 될 것입니다.

마무리하기

앙고라 니트 공장에는 살아 있는 상태에서 털을 뽑는 잔혹한 공정 과정이, 새끼 동물들이 가득한 펫 숍에는 강제 임신과 출산이, 희귀 동물로 유명한 동물원에는 동물 학대가 숨겨져 있듯이 동물의 안전과 안녕은 우리의 일상 곳곳과 연결되어 있습니다. 동물이 제공하는 편의성을 무비판적으로 소비하는 습관을 바꾸지 않는 이상 자신도 모르는 사이 동물을 착취하게 되는 것입니다. 학생들은 책을 읽고 활동을 꾸려 나가면서 동물을 사랑하는 일이 단순히 그들의 외형을 귀여워하거나 먹이를 주는 것에 국한되어서는 안 된다는 사실을 깨닫곤 합니다. 소소하게는 관련 영상 시청부터 더 실천적으로는 의류 구매까지, 우리 일상에서 지킬 수 있는 방안을 탐색해 본다면 동물권 신장에 힘을 보탤 수 있을 것입니다.

『동물권』
이정화 글, 이동연 그림, 서유재, 2018
추천 학년: 5~6학년

"이제는 사람들의 생각이 많이 바뀌어 집에서 키우는 동물을 가족으로 여기는 사람도 많아졌어."

동물권의 다양한 주제를 짧은 이야기를 통해 전달하는 책으로, 각 주제가 끝날 때마다 이야기와 연관된 동물이나 사람들의 편지글이 소개되는 구성이라 학생들이 생생하게 공감하며 읽을 수 있습니다. 페이지 수가 적은 편이지만 다양한 주제를 담고 있어서 고학년 학생들과 함께 읽기에 적합합니다.

들어가기

학생들에게 함께 읽을 책 제목 초성 퀴즈를 냅니다. 'ㄷㅁㄱ'이라는 글자만을 보고 쉽게 맞히지 못한다면 표지 그림도 함께 보여 줍니다. 이때 학생들은 '동물'까지는 떠올려도 '동물권'까지 생각해 내지는 못하며, 답을 듣고도 여전히 단어를 낯설게 느끼곤 합니다. 사람에게 인권이 있듯 동물에게도 동물권이 있다는 이야기와 함께 동물권의 뜻을 간단하게 알려 준 후 수업을 시작합니다. 이 책은 실험실과 동물원의 동물, 반려동물, 유기 동물 등 동물권과 관련한 다양한 주제를 다루고 있어서 학생들과 한 가지 주제를 선택하여 읽고 독후활동을 진행할 수 있습니다. 또한 주제별 분량이 많지 않아 필요에 따라 주제를 선택하여 1차시로 수업하기에 적합합니다.

> 활동하기

① 동물들의 선언

대질병 시대에 어려움을 겪는 것은 인간뿐만이 아니었습니다. 질병을 옮긴다는 이유로 혐오의 대상이 된 박쥐와 천산갑, 사람들이 입는 옷을 위해 희생되는 오리와 밍크, 아프리카 돼지 열병 이후 도살당한 수많은 멧돼지와 돼지 등 많은 동물들이 생존의 위기에 직면했습니다. 하지만 질병을 확산하고 동물들의 보금자리를 빼앗아 온 인간들은 여전히 반성 없이 동물들을 먹고, 입고, 관람하며 전시하고 있습니다.

2020년, 기후·동물·생태 프로젝트 집단인 '이동시(이야기와 동물과 시)'는 이에 반발해 동물의 관점에서 인간들에게 일갈하는 '동물들의 선언' 활동을 진행했습니다. 이는 절반은 동물, 절반은 인간의 얼굴을 하고 있는 사진을 온라인에 업로드하여 동물들의 무고함과 그들이 본래 누려야 할 자유에 관해 설명하는 운동입니다.

이를 본떠 학생들과 함께 '동물들의 선언' 활동을 진행해 봅니다. 자신이 대변하고 싶은 동물을 정하고, 동물의 입장에서 인간들에게 전하고 싶은 말을 쓴 뒤 동물과 자신의 얼굴을 그립니다. 학대의 대상이 되기 쉬운 반려동물부터 철창 속에 갇힌 야생동물, 개발과 오염으로 보금자리를 빼앗기거나 무분별한 밀렵의 여파로 멸종 위기종이 된 동물 등 다양한 동물을 선정할 수 있습니다. 이때 『동물이라서 안녕하지 않습니다』『멸종위기 야생동물』 등 참고 도서를 이용하거나 인터넷 조사를 통해 내용을 보강하면 더 내실 있는 활동을 진행할 수 있습니다. 무엇보다도 동물들이 처한 문제를 현실적으로 진지하게 받아들이고 동물권을 깊이 생각해 보는 계기를 학생들에게 마련해 주는 것이 본 활동의 목표입니다.

② 동물권, 새로운 상식 사전

불과 200년 전까지만 하더라도 인종이나 나이, 성별에 따라 사람을 차별하는 것은 당연한 일이었습니다. 사람을 노예로 부리지 않고 어린이와 여성 또한 동등한 대상으로 대해야 한다는 것은 오늘날 통용되는 상식이지만 당시에는 낯선 개념이었고, 사회 인식 변화를 위해 다양한 법과 제도가 필요했습니다.

펫 숍 이용을 지양하는 문화가 정착되고 비건 화장품이나 의류가 늘어나는 등, 동물권 또한 시대의 변화에 따라 생경하고 이상한 것이 아닌 자연스러운 것으로 변해 가고 있습니다. 책의 차례를 보면 전쟁과 동물, 오락과 동물, 멸종 동물, 실험실 동물 등 동물권에 관한 내용이 분야별로 나뉘어 있습니다. 차례를 보고 가장 마음에 남았던 주제를 정한 뒤 사람들이 동물권을 더 잘 이해하고 실천할 수 있도록 새로운 시대의 상식을 정리하여 사전으로 만들어 봅니다.

사전을 만들 때에는 '100년 전 조선시대 사람'을 대상으로 동물과 동물권에 관한 새로운 상식을 소개한다고 생각해 보는 것이 좋습니다. '고양이는 산책을 시키면 안 된다.' '강아지는 매일 산책을 시켜 줘야 한다.'와 같이 오늘날 학생들에게는 당연한 사실도 당시의 사람들에겐 생소할 수 있기 때문에 아주 기본적인 사항일지라도 자세히 설명해야 합니다.

완성된 사전은 앞으로 새로운 시대를 만들 학생들이 동물권을 얼마나 인식하고 있는지 보여 주는 지표이자 다짐이 됩니다. 교사는 "상식은 고정된 것이 아니라, 여러분 스스로가 변화를 통해 만들어 나가는 것이에요."라고 이야기한 뒤 모든 존재가 평등한 사회를 만들기 위해 노력할 것을 당부하며 활동을 마칩니다.

마무리하기

새로 알게 된 동물권의 개념을 토대로 동물의 안전과 권리에 관한 주제를 선정하여 토론 및 토의 활동을 진행합니다. '동물을 위해 채식을 하는 것이 옳은가?' '길거리에 있는 동물들에게 먹이를 줘도 될까?' '동물원 운영을 중지하면 남은 동물들은 어디로 가야 하는가?' '동물권과 인권 중 어느 쪽이 우선일까?' 등 우리 생활과 동물은 떼려야 뗄 수 없는 만큼 토론 주제는 무궁무진합니다. 학생들은 동물권에 관한 다양한 의견을 교환함으로써 자신의 생각을 재정립해 나갈 수 있을 것입니다.

함께 읽으면 좋은 책

■ 1-2학년

『곰들은 어디로 갔을까?』 김지은 글·그림, 노란상상, 2021
『멋진 하루』 안신애 글·그림, 고래뱃속, 2016

■ 3-4학년

『63일』 허정윤 글, 고정순 그림, 반달, 2020
『강아지 시험』 이묘신 글, 강은옥 그림, 해와나무, 2019

■ 5-6학년

『동물이라서 안녕하지 않습니다』 이형주, 황주선 글, 김영곤 그림,
 CMS영재교육연구소 감수, 생각하는아이지, 2020
『애니캔』 은경 글, 유시연 그림, 별숲, 2022
『해리엇』 한윤섭 글, 서영아 그림, 문학동네, 2011

한글날 [10월 9일]

아름다운 우리말로 삶을 꾸려요

　한글날은 한글 창제 및 배포를 기념하고 한글의 우수성을 기리는 국경일입니다. 전 세계엔 수천 가지의 언어들이 있지만 그 언어를 표기하는 문자는 50개 내외에 불과합니다. 게다가 한글은 고대어인 한자나 라틴어에 뿌리를 두지 않고, 입술과 혀 등 발음기관의 모양을 본떠 만든 소리글자입니다. 과학적이면서도 익히기 쉬운 문자 덕분에 우리나라의 문맹률은 1% 이하로 매우 낮습니다.

　우리가 늘 사용하는 언어인 한글은 시간의 흐름에 따라 많은 변화를 거쳤습니다. 유행처럼 사용되는 줄임말, 신조어에는 그 당시의 사회적 분위기나 문화가 담겨 있습니다. 학생들은 친구들 사이에서 사용하는 또래 언어를 계속해서 생산하며 또래 문화를 형성하고 서로 공감하며 의사소통합니다. 이를 좋지 않게 보는 시각도 있지만, 언어학적인 측면에서는 언어가 확장되고 재생산되는 긍정적인 현상입니다. 교사는 언어의 변화 속에서도 학생들이 한글의 역사성과 우수성을 알고 그 역사를 지켜 가며 우리 문자와 말의 소중함을 깨달을 수 있도록 지도해야 합니다.

『고마워 한글』
박윤규 글, 백대승 그림, 김슬옹 감수, 푸른숲주니어, 2015
추천 학년: 1~3학년

"이제 백성들이 글을 몰라 고통받는 일은 없을 것이다."

이 책은 두 부분으로 나뉘어 있습니다. 1부는 한글이 창제된 배경과 과정, 한글의 원리를 이야기 형식으로 풀어냈습니다. 한글 창제의 숨은 조력자인 정의공주와 세자에 관해서도 알 수 있습니다. 2부는 훈민정음의 구성, 훈민정음을 널리 퍼뜨리기 위한 정책 등 이론적인 부분을 다루고 있습니다. 어린이의 눈높이에 맞는 동화 형식은 저학년 학생들이 한글에 대한 이해를 높일 수 있도록 돕는 길잡이가 되어 줍니다.

들어가기

교사는 학생들에게 "이것은 무엇일까요?" 하고 퀴즈를 내 봅니다. '우리가 일상에서 매일 마주치며 사용하는 것' '우리나라에서 만든 발명품' '10월 9일과 관련 있는 것' '세종대왕이 만든 우리글' 등 한글과 관련된 힌트를 순차적으로 제시하다 보면 학생들은 정답을 금방 맞히곤 합니다. 이미 다 아는 내용이라며 지루해하는 학생이 있더라도 한글이 창제자와 창제 목적, 창제 시기가 명확하고 원리가 자세하게 풀이되어 있는 세계 유일의 언어임을 알려 주면 학생들의 눈이 호기심으로 반짝거릴 것입니다. 이번 수업에서는 매일 사용하면서도 그 유래와 의미는 잘 몰랐던 한글에 관해 배워 볼 것임을 이야기하며 함께 책을 읽어 나갑니다.

활동하기

① 소리를 한글로 표현해요

한자와 같은 표음문자는 외국어를 표기할 때 음을 똑같이 쓸 수 없다는 단점이 있습니다. 그래서 음역어(한자음을 가지고 외국어의 음을 나타낸 말)를 사용해 소리가 비슷하고 뜻이 통하도록 단어를 창조하여 표기하곤 했습니다. 예를 들어 과거 '프랑스'는 '불란서(佛蘭西)'로 표기했고, 한자 문화권인 일본에서도 '로망'을 '낭만(浪漫)'으로 변형하여 사용했습니다. 아직도 우리나라에는 이런 영향이 남아 있지만, 한글은 단어와 표현을 소리 나는 대로 표현할 수 있는 소리문자이기 때문에 보다 정확하게 외국어를 표기할 수 있습니다.

책에서 정의공주는 세종대왕의 명에 따라 백성이 쓰는 말과 자연에서 나는 소리를 모두 적어 갔습니다. 뜻글자인 한자와 달리 소리를 바탕으로 해 우리말을 잘 표현할 수 있는 소리글자를 만들기 위해서였습니다. 정의공주가 했던 것처럼 우리 주변에서 나는 소리를 최대한 비슷하게 적어 봅니다. 칠판 지우개 소리, 의자 끄

들은 소리	표현
손 비비는 소리	프스스스스스스
발 구르는 소리	크타크타크타크타
손뼉치는 소리	차찹차찹차찹
지퍼를 열고 닫는 소리	찌 짜
손으로 어깨로 치는 소리	두

우리말로 옮긴 주변의 다양한 소리

는 소리, 종이 넘기는 소리 등 교실 안에서 나는 소리를 적어도 좋고, 교실 밖으로 나가 자연의 소리를 들어 보는 것도 좋습니다. 같은 소리라도 우리말로 옮겼을 때 다양하게 표현될 수 있다는 사실을 체감하며 학생들은 한글의 우수성을 몸소 깨닫게 될 것입니다.

② 다섯 가지 나무 상자

책 속에서 세종대왕은 정의공주가 조사해 온 낱말을 다섯 가지 나무 상자에 분류해 넣었습니다. 입술과 혀가 어디에 닿는지에 따라 첫 소리가 어금니에서 나면 나무 상자, 혀가 움직이면 불 상자, 입술이 붙었다 떨어지면 흙 상자, 앞니에 스치며 소리가 나면 쇠 상자, 목구멍에서 소리가 나면 물 상자로 분류했습니다. 여기에 소리 세기에 따라 획을 더한 것이 닿소리, 즉 자음입니다. 자음에 따라 상자를 분류한다면 'ㄱ, ㅋ'은 나무 상자, 'ㄴ, ㄷ, ㅌ, ㄹ'은 불 상자, 'ㅁ, ㅂ, ㅍ'은 흙 상자, 'ㅅ, ㅈ, ㅊ'은 쇠 상자, 'ㅇ, ㅎ'은 물 상자로 분류할 수 있습니다.

먼저 교사는 각 자음으로 시작하는 낱말 카드와 학생들이 낱말 넣을 상자 다섯 개를 미리 준비합니다. 그런 뒤 각 상자에 넣을 수 있는 낱말을 예시를 들어 알려 줍니다. 나무 상자에는 '가구', 불 상자에는 '나라', 흙 상자에는 '부모', 쇠 상자에는 '사자', 물 상자에는 '여행'을 넣을 수 있습니다. 학생들에게 자신이 좋아하는 한글 단어나 친구 이름을 종이에 적고 직접 발음하며 첫소리가 어디서 나는지 말해 보도록 하는 것도 좋습니다. 예를 들어, 친구의 이름 '다은'을 발음했을 때, 첫 글자 '다'는 혀가 움직이며 소리가 나기 때문에 불 상자에 넣고, 두 번째 글자 '은'은 목구멍에서 소리가 나기 때문에 물 상자로 분류할 수 있습니다. 교사는 5분이라는 제한 시간 내에 학생들이 각자 생각한 단어를 쪽지에 적은 뒤 해당 상자에 넣도록 안내합니다. 이때 한글날 계기교육의 취지에 맞게 외래어 사용을 최대한 지양합니다.

  모든 과정을 마친 뒤에는 학생들이 넣은 낱말을 직접 발음해 보며 발음이 정말로 그 위치에서 나는지 확인합니다. 이러한 활동을 통해 학생들은 한글이 구강 구조와 발음하는 법을 시각화하여 만든 과학적인 글자임을 체감할 수 있습니다. 한편 단어를 많이 알고 있는 2학년의 경우 활동을 반대로 진행해 봐도 좋습니다. 단어를 어느 상자에 넣을지 생각하는 것이 아니라 다섯 상자에 들어갈 단어들을 찾는 것입니다.

마무리하기

  학생들은 우리가 일상에서 쉽게 사용해 왔던 한글의 원리를 배우고 직접 경험해 보며 한글의 우수성과 과학성, 편리성을 깨닫습니다. 나아가 한글의 원리를 살피는 과정에서 우리 민족을 아끼고 사랑한 세종대왕의 마음까지 함께 느낄 수 있습니다. 교사는 '고마워 한글'이라는 제목을 다시 한번 짚어 준 뒤, 한글이 고마운 이유를 한 줄로 정리하고 함께 소감을 나누는 것으로 수업을 마무리합니다.

『세종 대왕의 한글 연구소』
이영란 글, 강효숙 그림, 풀과바람, 2017
추천 학년: 4~6학년

"세종이 훈민정음을 만든 가장 큰 이유는
남자든 여자든 신분이 높든 낮든 조선의 백성이라면
모두 자기 생각을 글로 나타내기 위함이에요."

한글이 탄생하게 된 배경부터 변화와 위기를 맞는 과정, 현재 국제사회에서의 한글의 위상까지 한글의 현재와 과거를 잘 나타내고 있는 책입니다. 세종대왕이 어떤 역사적 배경에서 어떤 사건을 계기로 한글을 만들었는지, 신하들이 중국의 눈치를 보느라 한글 창제를 반대한 사실 등과 같이 당시의 자세한 사정이 담겨 있습니다. 중학년 학생에겐 조금 길다고 느껴질 수 있지만, 소제목으로 세세히 나누어진 구성 덕분에 원활한 내용 파악이 가능합니다. 책을 읽고 나면 학생들은 한글이 창제된 역사적 배경을 알고 우리말을 아끼고 사랑하는 마음까지 가질 수 있을 것입니다.

들어가기

책을 읽기 전 학생들의 흥미 유발을 위해 우리말 퀴즈를 진행합니다. 소리가 비슷하지만 전혀 다른 뜻을 지닌 단어들의 뜻을 맞혀 보는 것입니다. 예를 들어 '다치다'와 '닫히다', '잃어버리다'와 '잊어버리다' '반드시'와 '반듯이' '낳다'와 '낫다' 등이 있습니다. 또한 맞춤법을 헷갈리기 쉬운 단어 퀴즈를 해 봐도 좋습니다. 이 경우 '안 돼'와 '안 되' '오랜만'과 '오랫만' '김치찌개'와 '김치찌게' '베개'와 '배게' 등을 문제로 낼 수 있습니다. 교사는 재미있는 퀴즈 형식을 통해 학생들이 평소 자주 사용하는 우리말을 돌아보고 바르게 사용할 수 있도록 노력하는 계기와 동기를 부여합니다.

총 10개의 대단원으로 이루어진 이 책은 한글에 관한 많은 정보들을 담고 있습니다. 짧게 진행되는 계기교육 시간에 학생들이 책을 처음부터 끝까지 읽고 모든 정보를 습득하기는 어려울 수 있으니, 개별 또는 조별로 한 단원씩 맡아 자신이 읽은 부분을 정리해 지식을 나누는 방식으로 진행하는 것을 추천합니다.

활동하기

① 훈민정음 놀이

한글날을 맞이하여 순우리말만 사용하는 놀이 활동을 진행합니다. 교사는 포용 범위가 넓고 실용적인 사전을 구비하고, 교실 한편에 한글 재판정을 마련하여 활동 준비를 마칩니다.

활동 중에는 정해진 시간 동안 오직 한글만을 사용할 수 있으며, 누군가 외국어나 외래어를 사용했을 시 학생들은 한글 재판정에 가서 사전을 확인하여 판결을 내립니다. 사용한 단어나 표현이 한글인지 아닌지 판단하기 어려울 경우 국어사전에 실려 있는지 여부로 판정합니다.

끝으로, 활동 중 학생들이 사용한 외국어와 외래어를 게시판에 적고 그 옆에 사용한 사람의 수를 표시합니다. 우리 반에서 가장 많이 사용된 외국어와 외래어를 살핀 뒤 이를 대체할 수 있는 우리말로는 무엇이 있을지 알아봅니다. 학생들은 우리말 단어가 이미 있거나, 충분히 대체할 수 있는데도 외래어를 사용하는 경우가 빈번하다는 사실을 확인하며 평소 우리의 언어 사용 실태를 반성하게 될 것입니다. 외래어를 우리말로 바꾸는 데에 어려움을 겪는다면 북한의 언어 사용 예시를 참고해 봐도 좋습니다. 북한은 대부분의 외래어를 우리말로 바꾸어 사용하기 위해 노력하고 있습니다. 통일부 북한정보포털 홈페이지(nkinfo.unikorea.go.kr)의 남북한 언어 비교 카테고리를 활용하도록 합니다.

② 한글 외전

훈민정음 해례본 도입부에는 한글이 어떤 이유로 창제되었는지를 설명하는 유명한 구절이 있습니다.

> 나랏말씀이 중국과 달라 문자끼리 서로 맞지 아니하니
> 이런 까닭으로 어리석은 백성들이 알리고자 할 바가 있어도
> 마침내 자신의 뜻을 펴지 못하는 경우가 많다.
> 내 이를 가엾게 여겨 새로 스물 여덟 자를 만드노니
> 모든 사람으로 하여금 쉽게 익혀 날마다 쓰기에 편안케
> 하고자 할 따름이니라.

위 해례본을 읽고 한글 창제 배경을 이해한 뒤 책에서 제시된 여러 방법을 사용해 직접 따라 적어 봅니다. 한글이 현재와 같이 사용되기까지는 많은 우여곡절이 있었습니다. 예를 들어 '나랏말쓈이 중국과 달라'라는 문장의 경우 모든 자음과 모음을 받침 없이 이어 적는 '풀어쓰기'로 작성했을 때 'ㄴㅏㄹㅏㅅㅁㅏㄹㅆㅡㅁㅇㅣ ㅈㅜㅇㄱㅜㄱ과 ㄷㅏㄹㄹㅏ'가 되고, 발음 그대로 글자를 적는 간소화를 거치면 '나랏말쓰미 중국과 달라'로 변하는 것을 체험할 수 있습니다.

이 과정에서 학생들은 우리말을 지키고자 한 노력과 관심이 없었다면 지금과 같이 편하고 효율적인 한글은 존재하지 않았을 거라는 사실을 깨닫습니다. 또한 한글의 소중함을 느끼고, 언어가 시대에 따라 변화하는 것을 실감하며 어떻게 우리 한글을 더욱 아끼고 사랑하며 사용할 수 있을지를 고민하게 됩니다.

이밖에도 띄어쓰기 없이 한글 쓰기, 'ㅸ(가벼운 비읍)'과 같은 옛 자음이나 모음 사용해 보기, 한자와 섞어 써 보기 활동 등을 진행한다면 언어의 자연스러운 변화 과정과 언어가 굳어진 경위를 이해하며 한글을 향한 이해와 관심을 높일 수 있습니다.

마무리하기

활동을 모두 진행한 후 매년 문화체육관광부, 국립한글박물관에서 운영하는 한글주간의 여러 행사와 공모전에 참여하여 경험의 폭을 확장할 수도 있습니다. 학생들이 한글의 의미와 소중함을 아는 것에서 나아가 실생활 속 활용 모습까지 고민해 본다면 한글을 향한 자부심과 사랑을 키울 수 있을 것입니다.

함께 읽으면 좋은 책

■ 1-2학년
『세종대왕을 찾아라』 김진 글, 정지윤 그림, 천개의바람, 2021
『한글 우리말을 담는 그릇』 박동화 글, 정성화 그림, 책읽는곰, 2008

■ 3-4학년
『역사가 숨어 있는 한글가온길 한 바퀴』 김슬옹 글, 지문 그림, 해와나무, 2017

■ 5-6학년
『우리말 모으기 대작전 말모이』 백혜영 글, 신민재 그림, 푸른숲주니어, 2018
『우리말을 지킨 사람들』 곽영미 글, 이수영 그림, 숨쉬는책공장, 2021

독도의 날 [10월 25일]

누가 뭐래도 독도는 우리 땅이에요!

　독도의 날은 독도를 기념하고 독도 수호 의지를 표명하는 동시에 독도가 대한민국 영토임을 천명하기 위해 제정되었습니다. 독도는 경상북도 울릉군 울릉읍에 속한 국유지로서, 대한민국의 영토지만 현재 일본과 외교 문제를 겪고 있는 영토 분쟁 지역입니다. 일본은 일제강점기에 우리의 영토인 독도를 다케시마로 명명하여 일본 영토로 편입했습니다. 얼마 후 우리나라가 독립하며 독도 또한 우리나라 영토로 반환되었지만, 그럼에도 일본은 지속적으로 독도에 대한 영유권을 주장하고 있습니다.

　우리나라 국민들에게 독도가 누구의 영토냐고 물어보면 당연히 우리나라의 영토라고 합니다. 하지만 왜 우리나라의 영토인지 그 이유를 설명할 수 있는 사람은 많지 않습니다.

　독도의 날 계기교육은 일본과의 영토 분쟁과 같은 외교 문제 발생 시 우리나라 국토를 보호하기 위해 반드시 필요합니다. 학교에서는 독도 계기교육을 꾸준히 진행하여 자라나는 학생들에게 독도에 대한 친숙함과 사명감을 갖게 하여 독도의 날의 의의를 가슴 깊이 새겨야 합니다.

　독도의 날 계기교육 시 유의할 점은 외교 분쟁일수록 감정적으로 대응해서는 안 된다는 것입니다. 사실을 기반으로 논리를 갖춰 설득할 때 외교적으로도 마땅히 우리나라의 영토임을 인정받아 문제를 해결할 수 있습니다. 또한, 교사는 수업 과정에서 다문화 학생에게 비난이 돌아가지 않게 유의해야 합니다.

『우리 독도에서 온 편지』

윤문영 글·그림, 신용하 감수, 계수나무, 2007
추천 학년: 1~3학년

"우리나라에서 제일 먼저 해를 볼 수 있는 데가 어딘 줄 아니? 바로 여기야."

이 책은 독도경비대원이 된 삼촌이 조카에게 독도에 관한 편지를 보내는 형식으로 구성되어 있습니다. 출간된 지 오래되었지만 독도와 관련된 역사적인 사실과 일본의 주장에 반박할 수 있는 섬세한 분석 등 계기교육에 알맞은 내용이 담겨 있습니다. 또한 삼촌과 조카의 손글씨는 이야기의 현실감을 극대화하고, 초등학생 주인공을 중심으로 한 내용 전개는 학생들의 눈높이에 맞는 읽기를 가능케 합니다.

들어가기

책을 읽기 전 간단한 퀴즈를 통해 수업의 주제를 환기해 봅니다. 먼저 교사는 학생들에게 다음과 같은 세 가지 힌트를 제시합니다.

> 1. 나는 두 글자입니다.
> 2. 나는 큰 몸 2개와 작은 몸 89개로 이루어져 있습니다.
> 3. 나는 대한민국의 영토입니다.

평소 독도에 관심이 많은 학생의 경우 2번 힌트까지 듣고 답을 맞히기도 합니다. 답을 몰랐더라도 이번 수업의 주제가 독도임을 알게 된 학생들은 독도에 관해 알고 있던 내용들을 자유롭게 이야기할 것입니다. 이때 교사는 그중 몇 가지를 짚어 주며 학생들이 흥미를 이어가도록 합니다.

독도에 관한 간략한 정보를 안내한 뒤 그림책을 함께 읽습니다. 저학년의 경우 1차시(40분) 수업 안에 그림책을 읽고 활동을 하기에는 시간이 빠듯할 수 있습니다. 이럴 때엔 교사가 책을 미리 살펴본 뒤 필요한 부분만 읽도록 합니다. 짤막한 편지글 형식을 띠고 있기 때문에 발췌독만으로 학생들은 충분히 내용을 이해해 나갑니다.

활동하기

① 독도 명예 주민증 만들기

'독도 명예 주민증'은 독도에 입도한 사람만이 신청 가능한 주민증입니다. 학교 이름을 넣어 독도 명예 주민증을 만들어 봅니다. 독도 명예 주민증에는 성명, 국적, 독도 주민번호와 독도 주소가 들어갑니다. 이때 저학년이 독도 주민번호를 적어 넣기는 어렵기 때문에 교사가 임의로 만들어 주는 것이 좋습니다. 3학년 이상은 스스로 독도 주민번호를 적어 보도록 합니다. '001025-230419(독도의 날 - 독도 계기 교육을 한 날)' 등으로 의미 있는 숫자를 써넣는다면 학생들이 독도의 날을 기억하기 좋을 것입니다. 활동지 뒷면은 학생들이 다양한 색칠 도구를 활용하여 자유롭게 꾸미도록 합니다. 저학년 학생들의 경우

학생들이 만든 독도 명예 주민증

독도 사진을 보여 주더라도 스스로 그림을 그리기 어려워하는 경우가 많기 때문에 사전에 독도 밑그림을 그려 주는 것을 추천합니다. 만약 다른 나라 국적의 학생이 반에 있을 경우 활동을 하는 동안 그 학생이 위축되지 않도록 해야 합니다. 중요한 것은 국적이 아니라 독도를 사랑하는 마음, 독도가 한국 땅임을 인정하고 지키고자 하는 마음이기 때문입니다. 실제로 외국인도 독도 명예 주민증을 발급받을 수 있습니다.

다 만든 독도 명예 주민증은 코팅하여 나누어 줍니다. 독도 명예 주민증을 만들 때보다 코팅된 주민증을 받아들 때 더 좋아하는 모습을 볼 수 있었습니다. "이 주민증이 있으면 독도에 갈 수 있나요?" "그럼 우리는 이제 독도 주민인가요?" 등의 질문을 하며 서로 주민증을 자랑하기도 했습니다. 끝으로 교사가 독도 명예 주민증을 책갈피로 활용하도록 안내하면 학생들이 일상에서 자주 꺼내 보며 독도 수호 의지를 다질 수 있을 것입니다.

② 독도를 지키는 위인들에게 편지 쓰기

책에는 독도를 지키기 위해 노력한 수많은 인물들이 등장합니다. 역사적 인물인 안용복, 최종덕 외에도 주인공 허일이네 삼촌처럼 현재 독도경비대에서 활동하고 계신 분들도 있습니다.

이번 시간에는 독도경비대에서 근무하시는 분들을 위해 응원의 메시지를 전하는 활동을 합니다. 독도경비대 홈페이지(gbpolice.go.kr/dokdo)에 방문하면 '독도커뮤니티-자유발언대' 카테고리에서 직접 응원의 글을 남길 수 있습니다. 교사는 독도를 수호하기 위한 투철한 사명감으로 섬에 거주하는 분들께 감사한 마음을 담아 편지를 써 보자고 이야기합니다. 학생들의 편지를 모아 독도경비대에 전달한다면 현장에서 고생하시는 분들께 따뜻한 마음을 전할 수 있습니다. 또한 학생들에게는 독도에 관한 올바른 지식을 쌓고 관심을 기울이는 기회가 될 것입니다.

마무리하기

일본이 독도 영유권을 주장하는 이유는 여러 가지입니다. 그중 하나는 독도를 자신들의 영토에 포함했을 때 부수적으로 얻게 되는 해양 영토 때문입니다. 독도는 매우 작은 섬인 데다가 사람이 살기 어렵기 때문에 몇몇 학생들은 독도 영유권 문제를 심각하게 여기지 않습니다. 하지만 독도의 영유권을 일본에게 빼앗기는 경우 변화하는 해양 영토의 면적을 보면 비로소 심각성을 느끼게 됩니다.

영토로부터 12해리가 우리나라의 영해가 되고, 영토로부터 200해리 중 영해를 제외한 구역이 '배타적 경제 수역'입니다. 배타적 경제 수역은 자원 채취나 탐사, 개발에 관한 우선적인 권리를 주장할 수 있는 곳으로, 육지 자원이 고갈되어 바다로 시선을 돌리게 되면서 점차 중요하게 여겨지고 있습니다. 현재 독도는 명실상부한 우리나라 영토로 독도 주변 12해리는 우리나라의 영해이며, 독도를 기준으로 배타적 경제 수역이 설정됩니다. 그런데 우리나라와 일본 사이의 바다가 400해리가 되지 않기 때문에 중첩되는 영역이 한일 간 중간 수역으로 지정되었습니다. 교사가 이와 같은 안내를 해 준다면 학생들은 독도의 역사적, 자연적, 문화적 가치뿐만 아니라 독도의 국토 포함 유무에 따라 달라지는 해양 영토의 경계를 알고, 독도 수호 의지를 다짐할 수 있을 것입니다.

『독도를 지키는 우리들』
김병렬 글, 최덕규 그림, 사계절, 2016
추천 학년: 4~6학년

"일본은 독도가 한국 땅이며 한국식 이름이라는 것을 잘 알고 있으면서도 거짓 자료를 만든 것이다."

이 책은 해방 후 일본이 독도를 차지하기 위해 한 갖가지 공작을 낱낱이 보여 주고 있습니다. 또한 일본의 억지 주장에 우리가 어떻게 대응해야 하는지, 왜 독도 영유권 문제를 국제사법재판소에 가져갈 필요가 없는지 등을 학생들의 눈높이에 맞춰 설명하고 있습니다. 무엇보다 4, 5, 6학년이 독도 영유권에 관해 잘 이해하고 독도가 우리나라 땅인 이유를 근거 있게 주장하도록 도와주는 책입니다.

들어가기

고학년 학생들은 이미 독도의 역사적 배경을 알고 있는 경우가 많습니다. 교사는 신라시대 이사부 장군이 정복해 우리나라 영토가 되었다는 것, 조선시대 독도에서 고기잡이를 하던 일본에게 안용복이 항의해 독도가 조선 땅임을 공식적으로 인정받은 것 등을 다시 한번 설명하여 학생들의 이해를 돕도록 합니다.

독도를 둘러싼 분쟁을 이해하기 위해서는 독도의 지리적 환경과 위치를 반드시 알아야 합니다. 해양수산부, 한국해양과학기술원에서 운영하는 독도 종합정보시스템 홈페이지(dokdo.re.kr)에서 동도에서 바라본 서도, 서도에서 바라본 동도 라이브 영상을 시청할 수 있습니다. 이번 활동에서 배울 독도의 모습을 실시간으로 살피며 독도의 지리적 환경 특징과 위치를 간단하게 알아봅니다.

활동하기

① 독도 홍보 스티커 만들기

책에서 알게 된 내용을 바탕으로 독도 영유권 문제를 알리는 홍보 스티커를 제작합니다. 교사는 미리 A4 라벨지를 준비해 나눠 주고, 학생들이 독도와 관련된 그림을 그려 넣도록 합니다. 이때 관련 인물, 날짜, 역사적 사실 등 스티커에 담을 내용 또한 함께 고려해야 합니다.

홍보물에 들어갈 내용은 가급적 책을 읽으며 생각했던 것 위주로 작성합니다. 중요한 사실을 강조해 한 문장으로 정리한 다음 큰 글씨로 표기하거나, 덧붙이는 설명을 하단부에 기재하는 등 홍보물의 구성 요소나 글과 그림의 위치를 고민합니다. 무엇보다 전달하고자 하는 내용이 최대한 한눈에 들어

완성된 독도 홍보 스티커

오도록 배치하는 것이 중요합니다. 다 만든 스티커는 알맞은 모양으로 오린 뒤 실제 홍보에 쓰이는 스티커처럼 복도에 붙여 전시해도 좋습니다.

② 독도 영유권 주장하는 글쓰기

이 책에는 독도 영유권을 사이에 두고 벌어진 정치적인 견해와 공작이 잘 드러나 있습니다. 책에서 일본이 독도를 일본 땅이라고 주장하는 근거를 찾아보고, 일본의 주장에 반박하며 독도가 우리나라 땅임을 주장하는 글을 써 봅니다.

일본은 독도가 일본 땅임을 국제사회에 인정받고자 부단한 노력을 해 왔습니다. 왜곡된 자료를 꾸준히 배포하고, 독도를 멋대로 주한 미군의 폭격 훈련장으로 제공하기도 했습니다. 현실적으로 양국 간 국토 문제를 해결하기 위해서는 국제사회의 인식과 제국주의적 역사 왜곡을 막기 위한 공조가 필요합니다. 책에서 알게 된 사실을 바탕으로 왜 독도가 한국의 땅인지를 주장하는 글을 작성해 봅니다.

주장문을 쓸 때는 서론, 본론, 결론의 구조를 갖춰야 합니다. 서론과 결론에는 이야기하고자 하는 바를 간결하고 명확하게 제시해야 하고, 본론에서는 신뢰성 높은 근거를 들어 줘야 합니다. 역사적 사실에 기반한 타당성과 일본이 주장하는 논리에 대한 반박, 국제사법재판소에 가지 않은 이유에 관한 설명이 포함되면 좋습니다. 또한, 책에서 알게 된 사실 이외에도 독도 영유권 주장에 도움이 되는 뒷받침 자료를 다른 책, 인터넷 등에서 찾아 논리를 보완합니다. 교사는 학생들이 적어도 세 개 이상의 근거를 들어서 주장문을 완성하도록 지도합니다. 학생들은 이러한 활동을 통해 독도가 어느 나라의 영토인지를 보다 객관적이고 명확하게 파악할 수 있고, 언제든지 일본의 주장에 반박할 수 있는 분명한 논거를 바탕으로 사명감과 역사의식, 자부심을 키워 나갈 것입니다.

마무리하기

일본의 항복으로 제2차 대전이 막을 내린 뒤 독도는 우리나라의 영토로 되돌아왔지만, 독도를 둘러싼 영유권 분쟁은 아직까지도 이어지고 있습니다. 교사는 정의와 순리에 따라 독도가 우리나라 땅임을 인식하고 전 세계에 적극적으로 알리는 것은 물론, 독도를 둘러싼 영유권 문제를 평화적으로 해결할 수 있는 방안을 모색해야 한다고 이야기하며 「독도는 우리 땅」을 들어 봅니다.

「독도는 우리 땅」은 1982년 발매된 노래로, 쉬운 가사와 익숙한 멜로디 덕분에 지금까지도 많은 사람들이 친숙하게 느끼곤 합니다. 하지만 최근 노래 가사가 수정되었다는 사실을 알고 계신가요? 교사는 이전보다 더 정확하고 구체적인 정보를 담는 방향으로 가사가 바뀌었음을 안내하고, 독도의 주소, 평균 기온, 강수량 등과 같은 지리적 사실과 역사적 사실을 중점으로 살펴보도록 합니다. 독도에 관한 정보가 잘 정리되어 있는 만큼 큰 목소리로 따라 부르며 가사를 익히는 것만으로 우리 모두 독도 전문가가 될 수 있을 것입니다.

함께 읽으면 좋은 책

■ 1-2학년
『나는 독도의 마스코트』 서영선 글, 조재석 그림, 국립생태원 감수, 국립생태원, 2017

■ 3-4학년
『강치야 독도야 동해바다야』 주강현 지음, 현북스, 2021
『괭이갈매기도 모르는 독도 이야기』 박지환 글, 허현경 그림, 한겨레아이들, 2018
『독도가 우리 땅일 수밖에 없는 12가지 이유』 윤문영 글·그림, 단비어린이, 2018

■ 5-6학년
『독도야 괜찮아』 김선희 글, 강소영 그림, 베이비북스, 2011
『우리 땅 독도를 지킨 용감한 사람들』 강변구 글, 신진호 그림, 휴먼어린이, 2021

금융의 날 [매년 10월 마지막 화요일]
올바른 경제관념을 정립해요

최근 몇 년간 사회, 교육계에서 뜨겁게 조명받았던 주제 중 하나는 바로 '경제'입니다. 학생들도 주식 투자에 관한 농담이나 유행어를 구사할 정도로 경제를 향한 관심이 높아진 현재, 어린이들의 눈높이에 맞는 금융 지식과 올바른 경제관념을 위한 교육의 필요성은 증대되고 있습니다.

우리 생활은 경제활동을 중심으로 돌아갑니다. 아침에 눈을 뜨고 밤에 눈을 감는 동안 일어나는 모든 일들이 경제와 관련되어 있지요. 그중 금융은 사전적 정의로 '금전을 융통하는 일'로, 경제활동의 가장 기본이 되는 개념이라고 할 수 있습니다.

일부에서는 어린이들이 지나치게 돈에 연연하거나 관심을 가지는 것에 우려를 표하는 목소리를 내기도 합니다. 대부분의 학생들이 스스로 돈을 벌기보다는 보호자의 경제력에 의존하고 있는 상황에서 자신의 금융 활동을 책임지기 어렵고, 지나친 관심이나 성급한 실행으로 인해 물질 만능주의에 매몰될 우려 때문입니다. 하지만 어른이 되어 수입이 생긴다고 해도 금융 지식이 받쳐 주지 않는다면 금융 업무를 처리할 능력을 갖추기 어렵습니다. 어린이들이 올바른 경제관념과 금융 지식을 가지고 성장할 수 있도록 차근차근 지도해야 하는 이유입니다.

　계기교육을 진행할 때는 금융 시스템 전반을 파악할 수 있는 책을 먼저 읽어보는 것을 추천합니다. 책에서 익힌 금융 개념을 바탕으로 소비, 용돈 기입장, 모의 투자, 모의 주식 등의 세분화된 주제로 확장해 나가는 것이 효과적이기 때문입니다. 따라서 자극적인 제목의 도서에 휘둘리기보다는 현재 학생의 수준을 파악하여 기본 개념을 다지고, 그것을 바탕으로 일상에서 직접 실천하기에 용이한 도서를 선정하였습니다.

『또 마트에 간 게 실수야!』
엘리즈 그라벨 글·그림, 정미애 옮김, 토토북, 2013
추천 학년: 1~2학년

"얼음땡 모자, 랄랄라 잠옷, 우르릉 확성기를 사느라 돈을 몽땅 써 버렸기 때문이에요."

멍키스패너를 사기 위해 마트에 간 봅. 봅은 친절한 마트씨의 이야기에 홀려 쓸모없는 물건을 사느라 돈을 몽땅 써 버리고 맙니다. 정해진 예산을 지키지 않고 충동적으로 물건을 구입하는 봅의 모습에서 학생들은 자신의 소비 습관을 돌아볼 수 있습니다. 경제라는 주제를 다소 어렵게 느끼는 저학년 학생들도 마트라는 익숙한 배경을 떠올리며 올바른 소비란 무엇인지 알아볼 수 있을 것입니다.

들어가기

제목을 가린 책 표지를 보여 주며 주인공 토끼가 양손 가득 들고 있는 게 무엇인지 살펴보자고 합니다. 학생들은 '마트'라는 글자가 적혀 있는 박스와 종이 가방을 통해 주인공이 다녀온 곳이 마트라는 사실을 쉽게 유추할 수 있습니다. 나아가 "최근에 마트에 가 본 경험이 있나요?"라는 질문을 던지면 학생들은 자신의 경험을 이야기하며 어떤 물건이나 간식 등을 사고 싶었다는 이야기를 덧붙일 것입니다. 마트에 관한 이야기를 모두 나눴다면 선생님과 함께 하는 밸런스 게임으로 각자의 소비 성향을 알아보는 시간을 보냅니다.

먼저 소비 형태에 관한 서로 상반되는 성격을 띠는 두 문장을 함께 제시합니다. 그 예시로 '마트에 가기 전 살 물건을 메모해서 간다. vs 일단 마트에 가서 살 물건을 찾아본다.' '내가 무슨 물건을 가지고 있는지, 어디에 있는지 잘 알고 있다. vs 내 물건을 어디에 뒀는지 몰라서 똑같은 물건을 자주 산다.' '원래 사려고 했던 물건만 사고 나온다. vs 구경하다가 갖고 싶은 물건이 있으면 산다.' 등이 있습니다. 저학년일지라도 학생들은 어떤 소비 형태가 올바른지 알고 있기 때문에 대부분 바른 소비 형태에 손을 들 것입니다. 마지막으로 교사가 이번 수업에서 함께 읽을 책 제목을 학생들에게 보여 주면 학생들은 주인공 토끼의 소비 형태가 올바르지 않다는 것을 예상하며 책을 읽어 나갑니다.

활동하기

① 광고 비판적으로 보기 😊

봅은 멍키스패너를 사러 마트에 갔다가 친절한 마트 씨가 하는 광고에 홀려 필요도 없는 물건을 샀습니다. 아이스크림을 넣어 둘 수 있는 얼음땡 모자, 노래가 흘러나오는 랄랄라 잠옷, 큰 소리가 나는 우르릉 확성기였습니다. 그 물건들을 보고 친구들은 단박에 쓸모없는 물건임을 알아차리지만, 마트 씨가 좋은 점만 말했기 때문에 봅은 생각 없이 물건을 구입하게 되었습니다. 교사는 봅처럼 자산을 탕진하지 않으려면 광고를 비판적으로 보는 시각이 필요함을 이야기합니다. 광고는 기본적으로 물건 판매를 목적으로 하기에 단점은 드러내지 않고 장점만을 부각하기 때문입니다.

교사는 세 가지 물건을 광고하고 학생들이 어떤 물건을 사고 싶은지 골라 보도록 합니다. 예를 들어 수업 시기가 여름이라면 여름에는 필요하지 않은 두껍고 푹신한 동물 잠옷을 광고할 수 있고, 손바닥보다 작은 가방을 크기를 명시하지 않은 채 가벼움과 휴대 용이성만을 강조해 광고할 수 있습니다. 이밖에도 성장에 도움을 줄 수 있다는 애매한 문구로 광고하는 영양제, 정확한 효과보다는 모델의 기분 좋은

학생이 작성한 내가 사고 싶은 물건과 그 이유

미소만 보여 주는 샴푸 등을 현실적인 예시로 들 수 있습니다. 이때 중요한 것은 학생들이 책의 내용을 복기하여 광고를 볼 때 그 물건의 필요성과 단점을 생각해 보도록 하는 것입니다.

학생들은 나름의 기준으로 물건을 고릅니다. 광고를 무비판적으로 받아들여서 교사가 광고하는 모든 물건을 구입하고 싶다고 하기도 하고, 현명한 소비가 필요하다며 아무것도 구입하지 않을 거라고 하기도 합니다. 교사는 각자 물건을 고른 이유를 발표한 뒤 물건의 단점을 이야기해 보자고 합니다. 두툼 폭신 동물 잠옷은 지금 사도 6개월은 있어야 사용할 수 있고, 깃털 가방은 너무 작아 핸드폰도 들어가지 않습니다. 이때 교사는 "단점을 알게 된 후에도 물건을 살 것인가요?"라는 질문을 던집니다. 추위를 많이 타서 동물 잠옷을 그냥 사겠다거나, 자신의 핸드폰은 매우 작으니 깃털 가방을 사겠다는 학생도 있지만, 대부분의 학생은 구매하고 싶지 않다고 이야기할 것입니다. 이러한 활동을 통해 학생들은 광고를 비판적으로 보는 시각을 기르게 되며, 이는 현명한 소비자가 되는 첫걸음이기도 합니다.

② 내 장바구니 평가하기

물건을 사기 전 이것이 좋은 소비가 될지 생각해 보는 활동입니다. 먼저 내가 마트에 간다고 가정하여 사고 싶은 물건 세 가지를 떠올려 적습니다. 이때, 군것질거리만 세 가지를 고르거나 살아 있는 동물 등을 고르지 않도록 지도합니다. 가지고 싶은 물건을 다 적었다면 봄을

> - 꼭 필요한 물건인가?
> - 정말 갖고 싶은 물건인가?
> - 사면 기분이 좋을 것 같은가?
> - 부모님이 허락해 주실 것 같은가?
> - 내 용돈으로 구입 가능한가?
> - 이미 비슷한 물건을 가지고 있지는 않은가?

떠올리며 물건을 살 때 고려해야 하는 소비 기준 세 가지를 정합니다. 1학년 수업인 경우 다 같이 세 기준을 정하고, 2학년 수업인 경우 의견을 모아 기준 몇 개를 뽑은 뒤 그중 셋을 골라 적는 것을 추천합니다. 어린 학생들은 아직 소비가 익숙하지 않고 기준을 세우기 어려워하기 때문에 미리 정해 둔 기준을 제시해 주는 것이 좋습니다.

예를 들어 교사는 사고 싶은 물건을 적은 1번 항목을 보고 각각의 물건이 내가 정한 소비 기준을 몇 개나 만족하는지 평가해 보자고 이야기할 수 있습니다. 한 개만 만족한다면 스패너 한 개, 두 개를 만족한다면 스패너 두 개, 세 개를 만족한다면 스패너 세 개를 주는 식입니다. 교사는 스패너 개수를 다 더한 값이 클수록 건강한 소비 습관을 가진 것임을 알려 줍니다. 나아가 학생들이 봄의 이야기를 현실에 비추어 보며 자신의 소비 습관을 돌아보고 이를 일상생활에 적용하도록 합니다.

활동지 양식

마무리하기

    저학년 학급에는 아직 화폐 개념이나 경제활동에 익숙하지 않은 학생들이 많은 만큼, 소비 습관을 생각해 보고 건강한 기준을 만드는 것만으로도 학생들의 경제 습관 형성에 도움이 됩니다. 우리 모두 봄이 했던 실수를 반복하지 않도록 다짐하며 활동을 마무리합니다.

『우리 반 채무 관계』
김선정 글, 우지현 그림, 위즈덤하우스, 2021
추천 학년: 3~4학년

"괜찮아. 오백 원인데 뭐!"

현직 초등 교사로 활동한 작가의 경험이 녹아 있는 책으로, 어린이들이 학교생활에서 겪는 사소하고 다양한 경제문제와 이를 해결하는 과정이 잘 드러나 있습니다. 무엇보다 부담 없는 두께와 아기자기한 편집 및 그림 덕분에 경제, 금융을 어려워하는 학생들도 주제에 흥미와 관심을 가질 수 있습니다. 책 속 이야기가 3학년 교실을 기반으로 전개되는 만큼 중학년 학생들에게 적합합니다. 얇고 흡입력 있는 책이지만 학생별로 읽는 속도에서 많은 차이가 있을 수 있으니 함께 읽을 다양한 방법을 생각해 보도록 합니다.

들어가기

학생들과 앞표지를 살펴보며 수업을 시작합니다. 표지에 그려진 커다란 동전과 세 컷 만화 형식의 삽화를 통해 등장인물, 배경, 사건 등 줄거리에 관한 많은 정보를 얻을 수 있습니다. 예를 들어 삽화 속에 언급되는 심각한 '돈 문제'는 어떤 것일지 추측해 봅니다. 학생들은 친구의 돈을 갚지 않은 상황이거나, 친구에게 물건을 받고 돈을 주지 않은 상황 등 교실에서 실제로 일어날 수 있는 경제문제에 관해 자유롭게 이야기 나눌 것입니다.

그다음으로 다양한 경제문제를 어떻게 해결해 나갈지 기대하며 함께 책을 읽습니다. 이때 '채무' '이자' '신용' 등의 경제 관련 단어를 사전에서 미리 찾아본다면 책을 읽어 나가며 정확한 의미를 이해할 수 있습니다. 또한 독서 중이나 책을 읽고 난 뒤에 이자는 무엇이고 은행에서는 왜 돈을 빌리는 사람과 돈을 맡기는 사람에게 각기 다른 이자를 매기는지, 이율이 너무 높으면 어떤 문제가 생기는지, 신용이 무엇이고 왜 필요한지, 채무 관계를 확실하게 하지 않으면 어떤 문제가 생길 수 있는지 등을 이야기해도 좋습니다.

활동하기

① 나의 경제 성향 찾기

『우리 반 채무 관계』가 친구들 사이의 채무 관계로 인한 문제를 다루고 있다 보니 학생들은 "친구에게 절대로 돈을 빌려주지 않겠다." "돈을 절대 쓰지 않겠다." 등 다소 극단적인 감상을 내놓기도 합니다. 이때 교사는 세대를 불문하고 인기를 끌었던 MBTI를 활용할 수 있습니다. MBTI는 성격뿐만 아니라 다양한 기질과 성향을 이해할 수 있게 도와주는 도구인 만큼, 교사는 사람마다 성격이 다른 것처럼 모든 사람의 경제 성향이 상이하고 그에 맞는 경제 습관이 존재함을 알려 줍니다.

먼저 '내가 주로 돈을 쓰는 곳은?' '내가 물건을 사기 전에 하는 고민은?' '친구가 돈을 빌려 달라고 했을 때, 여러분의 선택은?' '용돈이

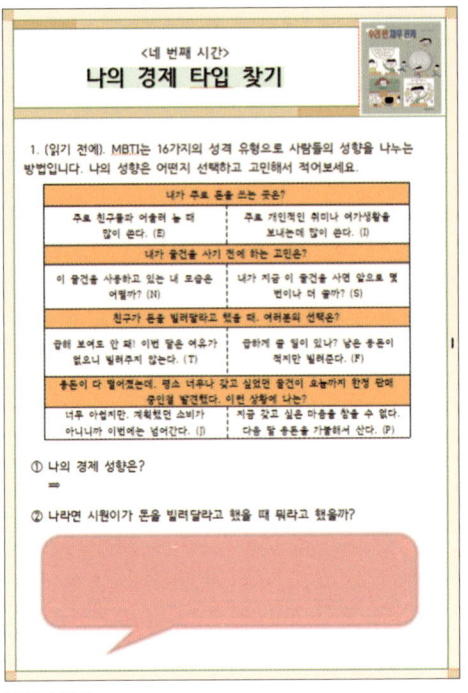

활동지 양식

다 떨어졌는데, 평소 너무나 갖고 싶었던 물건이 오늘까지 한정 판매 중인 걸 발견했다. 이런 상황에 나는?'과 같이 네 개의 선택지에 자신의 성향에 따라 답변해 봅니다. 그다음 자신의 경제 성향을 적고, '나라면 시원이가 돈을 빌려 달라고 했을 때 뭐라고 했을까?'라는 질문에 각자 답변을 채워 넣습니다. 이러한 활동을 통해 학생들은 반 친구들의 성향을 알아보고, 나에게 맞는 경제 습관을 생각해 볼 수 있습니다. 한편 교사는 학생들이 MTBI 성향에 지나치게 몰입하여 소수 유형의 학생을 배척하지 않도록 지도해야 합니다.

② 오백원 박사님의 경쪽 상담소

책에는 잘못된 경제 습관을 가진 경제 금쪽이, '경쪽이'들이 등장합니다. 책을 모두 읽고 난 뒤 교사는 경쪽이들의 문제점을 이야기해 보자고 합니다. '구찬수'의 경우 '필요한 것보다 과시하기 위해 돈을 써요.' '이시원'의 경우 '갚을 수 있을 줄 알고 돈을 빌렸지만 갚지 못했어요.' 등 개선이 필요한 경제 습관에 관한 문장을 만들 수 있습니다.

앞서 논의한 문제점들을 바탕으로 교사는 내가 만약 오백원 박사가 되어 본다면 경쪽이들에게 어떤 해결책을 줄 수 있을지 작성해 보자고 합니다. 함께 머리를 맞대고 고민하며 답변을 작성하는 과정에서 학생들은 일상 속 자신의 경제 습관이 어떠한지 다시금 생각해 보게 됩니다.

등장인물 문제 해결을 마친 뒤에는 자신의 경제 습관을 되돌아보는 과정으로 연결하여 내 소비 습관 개선에 참고할 만한 내용은 무엇인지도 생각하여 정리합니다. '돈을 빌려줄 때는 일주일 용돈의 절반인 2,000원 이상 빌려주지 않기' '비싼 물건을 살 때는 필요한 소비인 것 같은지 주변 사람과 의논해 보기' 등 몇 가지 지침을 세울 수 있습니다.

심화 활동으로 반에서 실제로 적용할 수 있는 경제 규칙을 만들어 보는 것도 좋습니다. '반 친구들끼리 그냥 사 줄 수 있는 금액의 상한선을 500원으로 정한다.' '돈을 빌렸을 때는 3일 안에 갚아야 한다.' 등 우리 반에서 실제로 적용할 수 있는 경제 규칙을 만들어 봅니다. 책에 제시된 경제문제 외에 어린이들 사이에 일어날 수 있는 경제문제로는 또 어떤 것이 있는지 함께 고민해 봅니다. 교사는 함께 완성한 솔루션을 잊지 말고 생활에 적용할 것을 당부하며 활동을 마칩니다.

마무리하기

 스스로 점검한 경제 습관을 발표하면서 활동을 마무리합니다. '학교 앞 슬러시가 천 원이니 친구들끼리 그냥 사 줄 수 있는 금액도 천 원 정도가 적당하다.' '급히 준비물을 살 때와 같이 꼭 필요한 상황이 아니라면 돈을 빌리지 않는 것이 좋다.' 등 책에서보다 발전된 의견을 통해 학생들은 다시 한번 문제의식을 되새길 수 있습니다.

 또한 돈으로 인해 일어날 수 있는 다양한 문제들을 살펴본 만큼, 학생들의 인간관계와 경제생활이 건강하게 양립할 수 있도록 당부와 실천의 말을 전달합니다. 선정 도서와 활동이 기본적인 개념 이해와 자기 점검을 목표로 구성되었다면, 금융 지식을 보다 심화할 수 있도록 관련 도서나 텔레비전 프로그램 〈자본주의 학교〉를 시청하는 것도 추천합니다.

『세금 내는 아이들』
옥효진 글, 김미연 그림, 한국경제신문, 2021
추천 학년: 5~6학년

"무지개초등학교 6학년 1반은 이제 6학년 1반을 우리 반이라고 부르지 않고 '우리나라'라고 부른다."

유튜브 채널 '세금 내는 아이들'로 유명한 옥효진 선생님이 학급활동을 운영하며 겪은 일들을 집약적으로 풀어낸 책입니다. 아이들은 학급 내에서 직업을 선택하고 활동하며 비단 세금을 내는 것뿐만 아니라 다양한 경제, 금융 지식을 습득하고 체화해 나갑니다. 장사를 통해 시장 원리를 이해하거나 보험의 개념과 존재 이유를 살펴보고 투자를 체험하는 등 초등학생의 눈높이에 맞춘 실제적이고 현실적인 활동이 가득 담겨 있어 학교 현장에서의 활용도 역시 매우 높습니다.

들어가기

함께 책을 읽기 전 어린이가 할 수 있는 경제활동으로 무엇이 있을지, 어린이에게 경제활동이 제한되어 있는 이유는 무엇일지 이야기를 나눕니다. 학생들은 '동영상 크리에이터 되기' ' 심부름을 하고 받은 용돈을 은행에 저축해서 이자 받기 등' 다양한 답변을 합니다. 그리고 이와 같은 경제활동이 제한되는 이유로는 '어른들보다 경험과 판단력이 부족하기 때문에' '지속적으로 수입을 얻기 힘들기 때문에' 등의 답변을 합니다. 교사는 이번 수업의 목표가 장기적으로 금융 지식을 체화하고 바른 경제 습관을 형성하는 것임을 알려 주며 수업을 시작합니다. 『세금 내는 아이들』은 일 년에 걸친 학급 활동을 시간 순서에 따라 소개하고 있지만, 본 도서의 초점이 계기교육에 맞추어져 있는 만큼 비교적 단기간에 구체적으로 실천하기 용이한 활동 중심으로 수업을 구성하였습니다.

> 활동하기

① 세금의 종류와 사용처 조사하기

학생들과 함께 재산세, 양도세, 소득세, 지방자치세 등 다양한 세금 종류와 징수 이유, 세금 사용처에 관해 조사합니다. 특히 학생들이 물건을 살 때마다 발생하는 '부가가치세'나 학교와 관련이 있는 '교육세' 등 일상생활과 밀접한 세금들을 알아본다면 학생들은 더욱 흥미와 관심을 가지고 활동에 임할 것입니다. 어린이 국세청 사이트(kids.nts.go.kr)에 있는 세금 종류표를 참고하여 세금의 종류와 사용처를 보다 쉽게 정리할 수 있습니다.

세금의 종류를 알아본 후에는 국민이 낸 세금이 어디에 사용되는지, 그 예시를 우리 주변에서 찾아봅니다. 학교 건물, 교과서, 급식은 물론 도로, 가로등, 공원까지 평소 의식하지 못했던 일상생활 속 많은 서비스와 재화가 모두 세금으로 이루어져 있다는 사실에 학생들은 놀라워하며 세금의 중요성을 깨닫게 될 것입니다.

② 자리 구입하기

일상적으로 해 온 자리 바꾸기도 금융의 날에 맞게 이색 활동으로 진행할 수 있습니다. 먼저 교사는 충분한 양의 바둑돌을 준비한 뒤, 학급 학생들에게 바둑돌을 다섯 개씩 똑같이 나누어 줍니다. 그다음 자신이 가진 바둑돌을 원하는 만큼 써서 학급 자리를 구입할 수 있다고 설명합니다. 이때 한 자리에 다섯 개를 전부 사용할 수도 있고, 가장 원하는 자리에 네 개, 그다음 원하는 자리에 한 개를 사용할 수도 있습니다. 자신이 특정 자리에 매긴 가치에 따라 자리를 얻을 기회를 제공함으로써 한정된 자원을 합리적으로 소비하게끔 하는 것입니다. 교사는 저축을 통해 다음번에 더 좋은 자리를 구입할 수 있음을 안내하여 학생들이 장기적인 소비 계획을 세우는 능력을 길러 주도록 합니다. 같은 자리를 같은 가격에 구입하려는 경우에는 이를 해결할 수 있는 합의점을 함께 논의하며 진행합니다.

③ 모의 투자하기

한국거래소(KRX)에서 운영하고 있는 모의 투자 게임을 통해 실생활 정보가 주가에 어떤 영향을 미치는지 알아봅니다. 이 활동은 투자에 관한 사전 교육을 필요로 합니다. 주식 투자 과정이 간략화되어 담겨 있긴 하나 아직 어린 학생들에겐 어려울 수 있으므로 방법을 친절히 안내해 줍니다.

게임 링크

현재 모바일은 지원하지 않아 PC 화면으로 진행해야 합니다. 주가와 뉴스의 상관관계를 설명하기 위해 예능 프로그램 〈런닝맨〉에서 모의 투자를 진행했던 동영상을 참고 자료로 보여 줘도 좋습니다.

교사는 국제 유가, 부도, 매도, 매수 등 주식과 관련된 중요 단어 개념을 먼저 설명한 뒤 학생들이 모의 주식 투자에 참여해 볼 수 있도록 합니다. 게임에서는 모두가 같은 시드 머니를 가지고 시작하며, 경제와 관련된 뉴스를 읽고 주식의 매도와 매수를 결정합니다. 한 턴당 세계 경제 상황과 관련된 뉴스 소식이 하나씩 제공되며, 10번의 턴 안에 가장 많은 수익을 남기는 사람이 승자가 됩니다.

만약 시장 소식과 결과의 상관관계를 쉽고 명확하게 설명하길 바란다면 보다 간단한 방법으로도 모의 투자를 진행할 수 있습니다. 먼저 교사는 식품, 전자, 여행 등 주식 종목 다섯 개를 임의로 지정합니다. 일정 기간 후 수익률을 계산한다는 것을 미리 고지하고, 다섯 주를 살 수 있다면 어떻게 분배해서 투자할지 생각해 보도록 합니다. 학생들은 자신이 한 종목의 주식을 구매했다고 가정한 뒤, 일정 기간 후 구입 주가 대비 현재 주가를 계산해 가장 수익률이 높았던 종목은 무엇이었는지, 어떤 요인이 주가에 영향을 주었는지를 살펴봅니다. 이러한 과정은 학생들이 사회현상과 주식 간의 상관관계에 더욱 관심을 기울이는 계기가 되어 줄 것입니다.

마무리하기

교사는 책에 소개된 다양한 활동 중 '선생님 몸무게를 이용한 주식 투자' '세금 계산해 보기' '경매' 등을 추가로 진행할 수 있습니다. 서서히 경제 지식을 갖추어 나가며 건강한 금융 습관을 체화한 주인공처럼, 학생들이 경제활동을 향한 관심을 바탕으로 건강한 금융 지식을 익힐 수 있도록 당부하며 활동을 마칩니다.

📖 함께 읽으면 좋은 책

■ **1-2학년**
『살까? 말까?』 권재원 글·그림, 창비, 2022

■ **3-4학년**
『경제는 어렵지만 부자가 되고 싶어』 월터 안달 글, 김조이 그림, 김선희 옮김, 월북, 2021
『내가 은행을 만든다면?』 권재원 글, 이희은 그림, 토토북, 2017
『장난감 말고 주식 사 주세요!』 소이언 글, 우지현 그림, 우리학교, 2021

■ **5-6학년**
『용돈 받는 부자들』 월터 안달 글, 김조이 그림, 김선희 옮김, 월북주니어, 2022
『주식회사 6학년 2반』 석혜원 글, 한상언 그림, 다섯수레, 2020

학교폭력 예방 교육
친구를 아끼는 마음을 가꿔 나가요

　학교는 학생들에게 작은 사회와 같습니다. 학생들은 가정 밖에서 마주한 첫 사회인 학교에서 친구들과 어울리며 자연스럽게 다양한 인간 유형을 접하고 인간관계 맺는 법을 알게 됩니다. 자신과 잘 맞는 친구, 성향이 다른 친구, 다툼이 잦은 친구, 친해지기 어려운 친구 등 여러 사람을 만나는 과정에서 관계를 형성하고 갈등 상황을 해결하는 역량을 길러 나갈 수 있습니다. 이는 자연스러운 성장의 과정이며, 필수적으로 거쳐야 할 관문이기도 합니다.
　그러나 갈등 상황이 건강하지 않은 방향으로 흘러가거나 예상치 않은 폭력이 더해질 때에는 학교폭력과 마주할 수밖에 없습니다. 그 유형과 방법이 다양해지고 정도가 심각해지고 있는 현재, 학교폭력은 더 이상 성장의 한 과정이라거나 사소한 다툼이라고 여겨져서는 안 될 심각한 문제입니다. 또한 학교폭력을 미연에 방지하고 그 심각성을 알리는 것도 중요하지만, 상황 발생 시 의연하게 대처하고 행위에 가담하지 않도록 교육하는 것도 의의가 있습니다.
　학교폭력 예방 및 대책에 관한 법률에 따르면 학교폭력이란 "학교 내외에서 학생을 대상으로 발생한 상해, 폭행, 감금, 협박, 약취·유인, 명예훼손·모욕, 공갈, 강요·강제적인 심부름 및 성폭력, 따돌림, 사이버 따돌림, 정보통신망을 이용한 음란·폭력 정보 등에 의하여 신체·정신 또는 재산상의 피해를 수반하

는 행위"를 말합니다. 학생들에게 학교는 자신이 알고 있는 사회의 대부분입니다. 그래서 학교폭력 피해자가 되었을 때 세상이 무너지는 기분을 느끼며, 시간이 아무리 지나도 마음속 깊은 곳에 학교폭력의 상처를 간직하곤 합니다. 학교폭력 예방 및 대책에 관한 법률 제15조에 의해 학교에서는 학기별로 1회 이상 다양한 방식으로 학교폭력 예방 교육을 실시하고 있지만, 그것만으로는 학생들의 생활 속 실천적 변화를 이끌어 내기가 어려운 것이 현실입니다.

  독서활동을 통한 학교폭력 예방 교육을 실시할 때 가장 중요한 점은 학생들이 나와 친구가 모두 소중한 사람임을 느끼고 서로를 존중하는 마음을 기르는 것입니다. 그림책이나 동화책을 활용하면 학생들이 책 속 사건과 등장인물의 상황에 공감하기 쉽고 민감한 문제를 객관적으로 바라보게 됩니다. 이는 자연스럽게 학교폭력의 심각성을 인지하고 예방하는 효과로 이어집니다. 독서 후 활동을 통해 학생 스스로 자아 존중감을 높이고 공감 능력을 기를 수 있도록 하는 것 또한 중요합니다. 그렇기에 교사는 친구들과 맺는 관계 형성법, 의사소통 방법 등을 배워 나가는 것을 목표로 본 계기교육을 진행하도록 합니다.

『나는 하고 싶지 않아!』
유수민 글·그림, 담푸스, 2020
추천 학년: 1~2학년

"오소리야, 너는 너를 더 보살펴야 해."

이 책에는 저학년 학생들이 좋아하는 동물 친구들이 잔뜩 등장합니다. 언뜻 봤을 때 오소리는 동물 친구들과 함께 재미있는 공놀이를 하는 것처럼 보이지만, 오소리의 표정 변화와 의사 선생님의 말씀은 오소리가 학교폭력을 겪고 있다는 사실을 간접적으로 제시합니다. 학교폭력인 듯 아닌 듯 피해자가 느끼는 위화감이 잘 표현되어 있기도 합니다. 오소리가 학교폭력의 어려움을 극복하기 위해 변화하는 모습을 보며 학생들이 자신을 소중하게 여기는 방법을 알아 가길 바랍니다.

들어가기

책을 읽기 전, "자신이 친구의 부탁을 잘 거절하지 못하는 것 같나요?" 하고 질문을 던지면 꽤 많은 학생들이 그렇다고 대답하는 것을 알 수 있습니다. 이와 반대로 들어주기 어려운 부탁을 받았을 때 잘 거절하는 방법을 알고 있는지도 물어봅니다. 학생들은 '조용히 고개를 젓는다.' '싫다고 분명하게 말한다.' 등과 같이 자신만의 거절 방법을 이야기할 것입니다. 질문에 관한 답변을 모두 들은 뒤에는 학생들과 함께 책 표지를 살펴보고, "아니! 싫어!"라고 말하는 주인공 오소리가 현재 어떤 상황에 놓여 있는 것 같은지 이야기합니다.

그림책을 함께 읽은 후 책의 주제를 한 단어로 표현해 보라고 하면 학생들은 '따돌림' '왕따' '학교폭력' 등의 대답을 합니다. 저학년 학생들의 경우 신체적인 폭력만이 학교폭력이라고 느끼기 때문에 사이버 폭력, 따돌림, 언어폭력 등과 같은 학교폭력의 종류를 간단하게 설명해 줘도 좋습니다.

> **활동하기**

① 나를 잘 보살피는 다섯 가지 방법

오소리는 학교폭력을 당했음에도 자신은 괜찮다고 이야기했습니다. 의사 선생님은 그런 오소리가 자신을 잘 보살피기 위해서 해야 할 다섯 가지 일을 알려 주었습니다. 교사는 '충분히 잠자기' '좋아하는 일 하기' '공을 오랫동안 바라보기' '속마음 털어놓기' '거절하기' 외에도 오소리가 어떤 일을 통해 자신을 더 잘 보살필 수 있을지 생각해 보자고 합니다.

학생들이 떠올리기 어려워할 경우 힘든 일이 있을 때 나에게 힘이 되어 주는 행동, 나를 기분 좋게 하는 행동 등을 고민하여 적도록 안내합니다. 학생들은 '등교 전 10분 동안 좋아하는 만화책 읽기' '가족과 하루에 한 번씩 포옹하기' 등 나를 행복하게 할 수 있는 행동이 무엇인지 친구들과 이야기 나누며 마음속에 긍정적인 에너지를 가득 채워 나갈 것입니다.

② 행복한 우리 반 빙고! 😊

첫 번째 활동이 스스로를 행복하게 만들 수 있는 방법을 고민하는 것이었다면, 두 번째 활동의 목표는 나와 친구들이 함께 행복할 수 있는 방법을 고민하고 실천하는 것입니다.

먼저 교사는 미리 프린트한 활동지를 배부한 뒤, 행복한 우리 반을 만드는 방법으로 무엇이 있을지 학생들과 이야기를 나눠 봅니다. 이때 필요한 규칙, 즐거운 행동, 함께 나눌 수 있는 마음과 같이 구체적으로 갈래를 분류하는 것이 좋습니다. 예를 들어 학생들은 우리 반에 필요한 규칙으로 '다른 사람을 탓하지 않기'를, 함께 했을 때 즐거운

완성된 우리 반 빙고

행동으로는 '점심시간에 다 같이 긴 줄넘기 하기' 등을 이야기했습니다. 교사는 학생들이 자신의 의견을 말하는 것에서 그치지 않고 빙고판에 직접 작성해 보도록 안내합니다. 그런 뒤 일주일 동안 행복한 우리 반 만들기 미션을 진행하고, 완료한 미션에는 동그라미를 치게 하여 적극적인 참여를 유도합니다. 무엇보다 학생들이 빙고 게임을 해나가며 스스로에게도 친구들에게도 긍정적인 마음을 전하고 서로 존중하는 생활을 할 수 있도록 합니다.

마무리하기

학교폭력과 학교폭력이 아닌 것을 구분하는 퀴즈를 풀어 봅니다. 예를 들어서, '수업 시간에 조별 활동을 하는데 친구가 하고 싶지 않다고 합니다. 이때 친구에게 같이 하자는 이야기를 하는 것은 학교폭력일까요?' '하교 후 우리 집에서 친구 A와 함께 게임을 하기로 했어요. 친구 B도 함께 놀고 싶은데 놀러 가고 싶지 않다고 하네요. B에게 함께 놀자고 열 번 이야기하는 것은 학교폭력일까요?' 등과 같이 구체적인 상황을 담고 있는 퀴즈를 냅니다. 교실 안에서 이루어지는 모든 대화와 행동이 학교폭력인 것은 아니지만, 언제나 친구를 아끼고 배려해야만 건강한 학급생활을 가꾸어 나갈 수 있음을 안내하며 활동을 마칩니다.

『일주일 왕따』
최은영 글, 이갑규 그림, 마루비, 2022
추천 학년: 3~4학년

"뒤늦게 후회가 밀려왔다. 왕따로 지내고서야 느껴지는 것이었다."

온라인 게임으로 친해진 친구들이 일주일 동안 돌아가며 반 친구들을 따돌린 것을 알게 된 주완. 그러나 주완은 '나는 가해자가 아니니까.' '잘 몰랐으니까.' 등의 이유로 자신을 합리화합니다. 그사이 교실의 모두가 조롱과 괴롭힘의 대상이 되고, 결국 자신이 학교폭력의 피해자가 되어서야 주완은 지난 일을 반성합니다. 학교폭력 문제를 체감하고 친구들과의 정서 갈등을 이해할 수 있는 3, 4학년 학생들에게 적합한 책입니다.

들어가기

학교폭력이 없는 학교가 정말 존재할까요? 매년 학교에서는 크고 작은 학교폭력이 발생합니다. 본인이 직접적인 가해자가 되지 않더라도, 방관자나 목격자의 입장에서 한 번쯤은 학교폭력을 마주하게 되는 것이 일반적입니다. 이 책에는 일주일 동안 반 친구들에게 왕따를 당하는 상황이 주요한 사건으로 등장합니다. 일주일은 얼마나 긴 시간일까요? 함께 책을 읽기 전 교사는 학생들에게 일주일이 짧은 시간인지, 긴 시간인지 질문합니다. 생일을 기다리고 있다면 매우 길게 느껴질 것이고, 체육대회가 있는 주라면 짧게 느껴질 것입니다. 학생들의 답변을 들은 뒤 "만약 일주일 동안 따돌림을 당한다면 길게 느껴질까요, 짧게 느껴질까요?" 하고 질문을 던집니다. 학생들은 스스로 질문에 답을 하며 학교폭력의 심각성과 예방법을 깊이 생각해 보게 될 것입니다.

> 활동하기

① 핫시팅 토론

대부분의 학생들이 방관자의 자리에 머무는 이유는 학교폭력이 잘못되었다는 사실을 몰라서가 아닙니다. 직접 나섰다가 보복을 당할까 봐 겁이 난다거나 친한 친구들이 학교폭력에 가담한 경우 혼자 행동하기 어려워서라는 현실적인 이유가 있습니다. 그렇기에 이번 활동으로는 책 속 인물의 상황과 감정을 이해할 수 있는 핫시팅 토론을 진행합니다. 핫시팅이란 학생들이 직접 이야기 속 인물이 되어 보는 교육 연극 기법입니다.

먼저 등장인물 중 4~5명을 정합니다. 이때 비중이 높은 건우, 훈서, 주환뿐만 아니라 책에서 크게 언급되지 않았던 서연, 선생님, 폐지 할머니 등을 선정하면 학생들이 책을 더 자세히 읽고 상상할 수 있습니다. 인물을 정한 뒤에는 그 인물에게 할 질문을 적어 봅니다. 꼭 책에 나온 내용이 아니더라도 등장인물이 좋아하는 음식은 무엇일지, 잘하는 과목은 무엇인지 등 책을 토대로 상상할 수 있는 질문도 자유롭게 떠올립니다. 교사는 질문을 적는 단계를 거쳐야만 토론을 보다 원활하게 진행할 수 있음을 안내하고 내용과 무관하거나 장난 스러운 질문은 적지 않도록 미리 주의를 주도록 합니다.

등장인물 역할을 맡을 학생이 교실 앞에 둔 의자에 앉아 친구들의 질문에 대답하며 본격적으로 활동을 시작합니다. 이때 질문을 하는 쪽과 받는 쪽 모두 진지하게 활동에 임하는 것이 중요합니다. 핫시팅 토론을 처음 해 보거나 토론이 잘 진행되지 않을 경우 교사가 직접 역할을 맡아 시범을 보여 줄 수 있습니다.

핫시팅 활동을 진행하며 학생들은 훈서가 왕따를 조장한 동기는 무엇이었고 지금은 어떤 생각을 하고 있을지, 학교폭력을 방관하다 친구를 잃고 뒤늦게 후회한 주환이는 건우에게 어떤 말을 전하고 싶을지, 건우의 감정은 어땠고 현재는 어떻게 지내고 있을지 상상합니다. 학생들은 이러한 질문에 스스로 답을 해 나가면서 책 속 등장인물의 감정을 더욱 깊이 이해할 수 있습니다.

② 일주일 높임말 교실

학교폭력이 발생하는 원인은 상대방을 하나의 인격체로 존중하지 않기 때문입니다. 나쁜 말과 괴롭힘이 친구의 마음을 얼마나 아프게 할지 고려해 보지 않은 것입니다. 교사는 학급 학생들이 서로 존중하는 마음을 기를 수 있도록 일주일 높임말 쓰기 프로젝트를 진행합니다. 규칙은 간단합니다. 일주일 동안 교사와 학생, 학생과 학생이 대화할 때 높임말을 사용하는 것입니다. 높임말에는 상대를 존중하고 배려하는 마음이 자연스럽게 녹아 있기 때문에 서로의 마음을 상하게 하거나 오해의 여지가 생겨날 가능성이 낮습니다. 또한 늘 편하게 대화를 나눴던 친구에게 높임말로 이야기를 건네는 과정에서 학생들은 자신이 하려고 했던 말이 상대방에게 상처가 되지는 않을지 머릿속으로 한 번 더 정리하게 됩니다. 일주일간 높임말을 사용하며 자신의 대화 습관을 되돌아 본다면 상대방을 존중하는 언어 습관을 가질 수 있을 것입니다.

마무리하기

학생들은 활동을 진행하며 학교폭력에는 가해자와 피해자뿐만 아니라 방관자도 있다는 것을 알게 됩니다. 또한 장난을 빙자한 따돌림과 폭력이 피해자에게 얼마나 큰 아픔을 주는지, 따돌림을 방치했을 때 피해와 폭력이 어떤 악순환을 일으키는지도 이해할 수 있습니다. 책을 읽으며 문제 상황을 인식하는 것에 머무르지 않고 실제 학교폭력 발생 시 어떻게 행동하는 것이 옳을지 생각해 봐도 좋습니다. 따돌림을 방관했거나 학교폭력의 심각성을 인지하지 못했던 학생들도 앞으로 당당히 폭력에 맞서는 '방어자'가 될 것을 다짐하며 수업을 마무리합니다.

『노잣돈 갚기 프로젝트』
김진희 글, 손지희 그림, 문학동네, 2015
추천 학년: 5~6학년

"어른들은 친구를 쉽게 새로 사귈 수 있는 것처럼 말하지만 동우는 그게 참 어려웠다."

죄책감 없이 친구들의 돈을 빼앗거나 비행을 일삼던 동우. 어느 날 저승사자의 실수로 저승길에 오른 동우는 그간 자신이 사람들에게 선행을 베풀지 않아 이승으로 돌아갈 노잣돈이 한 푼도 없다는 것을 알게 됩니다. 평소 자신이 구박하던 같은 반 친구 준희에게 노잣돈을 꾼 동우는 정해진 시일 내에 이 돈을 갚지 않으면 다시 저승으로 되돌아가야 하는 상황에 처합니다. 학생 간의 위계를 본격적으로 인식하고 사고와 행동에 직접적인 영향을 받는 5, 6학년 학생들이 진정한 우정과 학교폭력의 심각성에 관해 알 수 있는 책입니다.

들어가기

수업을 시작하며 '저승'에 관한 옛날이야기로는 무엇이 있을지 말해 봅니다. 영화 〈신과 함께〉에 나온 차사부터 저승사자와 염라대왕까지, 다양한 답변을 들었다면 교사는 이번 수업에서 함께 읽을 이야기가 덕진다리 설화에서 모티브를 따온 것임을 밝힙니다. 덕진다리 설화는 잘못된 죽음으로 인해 저승에 갔다 살아 돌아온 '영암 원님'의 이야기로, 저승에는 이승에서 적선한 것이 쌓여 있는 저승 창고가 존재합니다. 자신의 저승 창고 안 보물을 상상하며 함께 책을 읽어 나갑니다.

> 활동하기

① 인물별 키워드로 만드는 프로필

다소 뻔뻔한 성격에 어떻게든 물질적인 보상을 얻으려 하는 주인공 동우부터 길고양이같이 작고 여린 존재들에게 눈을 떼지 못하는 준희까지, 책에는 뚜렷한 성격을 가진 등장인물들이 다수 등장합니다. 그렇다면 키워드를 활용해 인물들의 프로필을 만들어 보면 어떨까요? 교사는 "이야기 속 등장인물이나 우리 반 친구들을 개성 있는 키워드를 통해 표현해 볼까요?" 하고 이야기하며 활동을 진행합니다. 예를 들어 준희에게는 '길고양이 집사' '풍부한 감성' 같은 키워드를 붙일 수 있고, 축구를 좋아하는 같은 반 친구에게는 '축구왕' 키워드를 붙일 수 있습니다. 이때 교사는 학생들이 친구의 부족한 점을 부각하는 방향으로 키워드를 작성하지 않도록 안내합니다. 또한 "만약 동우에게도 장점을 드러내는 프로필이 있었다면 동우는 주변 사람들에게 선행을 베풀 수 있었을까요?" 하고 이야기하며 아이들의 다양한 대답을 유도합니다.

이러한 활동은 잘 몰랐던 친구와 질문을 통해 서로의 특성을 파악하는 계기를 마련해 주고, 학생들이 평소 또래 관계에서 자신의 태도와 행동을 객관적으로 성찰하며 돌아볼 수 있는 기회까지 제공해 줄 것입니다.

② 선행으로 노잣돈을 갚아요

책의 중반부에서 노잣돈은 물질적인 보상이 아닌 선행과 선의를 통해서만 갚을 수 있다는 사실이 밝혀집니다. 교사는 "돈보다 값진 수많은 가치들로는 무엇이 있을까요?" 하고 질문을 던지며 학생들과 다양한 이야기를 나눠 봅니다. 우정, 배려, 사랑 등 여러 답변을 들은 뒤에는 현실적으로 실천할 수 있는 선의의 행동으로 친구의 책상에 포스트잇 붙이기를 제안합니다. 이때 포스트잇에는 상대방에게 베풀 수 있는 선의의 행동을 과장하거나 부풀리지 않고 적어 넣어야 하며, 포스트잇을 받은 학생은 포스트잇에 쓰인 내용을 보고 선행의 정도를 판단해 엽전을 몇 개 줄 수 있을 것 같은지를 표기합니다. 예를 들어 '다리를 다친 친구를 대신해 급식 받아 주기'에는 엽전 네 개, '현장체험학습이나 체육대회 때 머리 땋아 주기'에는 엽전 두 개를 줄 수 있습니다. 모두가 자신이 친구의 책상에 붙였던 포스트잇을 확인하였다면 엽전의 총합을 계산합니다. 그런 뒤 반에서 누가 가장 많은 노잣돈을 모았는지 가려냅니다. 교사는 자신이 포스트잇에 적은 선행을 꼭 직접 실천해 보면서 진정한 관계와 선의의 의미를 생각해 보자고 이야기하며 활동을 마칩니다.

마무리하기

학교폭력은 몰이해와 우월 심리를 바탕으로 하는 경우가 많습니다. 교사는 학생들이 서로를 이해하고 알아 가는 과정에서 상대방을 존중하는 태도를 기를 수 있음을 재차 강조하며 활동을 마무리합니다. 특히 학생들은 폭력의 고리에서 벗어난 동우가 진실한 우정을 찾아 나서며 성장하는 결말을 통해 폭력적인 언행으로 상대를 상처입혀서는 안 된다는 사실을 다시 한번 깨닫게 될 것입니다.

함께 읽으면 좋은 책

■ 1-2학년
『거짓말』 미안 글·그림, 고래뱃속, 2021
『내 탓이 아니야』 레이프 크리스티안손 글, 딕 스텐베리 그림, 김상열 옮김, 고래이야기, 2018

■ 3-4학년
『어느 날 구두에게 생긴 일』 황선미 글, 신지수 그림, 비룡소, 2014
『진짜 친구 만들기』 신은영 글, 안성하 그림, 키큰도토리, 2021

■ 5-6학년
『내가 모르는 사이에』 김화요 글, 오윤화 그림, 웅진주니어, 2021
『우리가 뭐 어때서?!』 페드로 마냐스 로메로 글, 하비에르 바스케스 로메로 그림, 김지애 옮김, 라임, 2020
『햇빛초 대나무 숲에 새 글이 올라왔습니다』 황지영 글, 백두리 그림, 우리학교, 2020

겨울

11월 19일 아동학대 예방의 날

12월 10일 세계 인권의 날

인간관계(우정)

아동학대 예방의 날 [11월 19일]
마음껏 웃을 수 있는 내일을 희망해요

매년 11월 19일은 "아동의 건전한 성장을 도모하고 범국민적으로 아동학대의 예방과 방지에 관한 관심을 높이기 위하여" 아동학대 예방의 날로 지정되었습니다. 2021년 자녀 교육을 위한 체벌을 허용하는 '자녀 징계권'이 법적으로 폐지되고 아동학대 전담 공무원이 배치되는 등 과거에 비해 아동학대에 대한 인식이 발전하여 사회적인 변화가 이루어지고 있지만, 아직도 많은 어린이와 청소년들이 학대의 위험에 처해 있습니다.

학생들에게 아동학대가 무엇일지 떠올려 보도록 하면 주로 뉴스에서 소개되는 신체적 학대를 이야기합니다. 하지만 아동복지법 제3조 제7호에 따르면 아동학대란 "아동에게 행해지는 성 학대, 신체 학대를 포함하여 정서 학대 그리고 아동의 의식주, 의무교육, 의료 행위 등을 행하지 않는 방임"까지 포함하고 있습니다. 그렇기에 교사는 학생들에게 아동학대의 의미와 유형, 사례를 정확하게 알려 줌으로써 아동학대 피해를 입은 아이들이 스스로 도움의 손길을 요청할 수 있도록 해야 합니다.

아동학대 예방 교육 시에는 세심하게 살펴야 할 점이 많습니다. 피해 경험이

 있는 학생에게 더 힘든 시간이 되지는 않을지, 학생들이 지나치게 폭력적으로 느끼지는 않을지 고려해 자료를 선택해야 합니다.

 모든 학생들이 학교 밖에서도 늘 행복하고 안전하기 위해서, 더 나은 어른과 건강한 가정이 있는 사회를 만들기 위해서는 어린이를 향한 인식을 재정립하고 아동학대의 심각성과 변화의 필요성에 관한 사회적인 동의가 이루어져야 합니다. 또한 아동학대 피해자가 성장하여 또 다른 아동의 보호자가 되었을 때 학대를 재생산하지 않도록, 아동학대 예방 교육의 필요성을 더욱 강조하고 지속해 나가야 합니다.

『그렇게 나무가 자란다』
김흥식 글, 고정순 그림, 씨드북, 2019
추천 학년: 1~3학년

"나무에 열매가 달린 건 아빠와 나만 아는 비밀이다."

이 책은 아동학대를 당한 아이의 모습을 무럭무럭 자라나는 나무와 주렁주렁 맺히는 열매를 통해 비유적으로 그려 내고 있습니다. 몸에 열매가 맺힌 아이는 그것을 철저히 비밀로 하고, 점차 주변으로부터 소외됩니다. 또한 그러한 폭력은 시간이 지남에 따라 다른 이들에게까지 대물림됩니다. 무거운 주제를 다루고 있는 만큼 책을 읽는 것이 불편하고 꺼려질 수도 있겠지만, 폭력 없는 세상을 만들기 위해서는 아동학대에 관해 학생들과 함께 이야기 나누는 과정이 반드시 선행되어야 합니다.

들어가기

아동학대 정황이 비유적으로 드러나 있는 만큼, 교사는 학생들에게 책의 주제를 먼저 제시하지 않고 책을 읽은 후 학생들 스스로 주제를 생각해 볼 수 있도록 합니다. 먼저 학생들과 함께 책의 앞표지, 뒤표지, 제목을 살펴보며 책의 주제를 유추해 봅니다. 학생들은 나무가 자란다는 제목만 보고 긍정적인 의미를 떠올리다가도 앞표지와 뒤표지의 그림으로 미루어 봤을 때 즐거운 내용을 담고

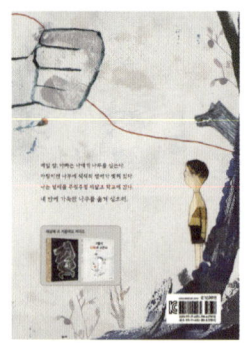

있는 책은 아닐 것 같다고 이야기했습니다. 학생들의 의견을 모두 들은 뒤에는 함께 책을 읽습니다. 학생들은 아빠가 아이에게 나무를 심는다는 표현을 처음에는 잘 이해하지 못하지만, 점차 이 이야기가 아동학대를 주제로 다루고 있다는 걸 알게 됩니다. 교사는 본격적으로 활동을 시작하기 전 아동학대의 정의와 유형에 관해 설명합니다.

활동하기

① 책 뒤표지 새로 그리기

그림책으로 수업을 할 때 학생들은 제목, 저자명, 출판사 외 많은 정보가 담긴 앞표지를 통해 책의 분위기를 추측합니다. 하지만 대개 뒤표지는 책을 모두 읽었으니 별로 중요하지 않다는 생각에 자세히 살펴보지 않거나 아예 건너뛰어 버리기도 합니다. 교사는 뒤표지 또한 책의 주요한 구성 요소임을 안내한 뒤 학생들에게 책의 앞뒤 표지를 꼼꼼하게 살피고 뒤표지를 새롭게 그려 보자고 합니다.

책을 끝까지 읽은 후 다시 살펴본 앞표지에는 주인공의 몸에서 무럭무럭 자라난 나무 끝에 열매가 맺혀 있습니다. 그런 뒤 뒤표지를 보면 아이가 폭력의 상징적 표상인 저 너머의 주먹을 바라보는 모습이 그려져 있음을 알 수 있습니다. 어린이들이 아동학대에서 벗어나 조금 더 행복해지면 좋겠다는 마음으로 새로운 뒤표지를 그려 내어 주인공에게 행복한 결말을 선물해 봅니다.

새로 그린 뒤표지 예시

② 주인공의 열매 치유하기

　주인공 아이는 자신의 몸에서 자라난 나무와 그 나무에 주렁주렁 맺힌 열매를 제대로 살펴보지도, 다른 사람에게 보여 주지도 못했습니다. 다른 사람의 몸에도 열매가 맺혀 있을 것이고, 열매를 언급하지 않는 것이 모두를 배려하는 일이라고 생각했기 때문입니다. 그러나 결과적으로 이러한 태도는 아이를 더욱 세상에서 소외되고 방치되도록 만들었습니다. 학생들이 주인공의 나무와 열매를 자세하게 살펴보는 과정에서 아동학대의 심각성을 인지한 만큼, 나무가 성장을 멈추고 열매에 새살이 돋아날 수 있도록 폭력으로 상처받은 아이에게 따뜻한 말 한마디를 전달해 봅니다.

　먼저 교사는 나무 모양 포스터를 준비하거나 도화지에 커다란 나무 한 그루를 그린 뒤 칠판에 부착합니다. 그런 뒤 학생들이 하트 모양 메모지에 주인공에게 하고 싶은 말을 적도록 합니다. 이때, 주인공의 폭력적인 모습이 대물림된 모습에 집중하여 주인공을 비난하지 않도록 주의합니다. 마지막으로 주인공의 마음에 뿌리내린 나무가 사라지기를 바라면서 각자 적은 한마디를 도화지에 그린 나무에 부착합니다. 주인공의 열매에 다 같이 위로를 전하며 아동학대가 남긴 마음의 상처를 치유하는 것입니다.

마무리하기

아동학대의 유형을 살펴볼 수 있는 영상을 시청합니다. 교사는 해당 영상을 57초 분량까지 보여준 뒤 멈추고 학생들에게 영상 속 그림일기에서 아동학대를 당한 아이의 모습을 발견할 수 있었는지 질문합니다. 이때

영상 링크

대부분의 학생들은 짧은 영상 속에서 수많은 아동학대 장면을 포착할 수 있습니다. 첫 번째 그림일기에서는 성 학대, 두 번째 그림일기에서는 정서 학대, 세 번째 그림일기에서는 방임, 네 번째 그림일기에서는 신체 학대, 다섯 번째 그림일기에서는 정서, 신체 학대의 모습을 확인할 수 있습니다. 저학년 학생들도 쉽게 이해할 수 있는 그림일기 형식을 통해 학생들은 평소 학대라고 판단하기 어려웠던 가해행위를 보다 정확하게 읽어 낼 수 있을 것입니다.

『편의점』
이영아 글, 이소영 그림, 고래뱃속, 2020
추천 학년: 4~6학년

"엄마는 알까? 아빠가 가끔 대걸레를 휘두른다는 것을.
그 휘두르는 대걸레에 내가 맞는다는 것을."

골목마다 자리한 편의점을 매개로 만난 두 주인공은 각자의 아픔과 비밀을 가지고 있습니다. 한 아이는 아빠의 매를 피해 자신의 방에서 늘 편의점을 바라보고, 또 다른 아이는 어떻게든 스스로 식사를 해결하기 위해 매일같이 편의점을 서성입니다. 편의점처럼 우리 주변에 분명 존재하고 있음에도 의식하기 전까지는 신경 쓰기 어려운 아동학대 피해 어린이들의 이야기가 덤덤하게 펼쳐지는 책입니다. 분량이 많지 않고 내용 이해를 돕는 그림이 함께 실려 있어 책 읽기를 어려워하는 중학년 학생들도 부담 없이 읽을 수 있습니다.

들어가기

책의 제목과 표지를 보고 내용을 추측합니다. 표지에 그려진 두 아이의 표정과 자세, 옷차림을 통해 아이들의 상황과 감정을 추측해 볼 수 있습니다. 아이들의 뒤로 보이는, 사람들이 앉아 있고 빛이 새어나오는 장소는 어디일지도 생각해 봅니다. 학생들은 책 제목으로 미루어 봤을 때 위 장소가 편의점임을 금방 알아챌 것입니다. 이때 교사는 "우리에게 편의점이란 어떤 공간일까요?"라는 질문을 던져 학생들과 다양한 의견을 주고받습니다. 편의점은 어디에나 있어 쉽고 편하게 자주 갈 수 있는 공간이지만, 그만큼 눈에 잘 띄지 않기도 합니다. 편의점에서 뿜어져 나오는 밝은 빛과 대비를 이루는 어두운 표정의 어린이들을 보며 과연 어떤 일이 벌어지고 있을지 상상하며 책을 읽어 나갑니다.

활동하기

① 주인공의 시그널 찾기

아동학대에 시달리던 두 주인공은 피해 사실을 알리는 시그널을 보내다 우연히 만나게 되었습니다. 우리가 먼저 주인공이 보내는 도움의 신호를 포착했다면 주인공을 더 안전한 곳으로 이끌어 줄 수 있었을까요? 그러기 위해서는 우선 아동학대와 아동권리협약에 관해 정확히 알아야 합니다.

아동학대란 무엇일까요? 쉽게 떠올릴 수 있는 언어적, 신체적 폭

생존권: 영양 섭취, 안전한 주거지, 보건 서비스 등 기본적인 삶을 누릴 권리
보호권: 모든 형태의 학대, 방임, 차별, 폭력 등 어린이에게 유해한 것으로부터 보호받을 권리
발달권: 교육, 여가, 문화생활, 종교의 자유 등 어린이의 잠재 능력을 최대한 발휘할 수 있는 권리
참여권: 생활에 영향을 주는 표현, 종교, 사생활 보호 등에 관한 의견을 말하고 존중받을 권리

력을 포함하여 정서적 학대와 방임도 아동학대에 해당되며, 1989년 유엔에서 채택한 아동권리협약에서는 아동의 네 가지 기본권을 위와 같이 정의했습니다.

교사는 학생들에게 조금 전 설명해 준 아동권리협약을 떠올리며 책 속 장면을 다시 한번 살펴보자고 합니다. 이때 두 주인공이 보내는 시그널을 발견하는 데에 주목해야 합니다. 예를 들어, 10쪽에 등장하는 주인공의 혼잣말에서도 아동학대의 기미를 느낄 수 있습니다. "엄마는 알까? 아빠가 가끔 대걸레를 휘두른다는 것을. 그 휘두르는 대걸레에 내가 맞는다는 것을."이라는 문장은 주인공이 아빠에게 신체 학대를 받고 있음을 드러냅니다. 조금 더 자세히 생각해 본다면, 주인공이 아빠에게 맞는다는 사실을 엄마는 모르고 있다는 것까지 유추 가능합니다.

학생들과 함께 주인공이 보내는 시그널을 찾아본 뒤엔 우리가 주인공이라면 어떤 행동을 할 수 있을지 알아봅니다. 가장 가깝고 신뢰할 수 있는 어른인 엄마가 가족의 학대 사실을 모르고 있기에 주인공이 가장 먼저 취해야 하는 행동은 아빠의 행동을 엄마 또는 주변 어른에게 알리고 도움을 청하는 것입니다. 교사는 책 속 주인공의 모습을 통해 아동학대 사례, 유형을 알아보는 것뿐만 아니라 이러한 일이 실제로 발생할 경우 우리가 할 수 있는 일들을 함께 이야기하며 활동을 마무리합니다.

② 우리 동네 안전 지도 그리기

아동학대 예방 교육 시에는 아동학대가 우리 주변에서 흔히 발생할 수 있다는 메시지와 함께 아동학대가 발생했을 때 대처법까지 알려 주어야 합니다. 그러한 방법 중 한 가지는 자신을 안전하게 보호해 줄 수 있는 장소를 찾아가는 것입니다. 교사는 아동학대 발생 시 도움을 받을 수 있는 공간을 학생들이 직접 찾고, 그곳으로 향하는 지도를 그려 보도록 합니다.

'아동안전지킴이집'은 우리 주변의 위험에 처한 아동을 보호하고 도움을 줄 수 있는 공간입니다. 먼저 안전Dream 홈페이지(safe182.go.kr)의 '아동안전지킴이집 찾기'에서 '우리 동네 아동안전지킴이집'을 검색합니다. 그다음 학생들에게 병원, 관공서, 학교, 편의점, 전화 부스 등이 표시되어 있는, 학생들의 통학로가 담긴 동네 지도를 제시합니다. 교사는 학생들이 지도에 아동안전지킴이집 위치를 직접 표시하고, 그곳에서 어떤 도움을 받을 수 있는지까지 기록해 보도록 합니다. 이러한 활동을 통해 학생들은 주변의 아동안전지킴이집 위치를 파악하고, 아동학대 발견 및 발생 시 대처 방법과 유관 시설의 역할 및 기능을 이해하여 실제적인 대응 능력을 높일 수 있습니다.

마무리하기

2021년 민법에서 '부모 징계권'이 사라졌다는 사실을 전달하며 수업을 마무리합니다. 그간 우리나라에서는 교육을 위해 부모의 체벌이나 징계가 가능하다는 인식이 만연했습니다. 하지만 시간이 흐름에 따라 이러한 조항이 아동복지법에 위배되며 부모의 면책 사유가 된다는 사실을 인정하고 1958년 민법 개정 이후 63년 만에 관련 법안을 폐지했습니다. 이는 아동학대 발생 원인과 책임이 모두 보호자 및 가해자에게 있다는 것을 의미하기도 합니다. 성범죄, 절도, 교통사고 같은 일들이 일어나는 원인이 '문단속을 잘 하지 않아서' '옷을 야하게 입고 다녀서' '부주의해서'가 아니라 가해자의 무지와 부도덕에 있는 것처럼, 아동학대 역시 피해자에게 책임을 전가해서는 안 된다는 사실을 분명하게 설명합니다. 무엇보다 학생들이 아동학대 발생 시 피해자에게서 원인을 찾지 않고, 상황을 객관적으로 파악하여 문제 상황을 올바른 방법으로 해결할 수 있도록 지도해야 합니다.

❄ 함께 읽으면 좋은 책

■ 1-2학년

『나는 집에 가기 싫어요』 소년사진신문사 글, 기타하라 아스카 그림, 강물결 옮김, 가와사키 후미히코 감수, 다봄, 2021

『지키지 말아야 할 비밀』 제이닌 샌더스 글, 크레이그 스미스 그림, 이계순 옮김, 풀빛, 2019

■ 3-4학년

『앵그리맨』 그로 달레 글, 스베인 뉘후스 그림, 황덕령 옮김, 내인생의책, 2014

『어디 갔어 고대규』 최은영 글, 박현주 그림, 그린애플, 2022

■ 5-6학년

『상처 놀이』 이나영 글, 애슝 그림, 위즈덤하우스, 2021

『행운이 너에게 다가오는 중』 이꽃님 지음, 문학동네, 2020

세계 인권의 날 [12월 10일]

인간답게 살아갈 권리를 외쳐요

　매년 12월 10일은 1948년 12월 10일에 열린 국제연합총회(유엔총회)에서 '세계 인권 선언'이 채택된 것을 기념하는 날입니다. 세계인권선언은 인류 최초의 국제 인권 합의문으로, 인권의 목록화와 인류가 보장해야 할 최소한의 인권 기준을 제시했습니다.

　세계인권선언은 약 2년간 유엔 58개 회원국이 참여하고 학계와 국제 NGO가 깊이 관여하는 등 서로 다른 정치, 문화, 사회, 종교적 배경을 가진 국가와 이해관계자들 간의 수많은 논쟁과 협의를 거쳐 탄생하였습니다. 이는 '전문' '인권의 일반 원칙' '시민·정치적 권리' '경제·사회·문화적 권리' '인권 이행 관련 사항' 등 다섯 개 체계로 구성되어 있습니다.

　인권은 인간으로서 누려야 할 기본적인 권리를 뜻하며, 인권의 목표는 자유와 존엄성을 침해하는 것으로부터 인간을 보호하고 모든 사람들이 안전하고 평등하게 살아갈 수 있도록 개개인의 권리를 보장하는 것입니다. 그렇기에 학생들은 때때로 본인이 불합리한 상황을 겪었다고 느끼면 쉽게 '그거 인권침해예요.'라는 말을 하곤 합니다. 하지만 그 용어의 의미를 깊이 이해하며 사용하는 경우는 많지 않습니다.

　인권이라는 개념이 막연하게 느껴져 와닿지 않을 수도 있지만, 여전히 세계

곳곳에서는 교육권을 보장받지 못하는 아이들, 전쟁의 위협을 느끼거나 종교와 정치의 자유를 외치는 사람들이 있습니다. 당장 우리나라에도 안전하지 못한 노동환경, 이주 노동자를 향한 차별 등 인권을 침해받는 사례가 무수히 많이 존재합니다.

　인권은 쉽게, 저절로 얻을 수 없습니다. 사회가 발전하고 의식이 향상되면서 이를 요구하고 목소리를 높이는 사람들이 많아짐에 따라 인권 또한 발전을 거듭해 왔습니다. 인간이 스스로를 존엄하게 생각하고 다른 사람들을 존중할 때 비로소 사람들의 인식과 사회는 변화하기 시작합니다. 인권이 무엇인지 알고 이를 위해 부단한 노력을 기울일 때 보다 많은 사람들의 인권이 당연히 보장되는 성숙한 사회를 맞이할 수 있을 것입니다.

『우산을 쓰지 않는 시란 씨』
다니카와 슌타로, 국제앰네스티 글, 이세 히데코 그림,
김황 옮김, 천개의바람, 2017
추천 학년: 1~3학년

"한 번도 만난 적은 없지만, 나는 당신의 친구예요."

어느 날 불쑥 찾아온 군인들에 의해 감옥에 가게 된 시란 씨. 주변 사람들은 시란 씨가 어떤 이유로 감옥에 가게 되었는지 모르는데도 뭔가 평범하지 않았다며 시란 씨를 안 좋게 말하기 시작합니다. 평소 접점도 없던, 시란 씨를 모르는 사람들만이 억울한 시란 씨를 위해 편지를 써 줍니다. 저학년 학생에겐 어려울 수 있는 인권이라는 주제를 쉽게 접하게 하는 것은 물론, 무관심의 위험성을 경고하고 타인을 향한 존중의 필요성을 알려 주기 좋은 책입니다.

들어가기

저학년 학생들을 대상으로 인권교육을 진행할 때 유의해야 할 점은 학생들이 '다름'을 '틀림'으로 생각하지 않게 하는 것입니다. 서로의 다름을 자연스레 받아들이기 위해 교사는 짝꿍과 나의 차이점을 생각하여 발표해 보도록 합니다. 누구는 축구를 좋아하지만 옆의 친구는 축구보다 책 읽기를 더 좋아할 수도 있습니다. 좋아하는 가수도, 색깔도, 제일 맛있다고 생각하는 음식도 서로 다릅니다. 이처럼 서로의 다른 점을 확인했다면 개인의 취향에는 정답이 있지 않다는 점을 강조하고 함께 책을 읽어 나갑니다.

> **활동하기**

① 나는 ○○을 ○○하는 시란 씨야

　이야기 속에서 시란 씨는 비를 맞으면서 걸으면 기분이 좋다는 이유로 집에 우산을 하나도 두지 않았습니다. 그러던 어느 날 군인들이 집에 찾아와 폭력을 행사하였고, 시란 씨는 감옥에 갇히고 맙니다. 모두들 비 맞는 걸 싫어해서 우산을 쓰니까 이와 다른 생각을 하는 사람은 적이라는 것이었습니다. 이는 국가가 개인의 자유권을 침해한 사례입니다.

　개인의 다름과 자유를 존중하는 태도를 지니자는 의미에서 본 활동을 시작합니다. 우선 각자 시란 씨처럼 자신만의 습관이나 취미, 취향이 있는지 간단히 메모합니다. '나는 밥에 케첩을 뿌려 먹는 걸 좋아하는 시란 씨야.' '나는 양말 신는 걸 싫어하는 시란 씨야.'와 같이 평소 생활 습관을 떠올려 보는 것이 좋습니다. 이후 제한 시간 동안 자유롭게 돌아다니면서 자신을 다른 사람에게 소개합니다. 최대한 많은 사람에게 자신을 소개하고 다른 사람의 특징을 메모합니다. '나는 ○○을 ○○하는 시란 씨야.' '나는 ○○을 할 때 ○○한 기분이 들어서 좋아.'처럼 서로의 특징을 공유하면서 제한 시간 내에 가장 많은 친구의 소개를 메모한 사람을 선정하는 것입니다.

　활동을 마무리하며 교사는 사람들의 성격과 특징이 모두 다르고 각자 고유한 사고방식을 갖고 있는 만큼 다양성을 존중해야 한다는 의미를 전달합니다. 나아가 서로 간의 다름이 자유권과 인권을 침해 받아야 하는 이유가 될 수 없음을 짚어 주며 본 계기교육의 주제를 다시금 강조합니다.

② 인권 기차 만들기 😊

인권 권리 목록을 살피고 이를 시각적으로 표현해 보는 활동입니다. 생존과 안전같이 우리가 생각하는 인간의 기본권뿐만 아니라 문화생활 전반에 참여하고 진보한 과학이 주는 혜택을 향유할 권리도 인권에 포함되어 있지만, 인권의 하위 항목 하나하나를 모두 알기란 어렵습니다. 교사는 내가 가진 권리를 알아야 권리를 온전히 실현할 수 있음을 안내하며 국제 앰네스티 홈페이지(amnesty.or.kr)에서 '그림으로 보는 세계인권선언'을 함께 살펴보도록 합니다.

학습지는 총 두 장으로, 첫 장에는 세계인권선언에서 명시하는 30가지 권리와 자유 중 저학년 학생들에게 적합한 17개의 낱말이 나열되어 있습니다. 각 낱말 옆에는 학생들이 이해할 수 있는 수준의 설명이 적혀 있으나 학생에 따라 어렵게 느낄 수 있기 때문에 교사가 적절한 도움을 줘야 합니다.

두 번째 장에는 기차 한 칸이 그려져 있습니다. 첫 장에 적힌 인권에 관한 낱말과 그 설명을 함께 읽은 후 낱말 하나를 정해 기차 위 네모 칸에 적고, 그 낱말에 대한 설명을 기차 안에 적습니다. 기차의 창문 칸에는 이를 표현하는 그림을 그립니다. '교육'을 골랐다면 학생이

인권 기차 만들기

✓ 세계인권선언 속 중요한 낱말과 뜻

자유	모든 사람은 태어날 때부터 자유롭다.
피부색	모든 사람은 피부색에 따른 차별을 받아서는 안된다.
종교	모든 사람은 종교에 따른 차별을 받아서는 안된다.
생명권	모든 사람은 생명권을 누릴 권리가 있다.
안전	모든 사람은 안전을 누릴 권리가 있다.
보호	모든 사람은 법의 평등한 보호를 받을 권리가 있다.
주거	어느 누구도 주거에 대한 보호를 받을 권리가 있다.
성	모든 사람은 성별에 따른 차별을 받아서는 안된다.
재산	모든 사람은 자신의 재산을 소유할 권리를 가진다.
표현의 자유	모든 사람은 표현의 자유에 관한 권리를 가진다.
평화적 집회의 자유	모든 사람은 평화적 집회를 할 수 있는 권리를 가진다.
정치 참여	모든 사람은 나라의 정치에 참여할 권리를 가진다.
노동	모든 사람은 정당한 돈과 합당한 대우를 받으며 일할 권리를 가진다.
교육	모든 사람은 교육을 받을 권리를 가진다.
문화생활	모든 사람은 문화생활에 자유롭게 참여할 권리를 가진다.
예술	모든 사람은 예술을 감상할 권리를 가진다.
과학	모든 사람은 과학의 진보와 혜택을 향유할 권리를 가진다.

세계인권선언에서 명시하는 권리와 자유 중 저학년에게 적합한 17개의 낱말

열심히 공부하고 있는 모습, '피부색'을 골랐다면 피부색이 다른 사람이 함께 일하는 모습 등을 그릴 수 있습니다. 각 학생이 그린 기차를 모두 이어 붙이면 우리 반 인권 기차가 완성됩니다.

완성된 기차는 교실 게시판이나 복도에 전시합니다. 학생들은 국적, 의료 등 조금 어려운 단어를 만나더라도 친구들이 그린 그림과 설명을 보며 낱말의 의미를 파악할 수 있습니다. 나아가 교육, 안전 등

우리가 당연하게 누리는 것들이 모두 인권과 관련되어 있으며 인권은 누구나 보장받아야 하는 것임을 깨닫게 될 것입니다.

완성된 인권 기차

마무리하기

　나와 외형이 다른 사람에게도, 낯선 취미와 생활 습관을 가지고 있는 사람에게도 모두 인권이 있습니다. 우산 소지 여부와 같은 엉터리 이유는 물론, 나와 다른 국적을 가지고 있거나 나보다 어리다는 등 언뜻 그럴듯해 보이는 이유가 있더라도 인권침해는 정당화될 수 없지요. 눈에 보이지 않기 때문에 눈치채기 어렵지만, 항상 우리를 지켜주는 인권을 소중하게 여기고 서로의 인권을 존중할 것을 당부하며 수업을 마칩니다.

『도서관에서 찾은 인권 이야기』
오은숙 글, 이진아 그림, 리틀씨앤톡, 2022
추천 학년: 4~6학년

"좀 어려운 말이지만 용기 있는 사람이 세상을 변화시킨단다. 한 방울의 물이 모여 결국 바위를 뚫는 거거든."

자유와 평등의 상징인 도서관은 보다 많은 사람들을 포용할 수 있도록 변화를 거듭하고 있습니다. 이 책은 도서관의 역사를 살펴보며 그 안에서 인권 발전이 어떻게 이루어졌는지를 구체적으로 소개합니다. 백인과 남성만 들어올 수 있는 도서관처럼 이제는 존재하지 않는 문제들도 있지만 장애인, 노인 문제 등 현재에도 우리가 깊이 생각해 봐야 할 지점을 짚어 주고 있어 학생들이 우리 주변에서 발생하는 인권 문제를 진지하게 생각해 보도록 합니다.

들어가기

작가는 왜 인권을 이야기할 장소로 도서관을 선택했을까요? 많은 지식이 보관되어 있는 지식의 보고임에도 차별을 일삼은 사람들을 비판하기 위함일 수도 있고, 저자가 도서관에 관심이 많아서일지도 모릅니다. 한편으로는 도서관의 특징 때문일 수도 있습니다. 도서관은 재산, 나이, 외모 등에 구애받지 않고 모든 사람들이 들어올 수 있으며, 필요에 따라 원하는 지식에 접근할 수 있다는 점에서 자유와 평등의 공간이기 때문입니다. 도시에 살고 있다면 도서관의 중요성을 느끼기 어려울 수도 있지만, 서점이나 문화시설이 부재한 지역일수록 도서관은 모든 시민들에게 지식과 문화를 제공하는 소중한 장소입니다. 즉, 도서관에 존재했던 차별의 양상은 인권에 대한 인식 변화를 그 무엇보다 잘 대변해 줄 수 있습니다. 교사는 도서관의 상징성을 설명하며 수업을 시작합니다.

활동하기

① 차별도서관 관장 vs 인권 지키는 어린이

책 속 '차별도서관' 관장이 특정 사람들의 도서관 이용을 막았던 데에는 나름대로 이유가 있었습니다. '어린아이는 책을 빌려줘 봐야 잃어버릴 게 뻔하니 도서관을 이용하면 안 된다.' '백인 전용 도서관이기 때문에 흑인은 이용하면 안 된다.' 등 모두 현재의 시선으로 보면 말도 안 되는 이유들이지요.

교사는 학급 인원을 반으로 나누어 절반의 학생은 차별도서관 관장이 되어 도서관 입장을 대변하고, 나머지 학생은 그 변명에 반박해 보자고 합니다. 이때 상대방을 비난하는 언어를 사용해서는 안 되며, 객관적이고 논리적인 사고에 입각하여 의견을 제시해야 합니다. 두 입장에서 서로 다른 주장을 펼치다 보면 학생들은 결국 어떠한 이유도 사람들이 공공시설인 도서관을 이용하지 못하게 할 수 없다는 것을 깨닫게 될 것입니다.

활동을 끝마친 학생들은 이후 인권침해 관련 사건을 편파적으로 소개하는 기사를 접했을 때에도 이에 휘둘리지 않고 스스로 올바른 의견을 도출하는 힘을 기를 수 있습니다. 또한 공공시설에 장애인을 위한 시설을 도입하면 돈이 많이 들어 역차별이라든가, 공간을 많이 차지해 다른 이용자들이 불편을 느낀다는 등 여전히 우리 곁에 남아 있는 차별에 현명하게 반박하며 자신의 의견을 제시할 수 있을 것입니다.

② ○○에서 찾은 인권 이야기

책 속에는 여자, 어린이, 흑인, 장애인, 이주민, 고령자라는 이유로 도서관 이용권을 박탈당했던 사례 등 부끄러운 역사적 사실들이 소개되어 있습니다. 하지만 도서관은 차별이 일어난 장소 일부에 불과하며, 인권침해는 언제 어디에서나 발생하곤 합니다. 여자라서 대학에 갈 수 없고, 흑인이라서 버스에 탈 수 없고, 어린이라서 들어갈 수 없는 카페가 그 예시입니다.

교사는 시민으로서 사용할 권리가 있는 시설임에도 여전히 인권침해가 이루어지고 있는 장소에 관한 사례를 찾아 발표해 보자고 안내합니다. 자신의 경험을 기반으로 해도 되고, 뉴스 기사나 책에서 자료를 찾는 방법도 있습니다. 조사 과정을 통해 학생들은 오늘날 우리가 지닌 인권이 많은 사람들의 노력과 희생을 통해 만들어진 것임을 되새기고, 친구들이 발표하는 내용을 들으며 인권침해의 사례 또한 상세히 파악할 수 있습니다. 우리의 권리를 보장받을 수 있는 장소들을 쟁취해 내기 위해 이제껏 사람들이 어떤 노력을 기울여 왔는지, 나아가 앞으로는 어떤 노력이 더 필요할지 생각해 보면서 수업을 마무리합니다.

③ 인권 테마틱 게임

테마틱은 한글 초성 보드게임으로, 주제에 걸맞은 네 개의 자음을 제시한 뒤 각 자음으로 시작하는 관련 낱말을 말하는 순서대로 점수를 가져가는 것이 규칙입니다. 실물 보드게임을 가지고 있으면 활동이 보다 수월하지만 없더라도 교실에서 충분히 진행할 수 있습니다.
먼저 'ㄱ'부터 'ㅎ'까지의 자음 중 네 개를 골라 칠판에 적고, 각각의 자음 옆에는 1점부터 4점까지의 점수를 표기합니다. 그런 뒤 교사는 각 자음으로 시작하는 낱말을 학생들이 말해 보도록 합니다. 이때, 적합한 낱말을 외친 순서대로 높은 점수를 얻습니다. 예를 들어 'ㄱ'으로 시작하는 인권 관련 낱말로 '교육'을 외치면 그 학생이 4점을 가져가고, 그다음으로 '국적'을 외친 학생은 3점을 가져갑니다. 인권과 관련된 낱말은 매우 많기 때문에 낱말을 말한 뒤 그 낱말이 왜 인권과 관련이 있는지 한 문장으로 정리해 설명합니다. 'ㅋ'에서 '커피'를 외쳤다면 '커피의 재료인 원두 생산 지역에는 아직도 장시간 저임금 노동에 시달리며 인권을 착취당하는 문제가 존재합니다.'라고 이야기하는 것입니다. 학급 학생이 20명 이하라면 1점부터 4점까지 점수를 각각 하나씩, 20명 이상이라면 점수를 2점씩 주는 것을 추천합니다. 간단한 보드게임이지만 학생들은 인권과 관련한 키워드를 떠올리며 자연스레 계기교육의 주제를 습득할 것입니다. 다음은 인권 키워드 예시입니다.

ㄱ - 국적, 결혼, 교육, 감시
ㄴ - 노예, 노동, 난민, 나이
ㄷ - 다름, 도덕
ㄹ - 러다이트 운동, 루이 브라유(점자), 루스 베이더 긴즈버그
ㅁ - 문화생활, 말랄라
ㅂ - 법, 방임
ㅅ - 성, 사상, 생존, 신분
ㅇ - 인종, 언어, 안전, 어린이, 의료, 예술
ㅈ - 주택, 집회, 종교, 정치적 견해, 재산, 장애, 전쟁, 정보, 재난
ㅊ - 출생, 차, 취미, 착취, 차별, 창조
ㅋ - 커피, 코로나(질병, 전염병)
ㅌ - 탈북, 투표, 특허권
ㅍ - 피부색, 풍습, 폭력, 폭탄
ㅎ - 휴식, 환경

마무리하기

과거에 비해 많이 발전했다 하더라도 인권이 가야 할 길은 아직 멉니다. 여자니까, 흑인이니까 등 드러내 놓고 도서관 출입을 금지했던 과거와 달리 오늘날 이루어지는 차별은 개인이 가진 특성을 바탕으로 은근하게 이루어지고 있습니다. 같은 회사의 같은 직급인데 성별

이나 결혼 여부에 따라 동등한 보수를 주지 않는다거나, 장애인의 출입이 불가능하진 않지만 실제로 이용하기엔 너무 불편하게 만들어진 기차나 지하철 등이 그 예입니다. 법이 개선되어 인권 보장 범위가 넓어지더라도 실제 사람들의 인식과 행동이 바뀌지 않는 이상 자연스럽고 마땅하게 만인의 인권을 존중받기란 어렵습니다. 일상 곳곳이 모두를 위한 공간이 될 수 있도록, 인권이라는 말이 유명무실해지지 않도록 모두의 관심과 행동이 필요함을 재차 강조하며 수업을 마무리합니다.

❄ 함께 읽으면 좋은 책

■ 1-2학년
『나는 놀고 창조하고 상상할 권리가 있어요!』 알랭 세르 글, 오렐리아 프롱티 그림, 이경혜 옮김, 고래이야기, 2020
『세상 모든 아이들의 권리』 페르닐라 스탈펠트 글·그림, 홍재웅 옮김, 시금치, 2020

■ 3-4학년
『존엄을 외쳐요』 김은하 글, 윤예지 그림, 사계절, 2022
『질문하는 인권 사전』 장덕현 글, 간장 그림, 풀빛, 2022

■ 5-6학년
『사라져라 불평등』 김용욱 글, 조윤주 그림, 함께자람, 2017
『세상을 바꾸는 하나의 목소리』 에밀리 하우스부스, 앨리스 하우스부스 글, 앨리스 하우스부스 그림, 김은정 옮김, 사파리, 2021

인간관계(우정)
갈등을 마주하며 함께 성장해요

    어느 학교에서나 학생들의 고민 중 가장 높은 비율을 차지하는 것이 인간관계라는 사실은 어찌 보면 당연한 일입니다. 난생처음 초등학교라는 작은 사회에 소속되어 수많은 사람을 만나고 상호작용하며 다양한 고민을 겪게 되기 때문입니다.

    문학의 큰 기능 중 하나가 타인의 삶을 이해하도록 돕는 것인 만큼, 양질의 독서는 다양한 문제 상황을 간접경험함으로써 이해와 공감의 폭을 넓히는 좋은 도구가 되기도 합니다. 이는 학생들이 좋은 책을 읽고 스스로 인간관계의 지혜를 키우는 유의미한 경험을 쌓아 나가야 하는 이유입니다. 나아가 독서는 스스로 문제를 발견하고 해결하는 능력까지도 길러 주곤 합니다.

    본 도서의 목적이 학교에서 이루어지는 계기교육 소개인 만큼 우정, 사랑, 가족, 환경 변화 등 인간관계와 관련된 다양한 고민 중 교실 속 관계에 초점을 맞추어 책과 활동을 선정했습니다. 무엇보다도 나의 감정과 상황을 이해하고 타인을 통해 사고를 확장함으로써 존중, 배려, 이해, 사랑, 공감 등을 직간접적으로 경험할 수 있도록 하였습니다. 책을 읽고 난 뒤 나의 생각, 등장인물의 관점에서 해 본 생각, 반 친구의 생각 등을 비교해 보며 학생 스스로 자신의 세계를 확장하는 계기를 마련하길 바랍니다.

『**친구의 전설**』
이지은 글·그림, 웅진주니어, 2021
추천 학년: 1~2학년

"우리 이제 모두 친구지?"

호랑이는 다른 동물들과 어울리고 싶어 하지만 서툰 말과 행동으로 인해 다른 동물들에게 미움을 받습니다. 그러던 어느 날, 잠에서 깨어난 호랑이의 꼬리 끝에 민들레 한 송이가 찾아옵니다. 친절하고 남에게 도움을 주고 싶어 하는 민들레와 함께 다니면서 호랑이는 점점 친구를 대하는 방법을 배우고 동물들 사이에 녹아들기 시작합니다. 가까워질 수 없을 것만 같던 호랑이와 민들레가 친구가 되는 과정을 지켜보며 학생들은 진정한 친구관계와 우정이란 무엇인지 생각해 볼 수 있습니다.

들어가기

책 표지를 함께 살펴보며 호랑이와 민들레의 관계를 추측합니다. 학생들은 둘이 서로를 매섭게 바라보는 모습을 보고 원수관계라고 이야기하기도, 책의 제목에서 힌트를 얻어 친구였다가 싸운 것 같다고 말하기도 합니다. 다양한 의견을 들은 뒤에는 우측 하단에 그려진 오리가 둘의 모습을 보고 어떤 말을 하고 있는 것 같은지 말풍선 속 내용을 추측해 봅니다. 교사는 오리가 하는 말이 "쟤들 또 저러네."라는 것을 알려 주고 함께 책을 읽어 나갑니다.

> **활동하기**

① 호랑이의 작별 인사

호랑이는 친구가 된 민들레에게 작별 인사를 하지 못했습니다. 교사는 학생들이 호랑이가 민들레에게 어떤 말을 하고 싶었을지 상상하여 글로 작성해 보도록 합니다. 먼저 흰색이나 노란색 색종이로 꽃 접기를 합니다. 세 번만 접으면 되는 간단한 과정이기 때문에 1학년 학생들도 쉽게 완성할 수 있습니다. 다음은 꽃을 접는 방법입니다.

❶ 색종이를 준비한다.

❷ 색종이를 가로로 반 접는다.

❸ 그 상태에서 다시 세로로 반 접는다.

❹ 접은 종이를 다시 펼친다.

❺ 색종이 양 끝을 꽃 모양이 되도록 접는다.

❻ 뒤집으면 꽃 완성!

이때 완성한 꽃 겉면에는 호랑이가 민들레에게 하고 싶은 말을 상상해 적습니다. 고마운 마음을 전하거나 그간 함께 했던 추억을 이야기할 수도 있고, 다음에 다시 만나자는 인사를 전할 수도 있습니다. 완성한 꽃은 한데 모은 다음 민들레 모양으로 교실 벽이나 게시판에 붙여 게시합니다. 학생들은 독서 후에도 시시때때로 민들레를 펼쳐 보며 친구들의 소중함을 느낄 수 있을 것입니다.

게시판에 한데 모은 민들레꽃

② 좋은 친구의 말하기 사전

호랑이는 다른 동물들과 친하게 지내고 싶었지만, 자신이 원하는 바를 전달하거나 친밀하게 대하는 방법은 몰랐습니다. 그래서 물장구를 치던 오리 가족들을 괴롭히거나 "맛있는 거 주면 안 잡아먹지!" 하고 소리치며 친구들을 힘들게 했습니다. 책 속에 나와 있는 상황이나 일상생활에서 좋은 친구가 되기 위해 할 수 있는 말들을 모아 사전을 만들어 봅니다.

먼저 교사는 '친구들과 처음 만나 친해지고 싶을 때, 간식을 나눠 먹고 싶을 때, 함께 놀고 있는 친구들의 대화에 끼고 싶을 때, 거절당했을 때에는 어떻게 말하는 것이 좋을까요?' 등 같이 각기 다른 상황을 적어 넣은 활동지를 준비합니다. 그다음 활동지를 나눠 주고, 학생들이 상황별로 알맞은 대답을 작성하며 좋은 친구가 되기 위한 방법을 스스로 생각해 보도록 합니다. 이때 활동지를 모아서 하나로 엮으면 우리 반을 위한 '좋은 친구의 말하기 사전'을 만들 수 있습니다. 상황별로 어떻게 대처해야 할지 고민하여 대답을 적고 친구들과 함께 방법을 고민하다 보면 마음과 성격이 맞는 것도 중요하지만 무엇보다 서로 노력하고 이해하는 과정을 통해 더욱 성숙한 친구관계로 발전할 수 있다는 사실을 깨닫게 될 것입니다.

③ 친구가 된 호랑이와 민들레

책에서 호랑이와 민들레는 공통점이 전혀 없었지만 민들레가 호랑이의 꼬리에 뿌리내린 것을 계기로 친구가 되었습니다. 이와 같은 만남을 교실 안 학생들에게 적용해 보면 어떨까요? 교사는 각각 '호랑이' '민들레'라고 적힌 카드를 인원수에 맞춰 준비하고, 호랑이와 민들레 카드가 한 쌍을 이루도록 각 단어 옆에 숫자를 적습니다. 그런 뒤 학급 학생들을 절반으로 나눠 반은 호랑이 카드를, 반은 민들레 카드를 나눠 줍니다. 이때 1번 호랑이는 1번 민들레와, 2번 호랑이는 2번 민들레와 짝이 됩니다. 짝이 된 학생들은 서로의 카드를 교환하고 정해진 시간 동안 함께 다닙니다. 자리도 나란히 앉고, 밥도 같이 먹고, 쉬는 시간도 어울려 보냅니다. 그러면서 알게 된 짝의 새로운 점을 세 가지 찾아 카드에 적고, 정해진 시간이 끝나면 서로에 관해 적은 카드를 다시 교환합니다. 평소 교류가 없었거나 친해지기 어려울 것 같다고 생각했던 친구이더라도 우연한 만남을 계기로 가까워질 수 있다는 사실을 배우며 학생들은 보다 열린 태도로 건강한 친구관계를 맺어 나갈 것입니다.

마무리하기

활동을 마친 뒤 각자의 감상을 나누고 친구관계를 사유해 보는 것만으로도 커다란 의미가 있습니다. '호랑이와 민들레는 서로에게 어떤 존재일까?' '서로 다른 사람도 친구가 될 수 있을까?' '친구란 무엇일까?' 등 다양한 질문을 던짐으로써 서로가 맺고 있는 인간관계에 관해 이야기해 보는 것을 추천합니다. 교사는 아직 주변 친구들과의 관계를 진지하게 들여다볼 기회가 없었던 저학년 학생들이 친구의 의미와 우정의 소중함을 충분히 생각하고 느낄 수 있도록 지도해야 합니다.

『칠판에 딱 붙은 아이들』
최은옥 글, 서현 그림, 비룡소, 2015
추천 학년: 3~4학년

"진작 이렇게 얘기 나눌걸!"

늘 붙어 다녀서 '세박자'라는 별명으로까지 불리던 주인공 박기웅, 박동훈, 박민수. 세 사람은 오해로 인해 서로 멀어졌다가 어느 날 칠판에 딱 붙어 버리는 사건을 통해 관계를 회복합니다. 소재와 스토리의 참신함은 물론, 교우관계나 소통의 중요성에 관한 메시지를 학생들이 실제로 겪을 법한 사건들로 재미있게 풀어내어 많은 학생들의 공감을 이끌어 낼 수 있는 책입니다.

들어가기

　표지에 그려진 세 명의 아이들은 '세박자'라고 불리는 주인공입니다. 교사는 학급 안에서 새로운 세박자를 뽑아 칠판에 손을 붙이고 있게 합니다. 책에선 박씨 성을 가진 셋으로 세박자가 구성되었지만, 오른쪽 볼에 점이 있는 사람, 발 사이즈가 230mm 넘는 사람, 오늘 학교도서관에서 책을 빌린 사람 등과 같이 다양한 특징을 활용할 수 있습니다. 특징별로 묶은 몇 그룹을 활용하여 학생들에게 칠판에 나올 기회를 제공하면서 "무엇이 불편했니?" "어떤 기분이 드니?" "이런 상태로 며칠간 있어야 한다면 어떨 것 같니?" 하고 묻는다면 학생들은 주인공들이 처한 상황에 더욱 공감할 수 있을 것입니다.

활동하기

① 우리 반 라디오

반 친구들 사이에서 오해가 생겨 화가 나고 속상했던 경험은 누구나 갖고 있을 것입니다. 이번 시간에는 그런 사연을 소개하고 서로 공감을 나누는 우리 반 라디오 활동을 진행합니다.

교사는 우리 반 라디오의 DJ로서 진행을 맡습니다. 먼저 학생들에게 라디오에 소개할 '오늘의 사연'을 적게 합니다. 학생들이 사연을 적는 데에 가이드 라인이 될 수 있도록 선생님의 이야기를 그날의 첫 번째 사연으로 소개해도 좋습니다. 실제 라디오처럼 배경음악을 적절히 활용하고, 청취자가 감상이 담긴 문자를 보내듯 사연을 읽고 나서 학생들의 소감을 나눕니다.

선생님의 사연을 시작으로 학생들이 활동지에 적은 사연들을 한곳으로 모읍니다. 이때 교사는 사전에 준비해 둔 스티커를 학생들에게 나눠 주어 자신이 가장 재미있게 읽고 공감한 사연에 붙이도록 합니다. 그다음 많은 공감을 얻은 사연 몇 가지를 본인이 DJ가 되어 직접 소개해 봅니다.

만약 친구들 앞에서 사연 읽는 것을 부끄러워할 경우 교사가 대신 읽어 주어도 좋습니다. 학생들은 자신의 속마음을 털어놓고 친구들의 따뜻한 공감을 받으며 오해로 인해 생겼던 감정들을 해소할 수 있을 것입니다.

② 칠판에 남은 내 손자국

먼저 종이에 자신의 손 모양을 본떠 그린 다음, 그 안에 자신이 듣고 싶은 말을 적습니다. 작성을 마쳤다면 손바닥을 오려 칠판에 부착하고, 반 친구들이 해당 손 모양의 주인에게 그 말을 똑같이 들려주도록 합니다. 2주 동안 3~4명의 손바닥을 번갈아 가며 칠판에 붙여 놓으며, 교사는 "오늘은 ○○이, ○○이, ○○이에게 듣고 싶은 말을 해 주는 날이에요. 확인 후 함께 말해 주세요."라고 이야기하며 모든 학생이 빠짐없이 자신이 듣고 싶은 말을 들을 수 있도록 합니다. 평소 서로에게 짓궂은 장난을 치던 학생들도 계기가 마련되면 서로에게 미처 표현하지 못했던 진심을 전할 것입니다. 또한 상대방을 아끼는 다정한 말들이 모이다 보면 학급 분위기 역시 조금씩 개선될 수 있습니다.

③ 몸이 딱 붙은 우리들

교사는 미리 색종이를 준비한 뒤, 몸이 딱 붙은 상태에서 대화하기 게임을 진행해 보자고 이야기합니다. 이때 손바닥을 제외한 신체 부위만을 사용할 수 있으며, 종이를 땅에 떨어뜨리지 않고 마지막 라운드까지 대화를 진행하는 팀이 승리하게 됩니다. 발바닥, 팔꿈치, 어깨 등 서로 같은 부위를 사용해 종이를 떨어지지 않게 딱 붙인 뒤 교사가 화면을 통해 제시한 질문을 읽고 대화를 시작합니다. '내가 가장 좋아하는 음식은?' '내가 가장 좋아하는 색깔은?' '오늘 학교 끝나고 하는 일은?' '지난 주말에 누구와 어디에서 무엇을 했는지?' 등 학생들은 해당 주제에 맞게 대화를 나누어야 합니다. 종이를 떨어뜨리거나 사용할 신체 부위를 정하지 못하거나 대화가 끊기면 탈락입니다. 온몸을 활용하는 활동인 만큼 교사는 학생들이 서로 대화를 나누어 원치 않는 신체 부위를 사용하지 않도록 지도합니다. 유쾌한 상황에서 친구와 함께 대화하는 과정을 통해 학생들은 서로를 알아 가고 우정을 더욱 돈독하게 다져 나갈 것입니다.

마무리하기

활동이 끝난 후 감상을 나누자고 하면 학생들은 평소 교류가 적었던 친구와 친해지는 계기가 되었다거나, 친한 친구의 속마음을 들으며 한층 더 가까워진 기분을 느꼈다는 등의 이야기를 하곤 합니다. 원인 불명의 이유로 칠판에 손이 딱 붙어 버린 책 속 상황은 비현실적이지만, 친구들 간의 오해나 가족 간의 갈등과 같이 인간관계에 관한 고민은 매우 현실적입니다. 서로를 이해하고 대화하는 과정 자체가 건강한 인간관계를 유지하는 비결임을 안내하며 수업을 마칩니다.

『맞아 언니 상담소』
김혜정 글, 김민준 그림, 비룡소, 2016
추천 학년: 5~6학년

"네가 누구든, 어떤 고민이든 맞아 언니는 다 들어줄 거다."

삼 남매 중 둘째로, 자기 이야기를 들어주는 사람이 없다고 느끼던 미래는 친구들과 함께 고민 상담 카페를 만듭니다. 학업 문제부터 가족관계, 학교생활 등 다양한 고민을 다루는 데다 상담소를 운영하며 성장하고 위기를 극복하는 인물의 감정이 현실적으로 그려져 결말까지 흥미롭게 읽어 낼 수 있는 책이기도 합니다. 주인공 미래와 친구들이 열두 살인 만큼 5, 6학년 학생들이 읽으면 책의 내용에 더욱 깊이 공감할 수 있을 것입니다.

들어가기

주인공이 상담소에서 다양한 고민들을 마주하고 공감하는 것이 책의 주요 특징인 만큼, 실제 상담에서도 활용되는 '빗속의 사람'을 그려 보는 심리 테스트를 진행합니다. 교사는 학생들에게 무엇에 관한 심리 테스트인지 미리 이야기하지 않고 그림을 그리게 한 뒤 해석 방법을 설명합니다. 비는 현재 스트레스 상황과 정도(강도가 세고 빗방울의 수가 많을수록 스트레스가 많은 상태)를, 몸을 보호하는 물건들은 자신이 스트레스에 처했을 때 동원할 수 있는 심리적 자원의 양(우비, 우산, 장화 등)을, 사람의 얼굴이나 표정은 스트레스에 대처하는 모습을 반영하고 있습니다. 학생들은 자신의 그림을 스스로 해석하며 지금 내가 가지고 있는 고민이 무엇이고 스트레스 정도가 얼마나 되는지 생각해 볼 수 있습니다. 교사는 이러한 테스트가 상담을 시작하기 전 상담자가 내담자를 진단하기 위해 실시하는 수많은 방법 중 하나임을 설명합니다. 그런 뒤 맞아 언니 상담소에서는 어떤 과정을 통해 상담을 진행하는지 함께 책을 읽으면서 알아보자고 이야기하며 학생들의 독서 흥미를 높입니다.

활동하기

① 힐링 서클

서클이란 회복적 생활교육의 일환으로, 모든 참여자가 둥글게 앉아 소통하며 이야기를 나누는 모임입니다. 학급 인원에 따라 서클에 참여하는 학생 수나 질문의 수를 조절하며 특정 의견이 사소하게 취급받거나 한 사람이 발언의 주도권을 가지지 않도록 다음과 같은 규칙 중 몇 가지를 골라 정하고 활동을 시작합니다.

- 다른 사람의 이야기와 경험이 아니라 나의 감정과 생각에 집중해 말하기
- 발언자의 이야기를 끝까지 들어주기
- 토킹 스틱 들고 있는 사람만 이야기하기
- 서클에서 한 이야기를 다른 사람들에게 퍼뜨리지 않기

서클 활동은 가벼운 이야기로 시작하는 것이 좋습니다. 먼저 규칙을 익힐 겸 오늘 아침에 먹은 음식이나 현재 나의 기분, 오늘 입고 온 옷과 이유 등 한두 가지 질문에 답변합니다. 그리고 서클에 익숙해지면 책 속 주인공들과 그들이 처한 상황에 관해 이야기해 봅니다. '현재 나의 고민과 비슷한 고민을 가진 주인공은 누구인지' '나에게 주인공과 같은 문제가 생겼을 때 어떤 기분을 느꼈는지' '현재 나의 고민은 무엇인지' 등 학생들은 책을 통해 자신의 감정, 생각을 정리하고 의견을 나눕니다. 이때 최대한 구체적인 예시를 들고 사실과 느낌을 구분하여 답하다 보면 자연스레 문제 상황을 파악하고 더욱 객관적인 해결법을 떠올릴 수 있습니다. 이러한 과정은 책을 바탕으로 평소 알지 못했던 친구들의 속내와 고민을 이해하는 것뿐만 아니라, 자신의 감정을 정확하게 인지하고 표현하는 기회가 되어 줄 것입니다.

② 맞아 언니 상담소 운영하기

내가 직접 맞아 언니가 되었다고 가정하여 서로의 감정에 긍정하고 상황을 어떻게 해결해야 할지 함께 상담해 보는 활동을 진행합니다. 먼저 학생들은 포스트잇이나 종이에 각자의 고민을 적어 통 안에 넣습니다. 그런 뒤 종이를 무작위로 하나씩 뽑아 그 안에 적힌 고민의 해결책을 댓글로 써넣습니다. 친한 친구들의 경우 글씨체로 누가 해당 고민의 주인인지 알아볼 수 있기 때문에 여건이 되는 한에서 다른 반 친구들과 맞교환을 거쳐 고민을 주고받도록 합니다. 한 학급 안에서만 활동이 이루어지는 경우 고민의 내용을 타이핑한 뒤 다시 나누어 주는 방식을 추천합니다.

이때 교사는 학생들이 사소하더라도 진지한 고민을 쓸 수 있도록 지도하고, 친구들의 고민에 장난스럽게 답하지 않도록 주의를 주어야 합니다. 고민 내용은 미리 학생들의 동의를 구한 뒤 학급 게시판이나 학교도서관에 익명으로 게시할 수 있고, 교사의 명확한 도움이 필요하거나 함께 생각해 볼 만한 주제인 경우 교사가 추가 답변을 달아주는 것도 괜찮습니다.

마무리하기

자신에게도 맞아 언니 같은 존재가 있는지, 자신도 누군가에게 맞아 언니 같은 사람이 되어 준 경험이 있는지 생각해 보며 수업을 마무리합니다. 인간관계란 언제나 쉽지 않지만 건강한 고민 해소를 거친다면 지속적으로 관계를 발전해 나갈 수 있습니다. 교사는 아직 학생들에게 맞아 언니 같은 존재가 없더라도, 긍정적인 마음가짐으로 관계를 꾸려 나가다 보면 언젠가 나만의 맞아 언니를 만날 수 있을 거라고 이야기해 줍니다. 무엇보다 중요한 것은 고민의 정확한 해결책을 제시해 주는 것이 아닌, 상대방의 이야기에 귀 기울이고 공감하는 태도라는 것을 안내하며 활동을 마무리합니다.

❋ 함께 읽으면 좋은 책

■ 1-2학년

『나를 봐』 최민지 글·그림, 창비, 2021
『짝꿍』 박정섭 글·그림, 위즈덤하우스, 2017

■ 3-4학년

『동의: 너와 나 사이 무엇보다 중요한 것!』 레이첼 브라이언 글·그림, 노지양 옮김, 아울북, 2020
『예의 없는 친구들을 대하는 슬기로운 말하기 사전』 김원아 글, 김소희 그림, 사계절, 2022

■ 5-6학년

『복수의 초짜』 임근희 글, 남수 그림, 책읽는곰, 2021
『셋 중 하나는 외롭다』 박현경 글, 나오미양 그림, 위즈덤하우스, 2021
『웅덩이를 건너는 방법』 이혜령 글, 오승민 그림, 별숲, 2022

● 계기교육에 활용한 책

『13일의 단톡방』 방미진 글, 국민지 그림, 신나민 감수, 상상의집, 2020 · *58*

『3.1만세운동길』 김영숙 글, 송진욱 그림, 파란자전거, 2019 · *27*

『3·1운동의 불씨, 독립선언서를 지켜라!』 이기범, 김동환 글, 윤정미 그림, 사계절, 2019 · *30*

『개똥이의 1945』 권오준 글, 이경국 그림, 국민서관, 2020 · *218*

『걱정이다 걱정』 박신식 외 4인 글, 강영지 그림, 뜨인돌어린이, 2020 · *88*

『고마워 한글』 박윤규 글, 백대승 그림, 김슬옹 감수, 푸른숲주니어, 2015 · *298*

『구스토, 발명하다』 바우터르 판레이크 글·그림, 권미자 옮김, 키즈엠, 2017 · *246*

『국수를 금지하는 법이 생긴다고?』 제이콥 크레이머 글, K-파이 스틸 그림, 윤영 옮김, 그린북, 2023 · *190*

『국회의원 서민주, 바쁘다 바빠!』 안점옥 글, 유설화 그림, 사계절, 2014 · *199*

『그렇게 나무가 자란다』 김흥식 글, 고정순 그림, 씨드북, 2019 · *354*

『그해 유월은』 신현수 글, 최정인 그림, 스푼북, 2019 · *183*

『나는 매일 밥을 먹습니다』 허정윤 글, 이승원 그림, 한솔수북, 2020 · *136*

『나는 하고 싶지 않아』 유수민 글·그림, 담푸스, 2020 · *338*

『나무는 숲을 기억해요』 로시오 마르티네스 글·그림, 김정하 옮김, 노란상상, 2013 · *72*

『나비가 된 소녀들』 정란희 글, 이영림 그림, 현암주니어, 2017 · *210*

『내일의 동물원』 에릭 바튀 글·그림, 박철화 옮김, 봄볕, 2019 · *284*

『너구리 판사 퐁퐁이』 김대현, 신지영 글, 이경석 그림, 창비, 2013 · *194*

『노잣돈 갚기 프로젝트』 김진희 글, 손지희 그림, 문학동네, 2015 · *346*

『도서관에서 찾은 인권 이야기』 오은숙 글, 이진아 그림, 리틀씨앤톡, 2022 · *371*

『독도를 지키는 우리들』 김병렬 글, 최덕규 그림, 사계절, 2016 · *313*

『동물권』 이정화 글, 이동연 그림, 서유재, 2018 · *292*

『되찾은 우리나라 대한 독립 만세』 이현 글, 박지윤 그림, 휴먼어린이, 2020 · *222*

『디지털 성범죄와의 전쟁』 최수현 글, 이은주 그림, 엠앤키즈, 2021 · *65*

『또 마트에 간 게 실수야!』 엘리즈 그라벨 글·그림, 정미애 옮김, 토토북, 2013 · *320*

『라면을 먹으면 숲이 사라져』 최원형 글, 이시누 그림, 책읽는곰, 2020 · *172*

『맞아 언니 상담소』 김혜정 글, 김민준 그림, 비룡소, 2016 · *387*

『메리는 입고 싶은 옷을 입어요』 키스 네글리 글·그림, 노지양 옮김, 원더박스, 2019 · *38*

『모두를 위한 케이크』 다비드 칼리 글, 마리아 덱 그림, 정화진 옮김, 미디어창비, 2018 · *228*

『모두의 착한 밥상 연구소』 노민영 글, 홍하나 그림, 파란자전거, 2021 · *140*

『목기린 씨, 타세요!』 이은정 글, 윤정주 그림, 창비, 2014 · *98*

『박꽃이 피었습니다』 문영숙 글, 이영경 그림, 위즈덤하우스, 2019 · *206*

『사투리 회화의 달인』 문부일 글, 영민 그림, 마음이음, 2017 · *271*

『세금 내는 아이들』 옥효진 글, 김미연 그림, 한국경제신문, 2021 · *331~332*

『세종 대왕의 한글 연구소』 이영란 글, 강효숙 그림, 풀과바람, 2017 · *302*

『수화로 시끌벅적 유쾌하게』 라사 잔쵸스카이테 글·그림, 라미파 옮김, 한울림스페셜, 2019 · *109*

『안녕? 나의 핑크 블루』 윤정미 사진, 소이언 글, 우리학교, 2021 · *44*

『안읽어 씨 가족과 책 요리점』 김유 글, 유경화 그림, 문학동네, 2017 · *122*

『안전, 나를 지키는 법』 임정은 글, 박우희 그림, (사)한국생활안전연합 감수, 사계절, 2017 · *92*

『안전을 책임지는 책』 채인선 글, 윤진현 그림, 토토북, 2013 · *84*

『어린이 저작권 교실』 임채영 글, 김명진 그림, 정은주 감수, 산수야, 2021 · *256*

『어쩌다 우린 가족일까?』 장지혜 글, 이예숙 그림, 어린이나무생각, 2016 · *155*

『옥춘당』 고정순 글·그림, 길벗어린이, 2022 · *277*

『우리 가족 만나볼래?』 율리아 귈름 글·그림, 후즈갓마이테일, 2017 · *147*

『우리 독도에서 온 편지』 윤문영 글·그림, 신용하 감수, 계수나무, 2007 · *308*

『우리 반 채무 관계』 김선정 글, 우지현 그림, 위즈덤하우스, 2021 · *326~327*

『우리 할머니는 페미니스트』 이향 글, 김윤정 그림, 아르볼, 2019 · *50*

『우리는 가족: 누가 나의 가족일까?』 마리아나 페레스 글, 누리아 디아스 그림, 문주선 옮김, 키다리, 2021 · *152*

『우리는 아침으로 햇빛을 먹어요!』 마이클 홀랜드 글, 필립 조르다노 그림, 하미나 옮김, 너머학교, 2020 · *77*

『우산을 쓰지 않는 시란 씨』 다니카와 타로, 국제앰네스티 글, 이세 히데코 그림, 김황 옮김, 천개의바람, 2017 · *366*

『운동화 신은 우탄이』 하재영 글, 전명진 그림, 우리학교, 2020 · *288*

『이상하지도 아프지도 않은 아이』 김예원 글, 정진희 그림, 우리학교, 2020 · *104*

『일주일 왕따』 최은영 글, 이갑규 그림, 마루비, 2022 · *342*

『재활용, 쓰레기를 다시 쓰는 법』 이영주 글, 김규택 그림, 사계절, 2020 · *168*

『존중, 누구에게나 당연한 걸까?』 김민화 글, 지현이 그림, 다림, 2021 · *236*

『지구온난화가 가져온 이상한 휴가』 이윤민 글·그림, 미세기, 2020 · *164*

『책, 어디까지 아니?』 김윤정 글, 우지현 그림, 고래가숨쉬는도서관, 2019 · *128*

『책이란』 안드레스 로페스 글·그림, 성소희 옮김, 봄나무, 2022 · *116*

『친구의 전설』 이지은 글·그림, 웅진주니어, 2021 · *378*

『친절: 세상을 바꾸는 힘』 앨리슨 그린 글, 악셀 셰플러 그림, 정회성 옮김, 비룡소, 2019 · *232*

『칠판에 딱 붙은 아이들』 최은옥 글, 서현 그림, 비룡소, 2015 · *383*

『큰 기와집의 오래된 소원』 이규희 글, 김종민 그림, 키위북스, 2011 · *178*

『태극기 다는 날』 김용란 글, 강지영 그림, 한솔수북, 2013 · *23*

『편의점』 이영아 글, 이소영 그림, 고래뱃속, 2020 · *358*

『표절 교실』 김해우 글, 임미란 그림, 크레용하우스, 2018 · *251*

『할머니가 태어날 때부터 할머니였던 건 아니에요』 야프 로번 글, 메이럴 아이케르만 그림, 최진영 옮김, 고래뱃속, 2015 · *266*

열두 달 계기교육

1판 1쇄 발행	2023년 4월 15일
지은이	김소현, 유지수, 이해준, 지상욱
펴낸이	한기호
책임편집	이선진
기획	여문주
편집	서정원, 박혜리, 송원빈
본부장	연용호
마케팅	하미영
경영지원	김윤아
디자인	이성호
인쇄	예림인쇄
펴낸곳	(주)학교도서관저널 출판등록 제2009-000231호(2009년 10월 15일) 주 소 04029 서울시 마포구 동교로 12안길 14(서교동) 삼성빌딩 A동 3층 전 화 02-322-9677 팩 스 02-6918-0818 전자우편 slj9677@gmail.com 홈페이지 www.slj.co.kr
ISBN	978-89-6915-143-8 03370

ⓒ 김소현, 유지수, 이해준, 지상욱

- 이 책은 저작권법에 따라 보호를 받는 저작물이므로 무단 전재와 무단 복제를 금합니다.
- 책값은 뒤표지에 있습니다.